高职体育教程 第6版

GAOZHI TIYU JIAOCHENG

主 编 秦 虎 邢 峰 姚 证

副主编 顾 国 敖 建 郑德全

陈 超 陈 臣 马青春

刘艳湘 朱 超

重庆大学出版社

图书在版编目（CIP）数据

高职体育教程 / 秦虎，邢峰，姚证主编. -- 6版
.--重庆：重庆大学出版社，2021.11（2023.7重印）
ISBN 978-7-5689-2311-8

Ⅰ.①高… Ⅱ.①秦…②邢…③姚… Ⅲ.①体育—高等职业教育—教材 Ⅳ.①G807.4

中国版本图书馆CIP数据核字（2021）第263690号

高职体育教程
第6版

主编 秦 虎 邢 峰 姚 证
策划编辑：贾 曼
责任编辑：陈 曦 版式设计：陈筱萌
责任校对：王 倩 责任印制：张 策

*

重庆大学出版社出版发行
出版人：饶帮华
社址：重庆市沙坪坝区大学城西路21号
邮编：401331
电话：（023）88617190 88617185（中小学）
传真：（023）88617186 88617166
网址：http://www.cqup.com.cn
邮箱：fxk@cqup.com.cn（营销中心）
全国新华书店经销
重庆华林天美印务有限公司印刷

*

开本：787mm×1092mm 1/16 印张：18.5 字数：386千
2013年4月第1版 2021年11月第6版 2023年7月第24次印刷
ISBN 978-7-5689-2311-8 定价：42.80元

第 6 版前言

学校体育是实现立德树人根本任务、提升学生综合素质的基础性工程，是加快推进教育现代化、建设教育强国和体育强国的重要工作，对于弘扬社会主义核心价值观，培养学生爱国主义、集体主义、社会主义精神和奋发向上、顽强拼搏的意志品质，实现以体育智、以体育心具有独特功能。以习近平新时代中国特色社会主义思想为指导，全面贯彻党的教育方针，坚持社会主义办学方向，以立德树人为根本，以社会主义核心价值观为引领，以服务学生全面发展、增强综合素质为目标，坚持健康第一的教育理念，推动青少年文化学习和体育锻炼协调发展，帮助学生在体育锻炼中享受乐趣、增强体质、健全人格、锤炼意志，培养德智体美劳全面发展的社会主义建设者和接班人。

党的二十大报告提出："广泛开展全民健身活动，加强青少年体育工作，促进群众体育和竞技体育全面发展，加快建设体育强国。"高等职业教育作为我国高等教育的重要组成部分，是高层次、技术型和技能型人才的培养基地，职业教育在实施科教兴国和人才强国战略中具有特殊而重要的地位，党中央和国务院对此一贯高度重视。1999 年 6 月 13 日发布的《中共中央国务院关于深化教育改革，全面推进素质教育的决定》指出"学校体育教育要树立'健康第一'的指导思想"，高校体育教材的内容要增加健康方面的知识，逐渐淡化竞技体育教学的内容。2002 年 8 月，《全国普通高等学校体育课程教学指导纲要》颁布，又对高校体育课程的理念和目标提出了新的要求，特别是要求高职体育教育要积极推行"理论 + 实践"这一基本教学模式。基于《全国普通高等学校体育课程教学指导纲要》对体育课程的指导思想、课程目标、课程内容、教材改革的要求，我们编写了《高职体育教程》这本教材。本教材结合《全国普通高等学校体育课程教学指导纲要》的精神，强调了高职体育的学科性，确立了以"素质教育"和"健康第一"为指导思想，体现了高职体育的专业特色，坚持基础性、实践性、专业性和发展性的有机统一，突出了学生的个性发展和能力培养，帮助学生全面掌握高职体育的基础知识和基本技能，从而养成良好的锻炼习惯。

本教程共分为四编。

第一编为理论篇。本编主要阐述了高职学生体育与健康、体育锻炼的原则和方法、体育锻炼的卫生保健与自我监督、体育锻炼的营养常识和高职学生健康评价与测试。

第二编为体能篇。本编主要阐述了学生的职业体能、坐姿类学生的体能锻炼、站姿类学生的体能锻炼和职业病的预防与治疗。

第三编为实践篇。本编主要介绍了田径、篮球、足球、排球、羽毛球、乒乓球、网球、游泳及水上救护、武术、形体运动等运动实践项目。

第四编为特色体育项目篇。本编内容主要是为了满足当代高职学生求新的心理需求而编写。

本教程在编写过程中，注意了以下几点：

（1）以促进高职学生体质健康为中心，内容新颖、系统、全面，要求高职学生在学习掌握技术、战术的同时，还要树立终身参加体育锻炼的意识，因此具有较高的理论价值和实践价值。

（2）做到了课程思政进教材，在相应章节加入了思政园地，便于学生结合体育内容，进行学习。

（3）为了方便教与学，本书配有数字教学资源，可扫描封底二维码查看资源列表。在出版社官网搜索本书可进入备课系统，注册登录系统后，所有资源均可用于备课与授课。

本教程在编写过程中，参考和借鉴了一些国内外专家和学者的研究成果，也得到了市教委有关部门领导、市高校体育教学指导委员会以及重庆大学出版社的大力支持和协助，在此一并表示感谢。由于编写者的水平所限，不妥之处恳请同仁批评指正。

本教程由秦虎拟定大纲并统稿。各章具体分工如下：秦虎（重庆工业职业技术学院）撰写第一章、第二章，邢峰（重庆三峡医药高等专科学校）撰写第十二章、第十五章、第十八章，姚证（重庆三峡职业学院）撰写第三章、第十六章，顾国（重庆三峡职业学院）撰写第七章、第十六章，郑德全（重庆工信职业学院）撰写第九章，马青春（重庆建筑工程职业学院）撰写第八章，敖建（重庆市农业学校）撰写第十章、第十三章、第十四章，陈超（重庆三峡职业学院）撰写第六章，陈臣（重庆科创职业学院）撰写第十一章、第二十章、第二十一章，刘艳湘（重庆理工职业学院）撰写第四章、第五章、第十九章，朱超（重庆安全技术职业学院）撰写第十七章。

编者

2021 年 9 月

目 录

第一编 理论篇

第二编 体能篇

第三编 实践篇

第一编

理论篇

第一章

学生体育与健康概述

学习目标

1. 科学把握体育与健康观念。
2. 了解体育运动对人体健康的影响。
3. 正确掌握健康的指标评价。

第一节　体育与健康观概述

一、体育的概念和功能

（一）体育的概念

“体育”一词在《现代汉语词典》的解释是：“增强体质、发展体力并通过各项体育运动来实现，其含义是身体的教育。”随着人类社会的不断发展和生产力的提高，体育在社会生活中的地位也越来越重要。具体来说，体育的概念可从广义和狭义来阐述。

1. 广义的体育（体育运动）

广义的体育是指以身体练习为基本手段，以增强体质、促进人的全面发展、丰富社会文化生活、提高精神文明为目的的一种有意识、有组织的社会活动，既受一定社会、政治、经济因素的影响和制约，也为社会、政治、经济服务。

2. 狭义的体育（身体教育）

狭义的体育是指通过身体活动，传授锻炼身体的知识、技能、技术，达到增强体质、培养道德和意志品质的目的，是有计划的教育过程，是教育的组成部分。

思政园地

体育与社会文明

体育是一种社会现象，是人类自我完善身心和开发潜能的一种特殊实践活动。体育的发展历史和人类的文明史几乎一样悠久。世界历史证明：人类文明的进步孕育了体育，并带动了体育的不断发展；而体育的发展丰富了人类文明的内容，并推进了人类文明的发展进程。

体育素质锻炼作为立身之本，在当代学生中占有极其重要的位置，自改革以来，我国一直把体育素质锻炼放在学生基础学习中。

蔡元培先生直言体育的重要意义：完全人格，首在体育。

梅贻琦先生也说，不能将体育单纯看成“粗腕壮腿”的手段，而是把体育当成养成高尚人格的最好方法。

思政园地

中华体育精神

2013 年 8 月 31 日，中华人民共和国主席习近平在会见全国体育先进单位和先进个人代表等时强调，广大体育工作者在长期实践中总结出的以“为国争光、无私奉献、科学求实遵纪守法、团结协作、顽强拼搏”为主要内容的中华体育精神来之不易，弥足珍贵，要继承创新、发扬光大。

（二）体育的功能

体育的功能是指体育在社会发展与人的自我完善过程中表现出来的价值，以及对社会进步产生的积极作用和影响。随着人类社会的不断进步与需求的不断提高，体育自身的特性也不断被认识、被深化，越来越被人们所重视。体育的功能归纳起来有七个方面：健身功能、娱乐功能、促进个体功能、教育功能、社会情感功能、政治功能和经济功能。

知识链接

体育的健身功能

促进人体生长发育，加速人体新陈代谢。

改善人体大脑供血、供氧和提高中枢神经系统的适应能力。

能调节生活和工作的压力，让人心情舒畅。

刺激软骨增生，促进人体骨骼的生长。

提高人体的免疫力、工作能力和运动能力。

提高人体对社会环境和自然环境的适应能力，延缓衰老，预防疾病。

二、科学的健康观

健康是人类赖以生存的必备因素，它不仅属于个人，而且属于整个社会。

（一）健康的概念

健康是一个动态概念，人类对健康的认识是以科学的进步为标准，以对自身的了解和认识为基础。“健康”一词源于公元 1000 年的英国，其含义是安全的、结实的、完美的。传统的健康观认为，躯体无病即健康。

根据世界卫生组织对健康提出的新概念，健康应包括四个方面的内容：身体健康、心理健康、道德健康和社会适应良好。

身体健康，是指具有强壮的体能和体魄。主要包括生理功能状态良好，没有疾病，并能抵御各种疾病的侵袭，身体发育正常，体重标准，能适应自然环境的不断变化。

心理健康，是指人的内心世界丰富充实，自我人格完整，自控能力强，能正确进行自我评价，能不断追求和进取，对未来充满信心。

道德健康，是指既为自己的健康也为他人的健康负责，把自己的行为习惯置于社会的规范之内。道德健康由思想品德和人格的自我完善两部分组成。

社会适应良好，是指人的行为习惯能适应复杂的社会环境变化，被他人所理解，被社会所接受，并能与他人保持正常的人际关系。

—知识链接—

世界卫生组织提出的健康的10个基本标准

在日常生活和工作方面没有精神压力，精力充沛。

睡眠良好，善于休息。

处事乐观，态度积极，勇于承担。

应变能力强，能适应外界的各种变化。

头发具有光泽，头屑少。

眼睛明亮，反应敏锐。

牙齿清洁。

肌肤富有弹性。

体重合适，身体匀称。

能抵抗普通感冒和传染病。

（二）亚健康

亚健康是医学界在20世纪90年代提出的概念，也称“第三状态”。根据人的健康状况，现代医学把健康的人称为“第一种人”，把患病的人称为“第二种人”，把介于健康与疾病之间的人称为“第三种人”，即“第三状态”。亚健康是指人的机体无明确的疾病，但适应能力呈不同程度减退、生活能力呈降低的一种生理状态，主要是由机体各系统的生理功能和代谢功能低下所致，是介于健康与疾病之间的一种生理功能低下的状态，也称“第三状态”或“灰色状态”。

—知识链接—

亚健康的典型表现

心病不安，惊悸少眠；出汗津津，经常感冒。

舌赤苔厚，口苦便燥；面色有滞，目围灰暗。

四肢发胀，目下卧蚕；指甲成像，变化异常。

潮前胸胀，乳生结节；口吐黏物，呃逆胀满。

体温异常，倦怠无力；视力模糊，头胀头疼。

第二节　体育运动对生理健康的影响

体育运动能降低一些疾病的发病率，如骨质疏松、冠状动脉疾病、高血压、糖尿病、中风和结肠癌等。运动有助于提高人体的睡眠质量、降低焦虑、抵抗精神疲劳、调整精神状态，从而促进人的身心健康。

一、适量的体育运动对生理健康的影响

适量的体育运动是指锻炼者根据自身的身体状况、运动场地、体育器材和气候条件，选择合适的运动项目，运动时的负荷不超过身体的承受能力，也就是运动强度、频率和持续时间适宜，运动时的心率控制在120~150次/分钟；运动后略感疲劳，但恢复速度快，机体没有不良反应；睡眠质量高，醒后精力充沛，食欲和情绪良好。

1. 对人体运动系统的影响

运动生理学研究表明，进行体育运动有助于人体骨骼的生长和发育，有助于增加肌肉的力量和体积，有助于提高关节的灵活性和身体的协调性。

2. 对人体心血管系统的影响

人的心血管系统由血管、血液和心脏三部分组成，承担着人体新陈代谢的运输任务。其中，心脏是人体血液循环的总动力中心，重300~400克，容积为240~250毫升，心跳频率每分钟65~75次，血液总量占人体体重的7%~8%。有资料表明，一般人的每搏输出量为70~90毫升，经常锻炼的人为100~120毫升。安静时，一般人的心率为70~80次/分钟，经常锻炼的人的心率为50~60次/分钟。

3. 对人体神经系统的影响

人体的神经系统由中枢神经系统和周围神经系统组成。人体所有的活动都是由中枢神经系统负责，经反射活动后传送到大脑，大脑经过综合分析后发出反应指令，再由周围神经系统将反应指令传达给各器官系统去执行。人脑是人体的最高指挥部，人体的一切活动指令都是由大脑发出。大脑的重量只占人体重量的2%，但它需要的氧气要由心脏总流血量的20%来供应，比肌肉工作时所需血液量要多15%~20%。进行体育运动，特别是到大自然中去活动，可以改善大脑的供氧、供血情况，从而促进大脑皮层兴奋性的增加。

4. 对人体呼吸系统的影响

人体的呼吸系统是由鼻、咽、喉、气管、支气管和肺组成的。其中，肺是气体交

换的场所，其他器官是气体交换的通道。体育锻炼能使人吸进更多的氧气，排除更多的二氧化碳，使人体的肺活量增大，肺功能增强。经常参加体育锻炼的人由于身体适应能力强，其呼吸就匀和、平稳、深沉，呼吸频率也较慢。一般成年男子的肺活量为 3 500 毫升左右，而经常参加体育锻炼的成年男子的肺活量可达到 4 000~7 000 毫升；一般成年女子的肺活量为 2 500 毫升左右，而经常参加体育锻炼的成年女子的肺活量可达到 3 500 毫升左右。

5. 对人体免疫功能的影响

适量的体育运动可以增强人体对运动的生理性适应，表现为机体的免疫功能增强，不容易感冒，同时也能增强机体抵抗病毒的能力。

6. 延缓衰老，防治疾病

适量的体育运动可以改善老年人心血管机能与脂肪代谢，保持机体自由基的动态平衡，提高机体的抗氧化能力和新陈代谢，提高免疫系统机能，改善人体内分泌功能，起到延缓衰老的作用。

适量的体育运动可以降低机体的血压，增加冠状动脉的扩张，延缓动脉粥样斑块的形成，可减缓随年龄的增长而发生的骨质疏松，更好地调整神经系统的活动状态，从而防止神经衰弱的发生。

二、过度运动对生理健康的影响

过度运动是指人们在进行体育活动时，运动负荷超过了机体的承受能力，机体在能量、精神等方面过度消耗，无法在正常时间内恢复体力以及身体的某些机能发生改变时，因营养不良、恢复手段无效、情绪波动等，使身体的负荷超量，从而变成了被动性运动的应激刺激。过度运动往往会使运动能力减退，并出现一些不正常的心理和生理症状。

过度运动会引起人体心肌毛细血管的持续性损伤和心肌的收缩性、舒张性损伤，造成骨骼肌收缩能力下降，肌肉细胞内钙离子平衡失调，从而引起肌腱损伤、关节慢性劳损等，导致大脑早衰，加速机体各器官的衰老。

知识链接

十大过度运动征兆

体育运动成绩没有进展，甚至下滑；运动时容易造成急性伤害；易疲劳，精力不济；运动时肌肉持续酸痛；紧张不安；沮丧；难以入睡；食欲不振；易患感冒等小病；大量出汗或持续出汗。

三、人体健康与终身体育锻炼

体育运动对人体健康的影响证明人的生命在于运动，而且要科学地运动。要全面贯彻党的教育方针，树立“健康第一”的指导思想，促进学生的身心健康发展，达到强身健体的目的，就必须树立终身体育锻炼的理念，养成终身体育锻炼的习惯。

终身体育锻炼是指人的一生中所进行的各种身体锻炼和受到的各种体育教育的总和，并与人的生命具有共同外延的一种连续性的教育过程。随着人的观念、心境、环境、体力与年龄的变化，终身体育锻炼的侧重点也会发生阶段性的变化。一般来说，人的幼年时期突出“游戏性”，人的青春时期突出“竞争性”，人的成年时期突出“社交性”，而人的老年时期为了健康长寿必然是“多热性”。

对于当代大学生而言，为了顺利完成学业，适应就业后的激烈竞争，更要养成终身体育锻炼的习惯，树立正确的意识，掌握终身体育锻炼的各种知识，远离疾病，让健康的身心伴随一生。

第三节　体育运动对心理健康的影响

随着现代社会的工作、生活节奏不断加快，很多人都感到不堪重负，特别是高职院校的大学生在学习、生活、人际关系、专业的选择等方面对自身的心理健康状况影响较大。为此，国内不少研究者采用症状自评量表(Symptom Check List 90，简称 SCL-90）对高职大学生的心理健康状况进行了调查研究，部分学者认为高职院校大学生心理健康状况不容乐观，如心理健康专家俞国良等人认为高职学生的确存在自卑的心理特点，并且自卑人数随年级升高呈逐渐增加的趋势，心理健康专家马玉萍的研究也发现高职大学生的心理健康状况低于全国常模，容易出现抑郁症、焦虑症等心理障碍。因此，无论高职院校大学生的心理健康状况如何，都需要在大学阶段不断调整和改善，并结合高职院校大学生易于接受技能训练的特点，不断加强体育锻炼，强健其身体素质，在一定程度可以提升高职学生心理健康水平。

知识链接

调节自身心理健康的 8 个基本方法

. 重新认识自我，客观进行角色定位
. 顺其自然适应大学学习与生活
. 确定目标与积极暗示法
. 加强沟通与自我激励法
. 转移注意力与行为补偿法
. 适当的情绪宣泄法
. 积极参加社会实践活动
. 心理咨询

一、大学生心理健康标准的界说

艾里克森人格发展 8 个阶段理论展示了个体发展是一个循序渐进、高低有序、层次分明的动态过程，每一时期个体都有主要的发展任务和目标，处在青年时期的大学生，发展的主要任务是获得自我同一性以及亲密感，形成积极的自我认知，开始体验责任，学会与他人建立亲密的关系，获得社会支持。因此，大学生心理健康的标准与其他年龄段的人群有着明显的区别。大学生的心理健康标准至少应包括以下四个主要因素：

1. 自我认知——悦纳自我，发展自我

如果理想自我与真实自我的差距太大，会使人痛苦抑郁，差距缩小则会使人感到幸福和愉快。因此，大学生应正视自己的优点和缺点，客观地认识自我，并在此基础上悦纳自我。对于那些不以人的意志为转移的外在条件如家庭出生、容貌、身材，能合理地认识并欣然接纳；而对于那些可以通过自身努力获得发展的学习、品行、技能等，要不断努力，发展自己。

2. 学习动机——明确目标，积极实践

大学生的主要任务是学习求知。一个健康的大学生应对周围的事物和活动带有积极情绪倾向，表现出旺盛的求知欲和强烈的学习动机。无论学什么，一旦有了良好的动机和兴趣，就会调动起全身心的积极性，以获取更多知识和更大成就。大学生要不断强化求知欲，形成对科学乐于求知、积极探索的精神，对学习和工作抱有积极的态度，并充满自信，能将自己的智慧和能力运用到学习、工作、生活中，并获得一种满足。

3. 人际关系——学会关爱，获得支持

艾里克森认为，处于青年期（相当于 20 ~ 25 岁）的个体这一阶段发展的主要任务

是形成亲密感、避免疏离感。亲密是以一种关心别人，与别人分享的能力，它不仅仅涉及爱人和亲人间的情感，也包括朋友间的友情，拥有亲密感的人愿意与人合作，主动接近他人，不怕暴露自己的缺点，相信别人会接纳自己，反之则不愿与人建立关系，退回到自己的小圈子里，封闭自我，深陷孤独之中。由于大学生社会经验不足，在与他人建立亲密感的过程中会因为一两次失败产生诸如自卑、嫉妒、恐惧等不良心理和行为问题。

4. 自我控制——管理自我，合理规划

自我控制涉及个体意志发展的问题，大学生能否调控好情绪、管理好时间、规划好大学生活是大学生心理健康的重要指标之一。学校规章制度作为大学生行为规范准则仅是外在标准，如何发展内在的自我管理标准是大学阶段个体发展的重要任务之一。心理健康的大学生应能通过内在目标的确立合理安排生活，不断地发展个人潜力、实现自我、追求更高层次的成功，并在此过程中体验幸福。

二、适量的体育运动对人体心理健康的影响

1. 改善情绪，保持乐观

人的情绪有消极悲观情绪和积极乐观情绪，由消极悲观情绪引起的疾病极大地危害着人的身体健康。特别是在繁重的学习压力下，有些人经常会产生紧张、忧郁等不良情绪反应，而体育锻炼能使个体从烦恼和痛苦中解脱出来，让人乐观自信、振奋精神、充满活力。

2. 自我完善，提高自信

自信心是人们获得成功的保证。人们在参加体育竞技比赛的过程中，与队友的默契配合、与对手的竞争拼搏中，能不断磨炼自己，能不断增强自信心。

3. 消除疲劳，促进智力发展

随着人类社会科学技术的发展，人们的生活节奏不断加快，疲劳已成为一种常见的状态。个体若长期处于疲劳状态，人体的组织器官和神经的正常状态就会受到影响，导致功能紊乱和积劳成疾。那么，消除疲劳最有效的方法是什么呢？就是适当的休息。

经常参加体育锻炼，不仅能够提高锻炼者的反应能力、思维能力、想象力和注意力，还能够让人的性格开朗、情绪稳定，而这些非智力因素对人的智力具有促进作用。

4. 促进大学生意志品质的形成

著名教育家陶行知先生指出：学习知识光靠智力不行，有学习的热情也不够，一定要有坚持到底的意志，才能克服各种困难，使学习取得成功。意志品质是指一个人的

坚韧性、自制力、自觉性、自信心以及独立自主和勇敢顽强等精神。在参加体育活动过程中，能够不断克服主观和客观上的各种困难，如损伤、疲劳、懒惰和气候条件等，从而培养大学生坚忍、果断、顽强等意志品质。

第四节　健康的指标评价

一、自我检测健康

（1）体重：基本稳定，一个月内体重增减不超过 4 千克，超过者为不正常。

（2）体温：基本在 37 摄氏度左右，每日的体温变化不超过 1 摄氏度，超过 1 摄氏度为不正常。

（3）脉搏：每分钟在 75 次左右，一般不少于 60 次，不多于 100 次，否则为不正常。

（4）呼吸：正常成年人每分钟呼吸 16~20 次，呼吸次数与心脏跳动数的比例为 1:4，每分钟呼吸次数少于 10 次或者安静时多于 24 次为不正常。

（5）大便：基本定时，每日 1~2 次，若连续 3 天以上不大便或 1 天 4 次以上为不正常。

（6）进食量：每日进食量保持在 1~1.5 千克，连续一周每日进食超过平时进食量的 3 倍或少于平常进食量的 1/3 为不正常。

（7）尿量：24 小时的尿量在 1 500 毫升左右，连续 3 天 24 小时内尿量多于 2 500 毫升，或 1 天内尿量少于 500 毫升，为不正常。

（8）月经周期：成年女性月经周期在 28 天左右，提前或延后 15 天以上为不正常。

（9）睡眠：每日能按时起居，睡眠时间为 6~8 小时，若不足 4 小时或每日超过 15 小时为不正常。

知识链接

发热分度标准

一般认为，正常的腋下温度为 36~37 摄氏度。

· 低热：体温为 37.5~38 摄氏度；若持续时间 1 个月以上，即为长期低热。

· 中度热：体温为 38~39 摄氏度；若发热持续 2 周或更长时间，即为长期中度热。

· 高热：体温在 39 摄氏度以上；若发热持续 2 周或更长时间，即为长期高热。

· 超高热：体温在 41 摄氏度以上。

二、健康的指标检测

（1）年龄：每年得 1 分，如果你 60 岁就得 60 分。

（2）体重：正常体重值等于自己身高减去 100，超过标准每千克减 5 分，低于标准每千克加 5 分。如身高为 170 厘米，体重 75 千克，就为 –25 分。

（3）吸烟：不吸烟者得 30 分，每天吸一支减 1 分。假如你每天吸 1 盒烟，就得从总分中减 20 分。

（4）耐力：如果每天从事耐力性有氧代谢体育活动（健身走、跑步、游泳、骑自行车、旋律健美操、跳舞等）得 30 分。如每周参加 4 次活动，加上 15 分。倘若根本不从事任何耐力性练习，就得 –10 分。假如很少从事体育活动或体力劳动，就得从总分中减 20 分。

（5）安静时脉搏：每分钟低于 90 次，每少搏一次得 1 分。例如每分钟脉搏为 76 次，即得 14 分。

（6）运动后脉搏：慢跑 2 分钟后，休息 4 分钟。假如脉搏恢复到安静时水平得 30 分，如果比安静时多 10 次得 20 分，多 15 次得 10 分，多 20 次得零分。

通过以上检测，如果总分达不到 20 分，健康状况值得重视，必须求医诊治；假如总分为 21~60 分，要注意减去多余脂肪，限吸烟，增加运动量或体力活动量；假如总分为 60~100 分，说明健康状况较好，可以更多地从事一些体育运动；若超过 100 分，说明健康状况相当好。

三、自我健康测试法

（1）常吃蔬菜吗？

（2）一天学习、工作、劳动后，晚上能否很快入睡？

（3）喜欢吃甜食吗？

（4）每天吃肉吗？

（5）每天喝 100 克以上的酒吗？

（6）吸烟吗？

（7）指甲、眼结膜是否显得淡白？经常头昏耳鸣吗？

（8）是否有头颈变粗、容易出汗、情绪激动的现象？

（9）是否经常咳嗽、痰多或胸痛？

（10）喜欢吃咸的菜吗？

（11）看到肉、鱼、蛋的美餐，是否感到食欲增加？

（12）是否有每天大便的习惯？

（13）是否有鼻出血及身上出现青紫块的症状？

（14）身上的黑痣，是否迅速增大或者破溃出血？

（15）常吃烟熏食品吗？

（16）登高或俯视时，是否感到心慌腿软？

（17）是否每天早晚刷牙？

（18）按时透视胸部吗？

（19）是否饭前洗手？

（20）每天小便次数是否很多？小便时有痛感或憋不住的情况吗？

（21）每次感冒，是否必须服药？

（22）身体是否不断消瘦？

（23）是否每天运动？

（24）按时打预防针吗？

评分标准

1、2、11、12、17、18、19、23、24 题答案为是，其他为否。

与以上答案相符的得 1 分，不相符的为 0 分。合计得分为 20~24 分，表示身体健康状况优秀；得分为 15~19 分，表示身体健康状况良好；得分为 10~14 分，表示身体健康状况一般；得分为 5~9 分，表示身体健康状况较差。

思考题

一、填空题

1. 教育部提出了富有时代特色的健康生活理念：（　　）、（　　）、（　　）。

2. 根据世界卫生组织对健康提出的新概念，健康应包括四个方面的内容：（　　）、（　　）、（　　）、（　　）。

3. 人的心血管系统是由（　　）、（　　）、（　　）三部分组成。

二、简答题

1. 简述体育的概念和功能。

2. 影响人体健康的因素有哪些？

三、论述题

以健康的检测指标为依据，对照自身的健康状况，谈谈如何促进大学生的身心健康。

第二章

学生体育锻炼的原则和方法

学习目标

1. 正确掌握体育锻炼的原则与方法。
2. 熟练了解运动处方的含义和运动性疲劳产生的原因。
3. 合理运用提高身体素质与消除运动性疲劳的方法。

第一节　体育锻炼的原则

体育锻炼的原则是指从事体育活动过程中必须遵守的基本要求，是按照人体发展的基本规律，合理安排身体锻炼的计划，选择锻炼的内容和方法所遵循的基本准则。只有在体育锻炼过程中，正确地理解和运用体育锻炼的基本原则，才能使体育锻炼获得最佳的效果。

体育锻炼的基本原则有自觉性原则、从实际出发原则、全面性原则、科学性原则、循序渐进原则、持之以恒原则。

一、自觉性原则

自觉性原则是指参加体育锻炼者，必须有明确的健身目的，自觉地从事体育锻炼，并对自己行为目标的追求所采取的一种自觉主动的行为。

贯彻自觉性原则应注意以下几个方面：

（1）提高认识，树立正确的体育锻炼价值观，明确体育锻炼的目的，才能以主动、积极的态度自觉地参与体育锻炼和坚持长期锻炼。

（2）掌握一定的体育锻炼的基本知识、技术、技能，培养对体育锻炼的兴趣爱好，逐步形成良好的体育锻炼习惯。

（3）严格遵守体育运动的基本规律，根据自己体质的特征，选择适合自身特点的运动项目，采用科学合理的锻炼方法，以取得最佳的锻炼效果。

二、从实际出发原则

从实际出发原则是指锻炼身体时，应根据个人的性别、年龄、健康状况，以及外界环境条件的实际情况，确定锻炼目的，选择合适的练习项目，合理地安排运动负荷和运动时间，按科学的练习方法锻炼，并达到最佳的锻炼效果。

（1）要从自身身体实际出发。由于个人的具体情况差异，锻炼的目的不一样，所以体育锻炼要从自己的实际情况出发，有目的地选择和确定运动项目、练习方法，合理地安排练习的运动负荷和运动时间。在进行锻炼时，必须要正确评估自己当前的身体健康状况，使锻炼的运动难度和强度不超过自己身体的承受能力。

（2）要从当时的外部环境条件出发。进行体育锻炼，不仅要依据自身的身体实际情况，还要从当时的季节、气候、场地、器材等外界的实际情况出发，合理地选择锻炼项目、锻炼时间，以及运动负荷和运动强度。按照科学的锻炼方法进行练习，才能收到良好的锻炼效果。

三、全面性原则

全面性原则是指体育锻炼必须追求身心全面和谐发展，使身体形态、身体机能、身体素质及心理素质等方面都得到全面协调的发展。

（一）锻炼身体的形式、手段要多样化，全面提高整体机能

体育的运动项目较多，经常锻炼对人体有很多益处。但根据人体不同的特点和要求，在练习中所取得的效果也不同。人体是一个各器官、系统相互联系、相互制约的有机体，各器官、系统的功能会受体内其他器官功能和外界环境的影响而发生变化。只有心肺功能得到相应的提高，下肢肌肉才能顺利完成活动，才能获得较好的运动成绩。因此，采用多种形式的体育锻炼，能使机体机能全面提高、均衡发展。

（二）锻炼项目多样化，全面发展身体素质

全面发展身体素质，对提高人体基本活动能力和运动技术水平起着重要作用。经常参加体育锻炼可以提高身体素质，但由于锻炼的项目不同，对身体素质的影响又各不相同。所以，必须辅以发展心肺功能的有效项目，如长跑等体育锻炼，以达到各项身体素质的全面发展。

青年学生应多选择一些能促进全身血液循环、提高心肺功能、调节中枢神经系统的运动项目，如长跑、球类项目、游泳、体操、太极拳、武术等，并选择一两个副项以弥补不足，从而达到全面提高身体素质的目的，防止身体素质出现不均衡发展的现象。

（三）锻炼环境勤变化，提高人体的适应能力

人体对外界环境的适应能力，是衡量人体健康状况、体质好坏的重要标志之一。因此，在进行体育锻炼时，应注意提高人体对外界环境适应能力的锻炼。学生毕业后将为祖国的建设奔赴各地，工作与生活都要适应大自然的种种变化，所以，应结合自然环境进行锻炼。春秋季节，多赴野外进行登山旅游活动；夏季可以进行游泳锻炼；冬季多进行长跑、滑冰等练习。

四、科学性原则

科学性原则是指进行体育锻炼时，应选择合适的练习项目，合理地安排运动负荷和运动时间，按照科学的练习方法，促进身心健康发展和增强体质，做到锻炼的科学性。

贯彻科学性原则应注意以下几点：

（1）在进行体育锻炼时，必须要制订好个人的锻炼计划或运动处方，锻炼计划和运动处方一定要严谨科学，并严格按照计划和处方进行练习，同时还要对运动后身体状况的变化做好评估和监测。

（2）在每一次锻炼过程中，要特别注意量力而行和自我感觉，并用一定的生理指标进行测定。

（3）锻炼时，要根据年龄特征、气候条件、劳动强度、睡眠、营养、兴趣等综合因素，合理安排运动量和练习间歇，使锻炼达到良好的效果。

五、循序渐进原则

循序渐进原则是指在进行体育锻炼时，必须按人体自然发展、机体适应性规律，科学地安排锻炼内容、方法、负荷、难度等。

身体锻炼不能急于求成，要有目的、有计划、有步骤，循序渐进地进行。如果一个初次参加身体锻炼的人，刚开始就进行剧烈的身体活动，承受较大的负荷量和完成难度较大的动作，这样无论在身体上还是在心理上，都会造成很大刺激，产生不良反应，甚至出现运动损伤，反而事与愿违，达不到增强体质的效果。

六、持之以恒原则

人的体质的增强是一个不断积累、逐步提高的过程。人体机能水平的提高，各种运动素质的发展，运动技能的形成与巩固，有赖于长时期经常性地锻炼。这些良好的适应性变化，不是短时期锻炼所能达到的，而是坚持长期锻炼的结果。所以，要学习某项运动技术或进行体育锻炼，增强体质，就必须经常锻炼，长期坚持，持之以恒。

第二节 体育锻炼的基本方法

体育锻炼能够促进身体的生长发育，改善各器官、系统的机能，提高身体素质，提高基本活动能力和运动水平，增强人体对不同自然环境的适应能力。所以，体育锻炼是增进健康，增强体质最积极、最有效的方法。

由于参加体育锻炼的人的年龄、性别、健康状况等情况不一样，因而锻炼身体的形式和方法也应有所不同。对于青年来说，有氧锻炼的方法有重复练习法、变换练习法、循环练习法、综合练习法等。

一、重复练习法

重复练习法是指某一锻炼方法按一定负荷要求，多次重复同一动作进行锻炼的方法。在重复刺激机体的过程中，加速新陈代谢，以达到增强体质的作用。

重复练习法要合理掌握重复次数和时间。两次练习之间的间歇时间原则上应使机体得到较充分的恢复。强度可达极限强度的90%~100%，使其达到锻炼负荷的有效价值范围，过量负荷会造成身体过度疲劳，影响学习和工作；而负荷不足则影响锻炼效果。要不断调整并提出新要求，防止因机械地反复练习而产生厌倦情绪。

二、变换练习法

变换练习法是指在不断变换练习条件的情况下进行的一种锻炼方法。这种方法能有效地调节运动负荷，使机体产生适应性变化，并可激发锻炼者的兴趣和提高锻炼者的积极性，达到增强机体能力、提高锻炼效果的目的。

变换练习法有利于调动青年锻炼身体的积极性，可以提高青年在不同的条件下完成动作的能力，有助于青年改进、巩固、提高技术和增强身体素质。

三、循环练习法

循环练习法是指根据身体锻炼的需要，确定循环练习的各项练习内容，在一次练习中依次循环练习的方法。

循环练习法可以弥补单一练习对身体发展作用比较单一的不足，使各练习之间的作用相互补充，有利于身体的全面发展。此外，由于练习的内容多样化，有利于提高练习者锻炼的积极性。

四、综合练习法

综合练习法是指把不同性质的练习交替组合起来，使身体得到全面锻炼，也是各练习法的综合运用。它能够灵活地调节运动负荷和适应多种训练任务的要求。

各种练习法的综合运用，要因人、因时、因任务而异。如运用重复练习法已掌握了某种技术动作，而又感到有些厌倦时，则可用重复和变换练习法组合成综合练习法。用间歇练习法已使动作达到熟练程度，机体能力又有一定改善而不想进一步提高要求时，则可运用间歇练习和变换练习法组合成综合练习法。

第三节　运动处方与运动性疲劳

一、运动处方

（一）运动处方的概念和特点

1. 运动处方的概念

运动处方最早是由美国生理学家卡波维奇在 20 世纪 50 年代提出来的，最初是作为体育医疗的一种措施。20 世纪 60 年代以来，随着康复医学的发展，对冠心病等疾病的康复训练的开展，运动处方开始受到重视。1969 年世界卫生组织（WHO）开始使用运动处方术语，从而使这一术语在国际上得到认可。

通俗地讲，运动处方是指针对个人身体状况采用的一种科学的、定量化的体育锻炼方法。它是指导人们有目的、有计划、科学地进行锻炼的一个重要方式和环节。

2. 运动处方的特点

（1）目的性强。运动处方有明确的近期和远期目标，运动处方的制订和实施都是围绕运动处方的目的进行的。

（2）计划性强。运动处方中，运动的安排有较强的计划性，在实施运动处方的过程中非常容易坚持。

（3）科学性强。运动处方的制订和实施过程是严格按照康复体育、临床医学、运动学等学科的要求进行的，有较强的科学性。按运动处方进行锻炼能在较短的时间内取得较明显的健身和康复效果。

（4）针对性强。运动处方是根据每一位锻炼者的具体情况来进行制订和实施的，有非常强的针对性，其健身和康复的效果较好。

（5）普及面广。运动处方简明易懂，容易被大众所接受，收效快。它是进行大众健身和康复的理想方法。

（二）运动处方的种类

随着运动处方应用范围的日益扩大，其种类也逐渐增加。常见的分类如下：

1. 预防性运动处方

以增强体质、预防疾病、提高健康水平为目的的运动处方。

2. 治疗性运动处方

以治疗疾病、提高康复效果为目的的运动处方。

3. 竞技性运动处方

以提高身体素质、运动技术能力、健身健美为目的的运动处方。

（三）运动处方的制订

运动处方的内容包括运动项目的选择、运动强度的制订、运动时间和运动频率的确定。

1. 选择适宜的运动项目

选择适宜的运动项目应注意考虑以下几个方面。

（1）选择的运动项目应简单易行，技术难度、场地器材要与锻炼者的身体条件相适应。

（2）选择的运动项目应有针对性，有重点、有效地改善某些器官的功能。

（3）选择的运动项目应与锻炼者的兴趣相结合。

（4）选择的运动项目应符合锻炼的年龄特点。

2. 制订适宜的运动强度

运动强度是单位时间内的运动量（运动强度 = 运动量 ÷ 运动时间），而运动量是运动强度和运动时间的乘积。

3. 确定运动时间和运动频率

运动时间是指每次持续运动的时间，即运动所需要的时间，是给予循环系统、呼吸系统适宜刺激所需要的时间。

运动频率则是指每周运动的次数。每周运动多少次，则要根据运动的目的、运动的项目、运动的强度和每次运动的时间而定。

（四）运动处方的实施

实施体育锻炼的主要依据是运动处方。在体育锻炼的过程中，要掌握当时的实际情况，通过对自己的身体变化和运动效果的定期检查，确定运动处方的运动成效，及时对运动处方的内容作一定的调整，使其更加切合实际。但是为了克服体育锻炼过程中的盲目性和片面性，一定要养成良好的个人生活习惯，并结合锻炼的运动处方制订好个人的体育锻炼计划。

二、运动性疲劳

（一）运动性疲劳产生的原因

运动性疲劳产生的原因主要有以下几个方面。

（1）运动锻炼过程中由于神经高度紧张而引起的机体功能下降。

（2）运动过程中对体内能量物质消耗过大。

（3）由于运动引起体内各种物质失去平衡，造成机体内环境紊乱。

（4）由于运动引起体内乳酸等酸性物质分泌过多。

（二）运动性疲劳的判断方法

人体是一个完整的有机体，当然运动后产生的疲劳也会是综合性的，它不仅反映在心理上，同时也及时反映在生理上。因此，要判断机体体能下降和疲劳程度也同样应该是全面的。所以，要确定机体的疲劳程度应从以下几个方面来判断。

1. 自我感觉

通过运动者自我的感觉，如疲乏、头痛、恶心、腿痛等，以及常见的外部表现如面色、呼吸、排汗量、动作等来判断。

2. 动作技能分析

当一个人疲劳时，其运动技术动作的协调能力会受到严重的干扰，表现为动作乏力，身体控制能力下降，错误动作增多，动作的准确性、身体的平衡能力下降等。

3. 生理指标检查

人体的机能状态可以从多项生理指标中反映出来。通过对脉搏、血压、肌力、呼吸、心电图等指标的检查，就能对运动者的疲劳程度进行判断。

（三）消除运动性疲劳的常用方法

1. 保持良好的生活习惯

保持良好的生活习惯，包括严格的作息时间、良好的睡眠条件、合理的饮食卫生、克服不良的嗜好等。良好的生活习惯能确保体育锻炼的质量和效果。

知识链接

保持良好睡眠的方法

- 睡眠有规律。一定要养成定时入睡与定时起床的好习惯。
- 有足够的睡眠时间。应保证儿童 10 小时 / 天、青年人 8 小时 / 天、老年人 6 小时 / 天以上的睡眠时间。
- 白天应该补充睡眠时间。适宜的午睡时间为 30~60 分钟。
- 选择睡眠环境。房间的湿度、温度和寝具都对睡眠有一定的影响。

2. 热水疗法

热水疗法能促进血液循环与新陈代谢，加快代谢物的排泄，使汗腺分泌增加，消除皮肤污垢，放松肌肉，安抚神经，使机体柔软，欲睡，促进食欲。

3. 按摩

按摩是消除运动性疲劳的重要手段之一，按摩的方式有自我按摩、互相按摩、医生按摩和器械按摩等。

4. 物理疗法

物理疗法也是恢复运动性疲劳的一种有效方法，如红外线疗法，蜡疗法，热、电、磁疗法，倒挂疗法等。

5. 吸氧疗法

吸氧疗法是治疗运动性疲劳的方法之一。吸氧疗法对由运动引起的极度疲劳、肌肉酸痛、僵硬、酸碱平衡失调，以及运动引起的头疼、头晕等有极佳的疗效。

6. 音乐疗法

音乐作为一种声音刺激，可以通过机体的反射作用迅速产生一系列的生理和心理反应。不同的音乐会对人体产生不同的作用。有些音乐能改善机体的机能，如增强心脏功能、改善血液循环等，并使人精神振奋、心情愉快，还有助于消除运动者的紧张和焦虑情绪，最终使运动疲劳得以消除。

7. 心理恢复

心理恢复是指通过调节大脑皮层的机能达到消除疲劳的目的。通过运动者自我的心理暗示、意念等放松练习，来实现自我放松。

8. 营养补充

合理的膳食和营养补充能够有效地消除运动性疲劳。

9. 药物疗法

为了尽快地消除疲劳，也可以适当服用一些营养补剂和使用药物疗法。

思考题

一、填空题

1. 体育锻炼的基本原则有（　　）、（　　）、（　　）、（　　）、（　　）、（　　）。
2. 对于青年来说，有氧锻炼身体的方法有（　　）、（　　）、（　　）、（　　）。
3. 运动性疲劳的判断方法有（　　）、（　　）、（　　）。

二、简答题

1. 什么是运动处方？它有哪些特点？
2. 如何制订运动处方？

三、论述题

阐述大学生在体育活动中消除运动性疲劳的常用方法。

第三章

体育锻炼的卫生保健与自我监督

学习目标

1. 学习运动性疾病的预防。
2. 对自身锻炼效果有科学认识。
3. 学会在体育锻炼中自我医务监督。

第一节 运动性疾病的防治

在体育运动中，由于人体生理活动过程的有序性受到暂时性干扰与破坏，经常会出现一些正常的生理反应。只要注重科学锻炼，就会减少运动中的不适和运动性疾病的发生。

一、长跑极点和第二次呼吸

（一）长跑极点现象

在长跑时，能量消耗大，特别是下肢回流血量减少，加剧了大脑氧债的积累，当达到一定程度时，就会出现暂时性的呼吸急促、胸闷难忍、下肢沉重、动作不协调，并伴有恶心现象，甚至想退场，这在运动生理学上被称为“极点”。

（二）第二次呼吸

当长跑极点出现后，情绪要稳定，并适当减慢跑速，加深呼吸，坚持一段时间，上述生理现象将会逐步消失。这标志着“极点”已经过去，生理过程出现新的平衡。这种现象在运动生理学上被称为“第二次呼吸”。

极点与第二次呼吸是中长跑运动中的正常生理现象，无须疑虑和恐惧，即使是一位优秀的中长跑运动员，也会出现“极点”现象，但随着训练水平的提高，上述生理反应将逐步减弱和消失。

二、运动中腹痛

（一）发病机制与症状

腹痛常在中长跑和剧烈运动时发生，主要是因为运动前准备活动不充分，或者因运动前吃得太饱、饮水过多或者腹部受凉，致使脏腑功能失调；也有的是因运动时间过长或运动过于剧烈，使下腔静脉压力上升，引起血液回流受阻；也有的是因呼吸节奏紊乱，引起运动异常，或者肝脾积气郁血，导致两肋部胀痛等。

（二）处置与预防

1. 处置

如果没有器质性疾病，一般采用减慢运动速度、进行腹式呼吸、按压疼痛部位等方法，短时间内即可减轻疼痛，直至消失。数分钟后，如果疼痛仍不减轻，甚至加重，就应停止运动。必要时可服十滴水或普鲁苯辛，或揉按内关、大肠俞等穴位，如仍不见效，应送医院诊治。

2. 预防

运动前避免进食或饮水过多，充分作好准备活动（特别是腹部按摩），坚持循序渐进，注意呼吸节奏，夏季运动要适当补充盐分。

三、运动性昏厥

（一）发病机制与症状

由于脑部突然供血不足或者因脑血管发生痉挛，而出现一时性知觉丧失的现象，称为运动性昏厥。

导致运动性昏厥的主要原因是长时间运动或剧烈运动，大量血液聚集在下肢，回心血流量减少，因而心血输出量也减少，致使脑部缺血而引起昏厥。在日常生活中，长时间站立，过久下蹲后骤然起立，情绪过分紧张激动，病后体弱参加剧烈运动等情况，都可能引发类似的昏厥现象。

昏厥前，患者感到全身松软，头昏眼花，面色发白。昏倒后，面色苍白，手足发凉，出冷汗，脉搏减弱，血压下降，呼吸缓慢。

（二）处置与预防

1. 处置

发病后，立即让患者平卧，松解衣领，抬高下肢，按压人中与合谷穴，并从小腿向内做推摩和揉捏。如果有昏迷现象，可嗅氨水或静脉注射 25%~50% 葡萄糖 40~60 毫升，在知觉未恢复前禁止喝饮料或吃其他药物。如有呕吐，应让患者的头偏向一侧。如停止呼吸，应立即进行人工呼吸。

2. 预防

坚持经常性锻炼，以增强体质。剧烈运动后不要立即停下，而应继续慢跑缓冲，并做深呼吸。饥饿时不要参加剧烈运动。

四、运动中暑

（一）发病机制与症状

“中暑”是因长时间受高温或热辐射而引起的一种高温疾病，特别是在气温高、通风不良或头部缺乏保护、被烈日直接照射等情况下，体温调节功能发生障碍而导致中暑。

症状：中暑早期有头晕、头痛、呕吐等症状，严重时体温升高，皮肤灼热干燥，甚至出现精神失常、抽搐、心律失常、血压下降，直到昏迷危及生命。

（二）处置与预防

1. 处置

首先将患者护送至阴凉、通风处平卧休息，并采取降温措施，如解开衣领、服饮清凉饮料或人丹、十滴水等，也可补充葡萄糖水。严重患者，经临时性处理后，应立即护送到医院诊治。

2. 预防

在高温炎热环境下锻炼时，应适当减少运动量和锻炼时间，尽量避免在烈日下锻炼。夏天在室内锻炼时，应注意通风，并备有低糖含盐的饮料。室外锻炼时，应戴白色凉帽，穿宽松浅色运动服。

五、运动过敏性反应

（一）发病机制与症状

运动过敏，是指在运动后出现皮肤瘙痒、荨麻疹、血管性水肿、腹部疼痛和腹泻等过敏反应。这种综合征的临床症状与食物、药品和昆虫叮咬所致的过敏反应极为相似。由运动引起的过敏反应一般持续 30 分钟至 4 小时，其表现特征先从瘙痒和荨麻疹开始，继而发展到手、足和面部肿胀。严重病例可能出现呼吸困难、精神错乱、知觉丧失和低血压症状。

（二）处置与预防

1. 处置

过敏反应较为严重者，可用皮质激素、肾上腺素、氨茶碱治疗，有些抗组织胺药物对治疗也有一定疗效。

2. 预防

迄今为止，对运动引起的过敏反应的预防还只限于重视前期症状的诊断，一旦出现则应立即停止锻炼。

六、肌肉痉挛

（一）发病机制与症状

在游泳或对抗性激烈的运动项目中，有时突然会发生肌肉不听使唤的现象，特别是小腿腓肠肌、脚前掌和脚趾部位，有既酸又痛的感觉，继而不能活动。这种肌肉的强直性收缩就是肌肉痉挛，俗称抽筋。肌肉痉挛对身体没有什么直接危害，在几秒钟或几分钟之内即可消失。但在游泳时发生肌肉痉挛，如不及时采取措施，往往就会引起意外事故。因此，懂得如何防治肌肉痉挛的方法是十分重要的。

（二）处置与预防

1. 处置

如已经发生肌肉痉挛，可以牵拉或重按正在挛缩的肌肉，促使其放松和伸长。如小腿后部肌肉或脚底抽筋时，只要脚趾背屈，脚跟用力前蹬，并施以局部按摩，肌肉痉挛现象一般即可消除。

2. 预防

首先，在体育锻炼中，要经常注意自己肌肉的不良反应，这将有助于防止肌肉痉挛现象的发生。另外，要充分作好准备活动，冬季锻炼加强保暖，运动不要过于疲劳，游泳注意体温变化等，都是积极的预防措施。特别是当大量出汗，肌肉有紧张感时，就应及时喝些淡盐水来适当补充。

七、运动性贫血

我国成年男性血液中血红蛋白正常值为 120~160 克 / 升，女性为 110~150 克 / 升，若低于正常值称为贫血。因运动引起的血红蛋白量减少并低于正常值即称为运动性贫血。

（一）运动性贫血的原因

（1）由于运动时机体对蛋白质与铁的需求增加，一旦需求量得不到满足时，即可能引起运动性贫血。

（2）运动时，脾脏释放的溶血卵磷脂能使红细胞的脆性度增加，加上剧烈运动时血流加快，易引起红细胞破裂，从而导致运动性贫血。

（3）少数学生偏爱吃零食，影响正常的营养摄入，或长期慢性腹泻，影响营养的吸收，运动时常会出现贫血现象。

（二）运动性贫血的症状

患者平时有头昏、乏力、恶心、气喘、易疲倦、记忆力衰退、体力下降、思想不集中、食欲不振等症状，运动后容易出现心悸、心跳加快、面色苍白、气急等现象。

（三）运动性贫血的处理

当上述症状出现时应适当减少运动量，必要时应停止锻炼，即刻补充含蛋白质和含铁的食物，口服胃蛋白酶合剂、维生素 C、硫酸亚铁等有利于症状的缓解。

（四）运动性贫血的预防

加强卫生宣传，普及卫生知识，培养良好的饮食习惯，不偏食，不挑食，合理安排膳食；加强对铁吸收障碍疾病和慢性疾病的治疗。锻炼时要遵循循序渐进的原则。

知识链接

运动中怎样呼吸才合理

- 在一般速度较慢、时间不长的运动中，最好只用鼻子呼吸。
- 如果运动量较大、跑动时间较长或有一定速度要求时，可两步一呼、两步一吸或两步一呼、三步一吸。
- 在污浊的空气或风沙天气中，长跑时只能用鼻呼吸。
- 呼吸时要特别注意呼气，只有深呼才能深吸。
- 呼吸的调节是可以用意念支配的，寒冷的空气、燥热的气流等对咽喉不利，如果不注意，会使机体受刺激而感冒或咳嗽。

第二节　女子运动的卫生保健

一、女性身体发育的特点

一般来说，女性一生可分为六个时期，即新生儿期（从初生 ~1 岁）、幼儿期（2~3

岁）、儿童期（4~9岁）、青春期（10~20岁）、生育期（21~48岁）、更年期（49~55岁）及老年期（60岁以上）。

青春期以前，男女形态差异不大，多数指标男略大于女。女性进入青春期的时间一般比男性早两年，结束也早两年。11~12岁女性的多数指标超过男子。13岁后，男子开始迅速发育，其身高、体重、肌肉力量和运动能力等又超过同龄女孩。此后，女性除骨盆较宽、坐高和大腿围较大，皮下脂肪较多外，其余多项形态、机能指标均落后于同龄男性。这种性别差异在18岁以后更加突出。

女性全身脂肪约占体重的28%（男子约占18%），皮下脂肪较多，且多集中在臀部和下肢，使体态显得丰满，并且有较好的保温作用，有利于进行游泳、滑冰和滑雪等运动。

女性在青春发育期间，每月均有一次月经，同时伴有局部和全身性变化。在进行体育锻炼时，应注意自身的变化，确保锻炼的科学性。

二、女性的一般体育卫生要求

青春期发育后，女性月经来潮。一般女性在正常月经期间并不出现明显的生理机能变化。例如血液循环、呼吸、代谢、肌力等变化。因此，无须避免在月经期参加一些健身活动，如早操、散步、郊游等不太剧烈的体育活动。

由于男女生生理存在差异，因此大学体育教学课男女生应分组教学，女生的体育锻炼标准低于男生。由于女生肌肉力量较差，因而使用的运动器械如铁饼、标枪、铅球等要比男生轻。因女生心肺功能较差，故运动量要小于男生。女生肩窄、臂力弱，做悬垂、支撑、摆动动作较困难，应注意发展上肢力量。从高处落下时，地面要铺一定厚度的有弹性的垫子，以免身体受到过分震动，影响骨盆的正常发育。多做仰卧起坐、踢腿等练习，以增强腹肌和盆底肌的力量，避免在弹跳练习中因剧烈的震动而引起子宫位置的变化。

根据女生身体重心低、平衡能力强、柔韧性强等特点，女生适宜进行艺术体操、平衡木、高低杠、自由体操、健美操、滑冰、花样滑冰、轮滑等项目。通过体育活动，不仅可提高身体素质，还可促进身体正常发育和机体能力的提高。

三、女性月经期的体育卫生要求

月经属正常的生理现象，女生可在月经期参加一些力所能及的体育活动，如散步、郊游等，这些体育活动可调节大脑皮层的兴奋与抑制过程，改善盆腔的血液循环，并可使腹肌和盆底肌轻度收缩与放松，有利于经血排出，减轻腹部不适感。但是，女生月经期子宫内膜脱落、出血，加之生殖器官抗菌力弱，易导致感染，全身神经体液方面也有较大的变化，故应注意下列卫生要求。

（1）适当减少运动量和运动时间，特别是月经初潮的女生。

（2）月经期要避免过冷、过热的刺激，如冷水浴和阳光下的暴晒等，特别是下腹部不要着凉，以免引起卵巢功能紊乱而导致月经失调和痛经的发生。

（3）月经期不宜游泳，以免病菌侵入内生殖器引起炎症。

（4）月经期不宜从事剧烈运动，尤其是震动强烈、腹压过大的运动和后蹬跑、高抬腿跑、跳跃、打球、投篮动作和力量性练习等，以免子宫异位和经血过多。

（5）有痛经和月经紊乱的女生，月经期不宜进行体育活动，应积极治疗。

第三节 学生体育锻炼的自我医务监督

体育锻炼中自我医务监督的主要任务是，对个人的身体健康和功能状况，以及在体育运动影响下发生的变化进行系统观察。通过自我监督帮助锻炼者把握自己的健康状况，粗略评定运动负荷的大小，分析自己选用的锻炼方法，了解对个人卫生、生活制度及体育锻炼的执行情况，以避免运动性伤病、锻炼过度及其他有损于身体健康的现象发生，并为及时发现问题，配合医务检查及合理处置创造必要的条件。

一、身体适应性诊断与处置

在锻炼的过程中，由于每个人的身体情况、学习负担及机体承受能力存在差异，因此当运动负荷超越身体承受能力时，就会产生由身体不适应而引起不良反应。为了免于出现伤病而使身体健康受损，有必要通过自身感觉和对客观指标的检查，得出反映身体状况的客观材料和数据，以判定运动负荷与自身承受力之间的合理界限，并最终达到正确指导体育锻炼的目的。

（一）日常精神情绪变化

1. 一般精神感觉

一般精神感觉是指体内感觉信息的一种表现方式，它由体育运动产生的负荷刺激所引起。通常认为，当运动负荷适宜时，人的精神感觉总是良好的，它表现为体力充沛、活泼愉快及精神饱满。如果身体患病或锻炼过度，则会出现身体软弱无力、倦怠、容易激动、精神萎靡不振等不良反应。

2. 参加锻炼的愿望

锻炼愿望和精神情绪是密切相关的，有无参加锻炼的愿望，是衡量日常状态是否健康的重要标志。因此，当一个心情愉快乐意参加体育锻炼的人，一旦出现对体育运动不感兴趣，且表示冷淡厌倦时，就应该考虑这是否是锻炼方法不当，或因疲劳未及时消除而引起的，有的甚至可能是锻炼过度的一种早期现象。通常情况下，个人参加体育锻炼的愿望分别用“对锻炼有积极愿望”“有一般锻炼愿望”“不想参加体育锻炼”“冷淡”或“厌倦”等文字记录下来。

（二）日常睡眠食欲情况

1. 睡眠情况的诊断

为了保证机体的健康发育与生长，每天应有 8~9 小时的睡眠时间。正常睡眠的表现是：入睡快、睡得沉、少梦或无梦、晨起后身体感觉爽快、精神振奋且体力充沛。通常认为，体育锻炼能改善睡眠状态，但只要身体状况稍有变化，正常睡眠就极易受影响。因此，睡眠作为一种身体适应性诊断指标，可以为正确选用体育锻炼方法、合理安排运动负荷及判断身体疾病提供依据。

2. 食欲变化的诊断

食欲是反映机体状况的一项十分敏感的适应性诊断指标。体育锻炼不正常、身体不适或睡眠不足，均可在食欲上反映出来。通常认为，早晨的食欲感觉特别重要，若睡醒后 30~45 分钟就有进食的欲望，表明身体状况良好；如果起床后 2~3 小时仍无进食要求，则被认为是一种不正常现象。

（三）体重增减规律

1. 体重增减的变化规律

每次体育锻炼之后，由于机体多余水分和脂肪的消耗，体重常略有下降，特别是初练者和身体较为肥胖的人，这种现象尤为明显。通常认为，开始运动时体重下降持续 3~4 周，体重下降范围为 2~3 千克，基本比例应控制为自身总量的 3%~4%，在之后的 5~6 周，体重处于相对稳定状态。

2. 体重检查的注意事项

测量体重，最好在清晨起床或午饭前空腹时进行。刚开始参加体育锻炼的人，最好测一次。以后随着锻炼时间的延长及运动负荷的增加，每周可测 2 次。若有条件者，在锻炼开始之前和结束时，都应测量体重，以便作更精确的比较。

（四）心率检查

心率随年龄、性别、身体姿势和体质强弱不同而有明显的差异，健康成年人安静时每分钟心率的变动范围为 60~100 次，平均为 70~75 次。

1. 基础脉搏的测定诊断

由于基础脉搏具有相对稳定性（平均 65~70 次 / 分钟），故在自我监督中，常以此作为评定锻炼水平和身体功能状况的客观指标。在未受其他因素影响的情况下，基础脉搏加快幅度若超过 12 次 / 分钟，应考虑是否负荷安排不当或过大。同时也与自我感觉有关，当基础脉搏持续上升并伴有疲劳感时，则可能说明锻炼过度或身体有某种疾病，此时应考虑做进一步的医学检查。测定基础脉搏，一般记录 10 秒内的脉搏次数，可连续测定两次，待得出稳定值后，即可计算出每分钟的心率数。

2. 运动脉搏的测定诊断

一般认为，运动后即刻心率达 180 次 / 分钟以上为大强度运动，150 次 / 分钟左右为中等强度运动，140 次 / 分钟以下为小强度运动。这样在体育锻炼中，就可以根据上述参数估计运动负荷，然后通过测定运动和恢复期的心率，来判断自己的机能水平。据生理学研究表明，心率恢复快慢和运动负荷大小成正比，运动负荷越大，恢复时间越长。在通常情况下，体育锻炼后 20 分钟，脉搏应逐渐恢复到正常水平，若 30 分钟后仍未恢复，则表明还要经常参加锻炼，以继续提高心脏功能水平。

思考题

一、填空题

1. 长跑达到一定程度时会出现暂时性的（　　）、（　　）、（　　）、（　　），并有恶心现象，甚至想退场，这在运动生理学上称为“极点”。
2. 健康成年人安静时每分钟心率的变动范围在（　　）次，平均为（　　）次。
3. 一般认为，运动后即刻心率达（　　）次 / 分钟以上为大强度运动，（　　）次 / 分钟左右为中等强度运动，（　　）次 / 分钟以下为小强度运动。

二、简答题

1. 简述体育锻炼自我医务监督的内容。
2. 对于常见的运动性疾病，应分别采取什么样的方法处理？

三、论述题

大学生在进行体育锻炼的过程中，如何正确分析自身的运动负荷？

第四章

学生体育锻炼的营养常识

学习目标

1. 了解人体必需的营养素。

2. 掌握一定的营养摄取常识。

3. 掌握与体育运动相关的营养补充方式和方法。

第一节　人体必需的七种营养素

营养素是指能在体内消化吸收，具有供给热能、构成组织和调节生理功能，为机体进行正常物质代谢所必需的物质。人体必需营养素常指人体生长发育必需，且体内不能合成或合成不足的营养素。为了维持生命与健康，保证正常的生活与劳动，人们每日必须摄取一定数量的食物，并从中获取各种营养素。人们把这种获取和利用食物的过程称为营养过程。人体需要40多种营养素，它们按化学组成和生理功能分为蛋白质、脂类、糖类（碳水化合物）、维生素、无机盐（矿物质）、水和膳食纤维，见表4–1。

表4–1　各类营养素在体内的比例及大致功能划分

营养素	在体内所占比例	大致功能		
		供给热能	构成组织	调节生理功能
糖类	1%~2%	★	☆	
脂类	10%~15%	★	★	
蛋白质	8%~15%	☆	★	★
无机盐	4%~5%		★	★
维生素	微量		☆	★
水	55%~67%		★	★
膳食纤维	微量			★

注：☆为次要功能，★为主要功能。

一、糖类

糖类是人体内最主要的能源物质，它由碳、氢、氧三种元素组成，其中氢和氧的比例为2∶1，与水相同，故有碳水化合物之称。

表4–2　糖的分类与来源

糖的分类	糖的种类	食物来源
单糖	葡萄糖、半乳糖、果糖	水果、蜂蜜
双糖	蔗糖、麦芽糖、乳糖	奶、麦芽、甘蔗、果糖
多糖	淀粉、纤维素、果胶	马铃薯、米饭、谷物等

二、脂类

脂类是脂肪和类脂的统称。食物中的油脂主要是油、脂肪，一般把常温下是液体的称作油，而把常温下是固体的称作脂肪。脂肪是甘油和各种脂肪酸所形成的甘油三酯。类脂是一类在某些理化性质上与脂肪类似的物质。

—知识链接—

人体脂肪率

一般人一谈到脂肪首先想到的就是肥胖，因而很多人一直很抗拒摄入脂肪。现在对于“肥胖”有了新的标准，不再是按照体重而是根据“体脂肪率”来确定是否肥胖。体脂肪率是指在人体成分中，脂肪组织所占的比例。体脂肪率可以通过仪器测出。一个看起来瘦的人不一定体脂率就低，如果不经常运动，体内一样会囤积大量脂肪，即所谓的“隐藏性肥胖”。相反，一个看起来体重较重的人，也可以由于经常锻炼，体脂率控制得很好。

普通情况下，男性正常体脂率为 10%~20%，女性为 17%~30%。此为成年男女标准值，女性超过 50 岁，男性超过 55 岁，每 5 岁，体脂百分比标准值可上调 2%~3%。

三、蛋白质

蛋白质是一切生命的物质基础。人体是由细胞构成的，蛋白质又是构成细胞的主要成分。蛋白质占人体重量的 16%~20%，人体内蛋白质的种类很多，性质、功能各异，但都是由 20 多种氨基酸按不同比例组合而成的，人体中蛋白质多达 10 万种以上，并在体内不断进行代谢与更新，这就构成了千差万别、丰富多彩的生命。

—知识链接—

蛋白质过多症

蛋白质摄入过量，尤其是动物蛋白质的过量摄入对人体有害。人体不贮存蛋白质，所以必须将过多的蛋白质脱氨分解，氨则由尿或者汗排出体外。这需要大量的水分，从而加重了肾脏的负荷。

蛋白质摄入过量，也会造成含硫氨基酸摄入过多，这样会加速骨骼中钙的流失，产生骨质疏松。蛋白质的酸性代谢产物会增加肝、肾的负担，造成肝、肾肥大并容易使人疲劳。脱水、脱钙、痛风等都是蛋白质摄入过量的后果。高蛋白还不利于水和无机盐的代谢，有可能引起结石和便秘。

知识链接

蛋白质缺乏症

蛋白质缺乏症也称低蛋白血症，以血浆蛋白减少、胶体渗透压降低、全身性水肿为特征。

这种病大多数继发于其他疾病。蛋白质摄入不足或吸收障碍，如食道狭窄、慢性腹泻等。蛋白质消耗过多，如大量失血、严重烧伤、热性疾病、恶性肿瘤、胸膜炎、腹膜炎、肾小球肾炎、肾病综合征等。蛋白质合成障碍，如肝硬化、慢性肝炎等。患者会出现消瘦，发育停止，食欲不振，血压下降等症状。严重者全身性水肿，抵抗力下降，发生继发性感染。

四、维生素

维生素也称维他命，是人和动物为维持正常生理功能而必须从食物中获得的一类微量有机物质。虽然需要的量很少，但是人体不能自身合成，它存在于天然食物中。

目前所知的维生素有几十种，大致分为两大类：水溶性维生素（维生素 C 族、维生素 B 族）和脂溶性维生素（维生素 A、D、E、K 等）。

五、矿物质

矿物质是构成人体组织的重要原料，是维持正常生理功能不可缺少的重要元素，可帮助调节体内酸碱平衡、肌肉收缩、神经反应等。人体所需主要矿物质的来源和功能见表 4–3。

表 4–3　人体所需主要矿物质的来源和功能

矿物质	来　源	功　能
钙	牛奶及奶制品、大豆及所有豆类、花生、甘蓝类蔬菜、绿色叶菜、核桃、葵花子等	促进体内钙化 节制心肌伸缩 调节其他矿物质的平衡 帮助血液凝固
铁	动物肝脏、桃、瘦肉、贝类、坚果、芦笋、菠菜、燕麦、豆类等	增进氧的运输 防止贫血
锌	肉类、动物肝和肾、海鲜、啤酒、南瓜子、栗子、蛋、乳品、芝麻、芥末等	维持再生器官的正常发育和前列腺的正常功能 加速伤口和骨折的愈合 保持皮肤健康 与角蛋白（一种存在于头发和指甲的物质）的形成有关 支持免疫系统

续表

矿物质	来 源	功 能
硒	海产品、动物肝和肾、麦麸、洋葱、西红柿、西兰花、芹菜、草菇、牛奶等	硒是天然抗氧化剂，能维持组织弹性 支持免疫系统，预防癌症发生
磷	鱼类、瘦肉、谷类、蛋、干果类等	组成细胞核蛋白质 构成软组织 保持酸碱平衡
铜	豆类、全麦、草菇、花生、橄榄、动物内脏、贝类、虾蟹等	铜可促进铁的吸收，有助于血红蛋白和血细胞的形成，可预防动脉粥样硬化的发生 胶原、某些激素和酶的合成也依赖于铜的水平 是与能量代谢有关的酶活性所需要的一种重要催化剂
镁	无花果、杏仁、坚果、深色绿叶蔬菜、香蕉等	在钙、维生素C、磷、钠、钾等的代谢上，镁是必需的物质，镁能帮助它们的吸收 在神经肌肉的机能正常运作、血糖转化过程中扮演着十分重要的角色

六、水

水是人体内含量最多的一种化学物质，是生命赖以生存的重要条件。人们对水的需求仅次于氧气。水可以促进体内的一切化学反应，转运生命必需的各种物质及排除体内不需要的代谢产物，通过水分蒸发及汗液分泌散发热量来调节体温，对关节滑液、呼吸道及胃肠道黏液均有良好的润滑作用。泪液可防止眼睛干燥，唾液有利于咽部湿润及吞咽食物。

七、膳食纤维

膳食纤维是一种多糖，它既不能被胃肠道消化吸收，也不能产生能量，因此，曾一度被认为是一种“无营养物质”而长期得不到足够的重视。然而，随着营养学和相关科学的深入发展，人们逐渐发现膳食纤维具有相当重要的生理作用，以至于在膳食构成越来越精细的今天，膳食纤维更成为学术界和普通百姓关注的物质，并被营养学界补充认定为第七类营养素。

第二节 学生体育锻炼与营养补充

人在进行体育锻炼时，体内代谢过程比平时大为加强，能量消耗增加。锻炼后，能量物质的恢复更充分，可达到比锻炼前更高的水平，各器官系统功能增强，这是体育锻炼增强体质的重要因素。同时，人体在运动时，能量的供应是保持充沛体力及良好运动成绩的重要条件。运动时的能量供应满足一定的生理规律，认识这些规律，对正确选择运动内容、方法及提高运动成绩有一定的帮助。

一、不同运动项目的营养特点

在大学生经常进行的体育锻炼活动中，各个项目因代谢特点不同而有着不同的营养需求。

（一）球类项目的营养特点

球类项目包括篮球、足球、排球、羽毛球等多种项目。这一类项目对身体各方面素质有较高的要求，需要从食物中摄取丰富的蛋白质、糖以及维生素 A、B_1、C、E。例如足球项目的运动时间较长且在室外活动，矿物质、水分丢失较多，应及时补充。

（二）跑步类项目的营养特点

跑步类项目分为短跑和长跑，短跑和长跑各有特点。

短跑是学校体育竞赛活动经常设立的一个项目，它是以力量素质为基础的运动，无氧代谢供能为该类项目的主要特点。短跑时间短，强度大，要求有较好的爆发在膳食中要有丰富的动物性蛋白质，以增大肌肉体积，提高肌肉质量，蛋白质的量每日每千克体重可达 3.0 克左右。另外，要求在膳食中增加磷和糖的含量，为脑提供营养，改善神经控制和增强神经传递。还要求在膳食中增加矿物质，如钙、铁及维生素 B_1、C 的含量，以改善肌肉收缩质量。

长跑是以有氧耐力素质为基础的运动，以有氧代谢供能为特点，要求有很强的心肺功能及全身的抗疲劳工作能力。长跑虽强度较小但时间较长，体力消耗较大。要求膳食中有较全面的营养成分，以增加机体能源物质的储备，在丰富的维生素、矿物质成分中，突出铁、钙、磷、钠及维生素 C、B_1、E 的含量，以利于提高有氧耐力。

（三）技巧类项目的营养特点

技巧类项目包括健美操、武术、体育舞蹈等。这一类项目技巧动作复杂而多样，要求有较强的灵巧性与协调性以及良好的力量与速度，对神经系统要求较高。在补充营养时应注意高蛋白、高热量和低脂肪的摄入，在矿物质、维生素方面应突出铁、钙、磷的补充及维生素 B_1、C 的补充。

（四）水中项目的营养特点

水中项目，比如游泳、潜水在水中进行，身体散热多、快，冬泳更是如此。特别是长距离、长时间游泳锻炼对人体的力量与耐力素质要求高，要求在膳食中有丰富的蛋白质、糖和适量脂肪。在水温较低时需要抗寒，可增加脂肪摄入。维生素以 B_1、C、E 为主，增加碘的含量，以适应低温环境甲状腺激素分泌增多的需要。

二、体育锻炼时营养摄取的基本要求

体育锻炼能量代谢与体力劳动能量代谢不同，体育锻炼能量代谢集中在短时间内，特点是强度大、消耗率高、酶和辅酶的活性加强、肾上腺皮质和髓质激素分泌增加、酸性代谢产物堆积，体育锻炼使得体内的营养素代谢和营养需求发生变化。合理的营养补充可以调节细胞、器官和组织的功能，更有利于体育锻炼时代谢过程和中间反应的顺利进行，不但可以提高人体运动机能，还可以促进运动后的身体恢复。

（一）合理营养为体育锻炼提供适宜的能量

任何运动都会以能量代谢为基础，但身体内能快速利用的能源储备是有限的。在可利用的能源物质缺乏的情况下，即体内糖原水平极低时，就不能满足人体运动中需要不断合成 ATP（腺嘌呤核苷三磷酸）的速率要求。应让锻炼者具有适当的体重和体脂肪率，保证锻炼过程中能源物质的良好利用。因此，体育锻炼者应注意摄取含糖类丰富的食物，以保证体内有充足的肌糖原和肝糖原储备，确保体育锻炼中 ATP 再合成。

（二）合理营养为防止运动损伤提供物质保证

人体肌肉纤维中的能源物质（糖原）的水平与运动损伤的发生概率有直接的联系。研究表明，当快收缩肌纤维中糖原耗尽时，人便会产生疲劳反应，锻炼时动作的控制和纠错能力会大大降低甚至失去，运动损伤的发生概率也随之增加。可见，营养补充合理，能量储备充足，更有利于预防运动损伤。

（三）合理营养有助于体育锻炼后的身体恢复

体育锻炼后身体恢复包括恢复身体的能量供应及其储备（肌糖原、肝糖原含量）、代谢能力（包括有关酶的浓度，维生素和微量元素含量）、体液（体内的血容量和微循环体液量）、元素平衡及细胞膜的完整性（如铁、锌、钠、钾、镁等）。合理的膳食营养是恢复人体代谢能力的主要措施。

（四）合理营养可以减轻或延缓运动性疲劳

运动性疲劳是指运动引起的肌肉最大收缩或者最大输出功率暂时性下降的生理现象。发生的原因有：脱水引起体温调节障碍所致的体温增高，酸性代谢产物堆积，电解质平衡失调造成的代谢紊乱，能源储备耗竭等。合理膳食营养，是保持良好的身体机能状态，缓解症状、促进恢复及保障训练的有效手段。

第三节　膳食平衡

一、平衡膳食

平衡膳食是指选择多种食物，经过适量搭配做出的膳食，能满足人们对能量及各种营养素的需求。食物通常分两类，一是动物性食物，包括肉、鱼、禽、蛋、奶及加工制品；二是植物性食物，包括谷物类、薯类、蔬菜、水果、豆类及加工制品，食糖类和菌藻类。不同的食物营养素不同：动物性食物、豆类含优质蛋白质；蔬菜、水果含维生素、矿物盐及微量元素；谷类、薯类和糖类含碳水化合物；食用油含脂肪；肝、奶、蛋含维生素 A; 肝、瘦肉和动物血含铁。

所谓营养平衡，主要指机体摄取蛋白质、碳水化合物和脂肪三者能量的平衡。人们每天摄入的总热量大约是 10 000 焦耳（2 500 卡），据有关资料分析，摄取三种能量物质较理想的比例为：蛋白质占总热量的 12%~15%，脂肪占 20%~25%，碳水化合物占 60%~70%。在日常生活中，宜适当降低脂肪的摄入量。

二、合理营养

生活中食物种类繁多，营养素含量有多有少。人们日常的饮食是由多种食物混合而成的混合型膳食，我们可以利用食物中各种营养成分相互补充、取长补短，提高营养价值。

理想的膳食应含有人体所需的全部营养素，首先数量要能够满足人体需要，而且以一定的比例摄入，才能保证机体正常的生长发育和身体健康。如果摄入的营养素过剩或不足，都会影响机体的生长发育和健康。

三、膳食安排

食品应多样化、全面化，没有任何一种食物可以满足人体所需的全部营养，所以不要偏食或挑食，要经常变换，避免某种营养素的摄入不足；膳食安排要能满足热能及营养素供给量标准，还要有合理的摄入比例；科学的烹饪方法可以让人更好地利用食物中的营养，取其精华去其糟粕。

体育锻炼前后要注意饮食规律。进餐时间与体育锻炼时间应有一定间隔，特别是早、中、晚三个正餐，食物较多且复杂，胃肠道负担较重。一般是运动前不宜过多进食，运动结束半小时后再进食。正餐后休息 1.5~2 小时才可运动。

图 4-1　营养平衡膳食宝塔

思考题

一、填空题

1. 人体必需的七大类营养素是（　　）、（　　）、（　　）、（　　）、（　　）、（　　）、（　　）。

2. 参与人体供给能量的营养素是（　　）、（　　）、（　　）。

3. 人体中的矿物质分为（　　）元素和（　　）元素。

二、简答题

1. 水在人体中的主要功能有哪些？

2. 蛋白质在人体中的主要功能有哪些？

三、论述题

试分析一个经常长跑锻炼的人的特点，这类锻炼者应如何进行营养补充。

第五章

高职学生健康评价与测试

学习目标

1. 了解大学阶段学生自身的体质特点。
2. 掌握正确的身体健康状态评价方法。
3. 能正确地评价和认识自己的心理健康状态。

第一节　高职学生体质特征

一、身体形态特征

人体进入青春期后 2~3 年的时间内，身高以较快的速度增长，女子在 17 岁，男子在 19 岁，增长的速度才日趋缓慢，直至完成骨化。体重一般是男生 20 岁、女生 18 岁才趋于稳定。其他有关指标，如胸围、头围、肩宽、骨盆宽等生长指标均日趋徐缓。由于大学生年龄阶段已处在青春期后期，身体形态发展虽已不断完善，但仍保留青春期的一些特点，即发展的不平衡性和不稳定性。因此仍应重视全面锻炼身体，并随着年龄增长，适当多开展体操、田径、球类、游泳、舞蹈等各种活动，这对发展运动器官，特别是对全面发展身体十分有利，可使体形匀称，体格健壮。

二、身体机能特征

1. 呼吸系统

大学生的肺脏的横径和纵径都继续增加，肺泡体积也随之增大，男生尤为显著。由于呼吸肌增强，呼吸频率减慢、深度加大，肺活量增大，呼吸系统发育日益完善。我国男大学生的肺活量一般为 3 400~4 000 毫升，女大学生一般为 2 500~3 400 毫升。在这个时期，可进行耐力练习和适当进行承担氧债能力的锻炼，以增强肺功能。

2. 神经系统

神经系统一般是人体发育最早、最快，也是成熟最早的生理系统。6~7 岁时的脑重已达到成人脑重的 90%，到 20 岁，脑重只增加 10%，约达 1 400 克，大学生正处在脑细胞构成联系的上升期。大学生在校时期是智力水平、记忆力、抽象思维获得重大发展、分析综合能力明显提高的时期。这个时期，由于内分泌活动发生变化，性腺活动加强，神经系统的稳定性受到影响，动作协调能力暂时下降，女生表现更为明显。

3. 心血管系统

大学生的心脏收缩力量增强，收缩压增高。这个时期可以承受一定的运动负荷，但强度不宜过大，尤其是持续时间长的速度耐力性项目。随着年龄的增长，按照循序渐进的原则，可以逐渐增加运动负荷和强度。

4. 运动系统

大学生骨骼中水分减少，无机盐增多，逐渐进入骨化过程，骨密质增厚，骨骼更加粗壮和坚固，承受能力增大。由于性激素的作用，肌肉纤维增粗，肌肉的横断面明显增加，肌肉发达，肌力增大。骨骼的发育一般在20~25岁完成，但肌肉要到30岁左右才发育完成。在大学期间，骨骼和肌肉的发展是一个很重要的阶段。

三、身体素质特征

身体素质分为速度、耐力、力量、灵敏、柔韧五个方面。一般情况下，男生各项指标的增长高峰，除速度（50米跑）在7~8岁出现外，其他素质均在12~16岁出现；女生大部分素质高峰期都出现在7~9岁，而柔韧和耐力素质到18~19岁又出现高峰。所以到19岁以后，无论是男生还是女生的各项身体素质都进入了下降期。因此，在大学年龄阶段，仍应加强身体素质的全面锻炼，以促进身体全面发展。

四、性特征

性成熟是青春期人体的最大变化，它包括生殖器官的形态发育、功能发育和第二性征发育等。

男生的性成熟主要表现在性器官——睾丸功能的发育与成熟。睾丸的功能是产生精子和分泌雄性激素。睾丸发育时间最早在10岁前后，12~16岁迅速增大，17岁前后达到正常水平。性功能发育，主要表现为遗精，一般为12~19岁。第二性征发育的表现是开始长胡须、体毛多、喉结增大突出、音调变低变粗、皮下脂肪减少，肌肉显得强健有力。

女生的性成熟主要表现在性器官——卵巢功能的发育和成熟。卵巢的功能是产生卵子和分泌雌性激素。8~10岁卵巢发育加快，10~18岁，子宫等器官迅速发育。随着生殖器官的逐渐成熟，出现了月经。第二性征的发育，表现在随着乳腺的发育和脂肪的沉积，乳房逐渐隆起，乳头突出，声调变高，皮下脂肪增厚。

青春期后，人体虽然具有生殖能力，但身体尚未完全发育成熟，骨骼及心、脑等重要器官一般要到25岁左右才能发育完全。大学生年龄阶段正处于性成熟时期，根据以上特点，参加各种体育活动，有助于促进身心健康发展。由于女性生理的特殊性，在经期应选择适宜的体育活动内容和运动负荷。

第二节 学生健康测量

评价一个人的健康状况可以通过常规医学检查、心理量表检测、体质健康测试等方式进行。常规医学检查反映了一个人的基本生理指标，心理量表检测用于鉴别心理健康状况，体质健康测试则体现了身体各机能的能力状况，是从体质健康和锻炼效果两个维度进行的评价。

一、常规医学检查

（1）血压

（2）心肺听诊

（3）心电图

（4）血常规

（5）尿常规

（6）肝功能

（7）血脂

（8）血糖（GLU）

（9）肾功能

（10）乙肝表面抗原

二、心理健康测量量表

心理测量在了解影响大学生的心理问题，为科学管理和引导大学生提供直接的策略方面发挥了指导作用。然而，在具体的实践应用中，也存在一些有待完善的问题，特别是网络上的一些所谓心理测试，必须谨慎对待。心理测试不是评价心理健康的唯一标准，因为心理测试是以心理健康社会常模为标准测试，心理测试的常模标准是动态的，比如国外的测试常模和过去的测试常模不一定符合当代社会的普遍现象。另一方面，当事人在心理测试的时候是一种心态，测试以后可能又是一种心态，心理测试细节应由专家进行再分析，其测试的结果仅供参考。以下是大学生常用心理测量方法。

（一）心理健康自评量表（SCL-90）

心理健康自评量表由L.R.Derogatis编制（1975），此量表是鉴别心理健康状况较实用、简便而有价值的量表，它能够反映广泛的心理症状，准确地暴露来访者的自觉症状特征，是目前临床心理评估最常用的自评量表，也是医生评定病人症状的一种方法。该量表共90个项目，包括躯体化、强迫症状、人际关系敏感、抑郁、焦虑、敌对、恐怖、偏执、精神病症，以及其他10个症状因子，涉及感觉、思维、情绪、意识、行为直至生活习惯、人际关系、饮食睡眠等方面。每一类因子反映病人某一方面的情况，因而通过各类的因子的分数可了解病人的症状分布特点，以及病情的具体演变过程。SCL-90的使用范围颇广，主要适用于成年的神经症、适应障碍及其他轻型精神障碍患者，但不适于躁狂症和精神分裂症。

该量表可以评定一个特定的时间，通常是1周以内。SCL-90量表一般采取1~5分的5级评分标准。从1分代表无症状到5分代表症状严重，依次递进。总分即为90个项目的得分总和。总分160分为临床界限，超过160分说明测试人可能存在着某种心理障碍。并且，任一因子得分超过2分为阳性，说明可能存在着该因子所代表的心理障碍。

（二）大学生人格健康调查量表（UPI）

UPI是University Personality Inventory的简称，UPI是为了早期发现、早期治疗有心理问题的学生而编制的大学生精神卫生、人格健康调查表。1991年，由日本人松原达哉介绍到国内。随后，我国的专家学者开展全国UPI应用课题研究，对UPI的有关条目、筛选标准、实施过程等进行了较为系统的修订。目前，国内已有较多大学的心理咨询机构常备并每年使用该调查表。

UPI主要以大学新生为对象，入学时作为心理健康调查而使用。UPI的特点是简便易行，便于团体测验，信息量大，筛选有效性高；测验过程不易引起心理抵抗；对施测人员无特殊要求等。UPI适用于新生心理健康筛选，是心理问题早期发现的最佳选择，已在我国高校推广。

（三）霍兰德职业倾向测验

霍兰德职业倾向测验是由美国著名职业指导专家J. 霍兰德（Holland）编制的，他的职业选择理论把职业分为六种不同类型，即技能型、研究型、艺术型、社会型、企业型、事务型。霍兰德认为每个人都是这六种类型的不同组合，只是占主导地位的类型不同。霍兰德还认为，每一种职业的工作环境也是由六种不同的工作条件组成，其中有一种占主导地位。一个人的职业是否稳定，是否顺心如意，是否成功，在很大程度上取决于其个性类型和工作条件之间的适应情况。

职业的选择问题是每个学生即将面临或将会面临的现实问题，关系到每个学生的切身利益。该测验能帮助被试者发现和确定自己的职业兴趣和能力专长，帮助大学生认清自身和自己的职业倾向，恰当地认识自己的优势与不足，给自己准确定位。

三、体适能检测

体适能检测系统是当今运用于体适能教育的检测设备，主要将心肺功能、肌肉适能、身体成分、骨密度、脊柱机能、平衡能力、体质检测、人体能量、血管机能、心理与营养等十余个与健康体适能有关的指标和因素的测试与评估、运动指导和健康结果反馈结合在一起，形成具有运动处方专业化、个性化，数据采集多样化，软硬件无缝连接等特点的系统。

体适能检测系统具备综合评定的能力，可以对上述数据进行综合评价和分析并形成最终测试报告和运动处方报告。在其他功能上，它能针对特殊人群进行测试和分析评价，如对高血压、高血脂、糖尿病等慢性病人群进行测试，并对测试结果进行分析评价，提供相应运动处方；它还能对青少年各年龄段进行体质、骨龄、体格、神经类型等方面的测试、评定与指导等。

第三节　大学生体质健康标准测试

一、国家学生体质健康标准简介

《国家学生体质健康标准》（2014 年修订）（以下简称《标准》）是由教育部、国家体育总局共同组织研制的。这是教育部、国家体育总局积极贯彻落实《中共中央国务院关于深化教育改革全面推进素质教育的决定》和国务院《关于基础教育改革与发展的决定》的一项重要举措，是“学校教育要树立‘健康第一’的指导思想，切实加强学校体育工作”的具体措施。《标准》适用于普通高等学校的在校学生，《标准》测试是“促进学生体质健康发展、激励学生积极进行身体锻炼的教育手段，是学生体质健康的个体评价标准，也是学生毕业的基本条件之一”。

二、学生体质健康标准的测试项目及评分方法和等级

根据《标准》要求，大学生需要进行的测试项目有身体形态类中的身高、体重测量，身体机能类中的肺活量测量，以及身体素质类中的 50 米跑、坐位体前屈、立定跳远的测量，男生另需要测量引体向上和 1 000 米跑，女生为 1 分钟仰卧起坐和 800 米跑，详

见表 5-1—表 5-5。

本《标准》的学年总分由标准分与附加分之和构成，满分为 120 分。标准分由各单项指标得分与权重乘积之和组成，满分为 100 分。各单项指标测试项目及评分权重如表 5-6 所示。附加分根据实测成绩确定，即对成绩超过 100 分的加分指标进行加分，满分为 20 分；男生的加分项目为引体向上和 1 000 米跑，女生为 1 分钟仰卧起坐和 800 米跑，各指标加分幅度均为 10 分，详见表 5-7。

最后根据学生学年总分评定等级：90.0 分及以上为优秀，80.0~89.9 分为良好，60.0~79.9 分为及格，59.9 分及以下为不及格。

三、评分标准表

表 5-1　体重指数（BMI）单项评分表

等　级	单项得分	男生（千克 / 米 ^{2}）	女生（千克 / 米 ^{2}）
正常	100	17.9~23.9	17.2~23.9
低体重	80	≤ 17.8	≤ 17.1
超重		24.0~27.9	24.0~27.9
肥胖	60	≥ 28.0	≥ 28.0

注：体重指数（BMI）= 体重（千克）/ 身高（米 ^{2}）

表 5-2　男生大一、大二各单项评分表

等级	单项得分	肺活量（毫升）	50 米跑（秒）	坐立体前屈（厘米）	立定跳远（厘米）	引体向上（次）	1 000 米跑
优秀	100	5 040	6.7	24.9	273	19	3′17″
	95	4 920	6.8	23.1	268	18	3′22″
	90	4 800	6.9	21.3	263	17	3′27″
良好	85	4 550	7.0	19.5	256	16	3′34″
	80	4 300	7.1	17.7	248	15	3′42″
及格	78	4 180	7.3	16.3	244	14	3′47″
	76	4 060	7.5	14.9	240		3′52″
	74	3 940	7.7	13.5	236	13	3′57″
	72	3 820	7.9	12.1	232		4′02″
	70	3 700	8.1	10.7	228	12	4′07″
	68	3 580	8.3	9.3	224		4′12″
	66	3 460	8.5	7.9	220	11	4′17″
	64	3 340	8.7	6.5	216		4′22″
	62	3 220	8.9	5.1	212	10	4′27″
	60	3 100	9.1	3.7	208		4′32″

续表

等级	单项得分	肺活量（毫升）	50 米跑（秒）	坐立体前屈（厘米）	立定跳远（厘米）	引体向上（次）	1 000 米跑
不及格	50	2 940	9.3	2.7	203	9	4′52″
	40	2 780	9.5	1.7	198	8	5′12″
	30	2 620	9.7	0.7	193	7	5′32″
	20	2 460	9.9	−0.3	188	6	5′52″
	10	2 300	10.1	−1.3	183	5	6′12″

表 5–3　男生大三、大四各单项评分表

等级	单项得分	肺活量（毫升）	50 米跑（秒）	坐立体前屈（厘米）	立定跳远（厘米）	引体向上（次）	1 000 米跑
优秀	100	5 140	6.6	25.1	275	20	3′15″
	95	5 020	6.7	23.3	270	19	3′20″
	90	4 900	6.8	21.5	265	18	3′25″
良好	85	4 650	6.9	19.9	258	17	3′32″
	80	4 400	7.0	18.2	250	16	3′40″
及格	78	4 280	7.2	16.8	246	15	3′45″
	76	4 160	7.4	15.4	242	14	3′50″
	74	4 040	7.6	14.0	238		3′55″
	72	3 920	7.8	12.6	234	13	4′00″
	70	3 800	8.0	11.2	230		4′05″
	68	3 680	8.2	9.8	226	12	4′10″
	66	3 560	8.4	8.4	222		4′15″
	64	3 440	8.6	7.0	218	11	4′20″
	62	3 320	8.8	5.6	214		4′25″
	60	3 200	9.0	4.2	210	10	4′30″
不及格	50	3 030	9.2	3.2	205		4′50″
	40	2 860	9.4	2.2	200	9	5′10″
	30	2 690	9.6	1.2	195	8	5′30″
	20	2 520	9.8	0.2	190	7	5′50″
	10	2 350	10.0	−0.8	185	6	6′10″

表 5-4　女生大一、大二各单项评分表

等级	单项得分	肺活量（毫升）	50 米跑（秒）	坐立体前屈（厘米）	立定跳远（厘米）	一分钟仰卧起坐（次）	800 米跑
优秀	100	3 400	7.5	25.8	207	56	3'18"
	95	3 350	7.6	24.0	201	54	3'24"
	90	3 300	7.7	22.2	195	52	3'30"
良好	85	3 150	8.0	20.6	188	49	3'37"
	80	3 000	8.3	19.0	181	46	3'44"
及格	78	2 900	8.5	17.7	178	44	3'49"
	76	2 800	8.7	16.4	175	42	3'54"
	74	2 700	8.9	15.1	172	40	3'59"
	72	2 600	9.1	13.8	169	38	4'04"
	70	2 500	9.3	12.5	166	36	4'09"
	68	2 400	9.5	11.2	163	34	4'14"
	66	2 300	9.7	9.9	160	32	4'19"
	64	2 200	9.9	8.6	157	30	4'24"
	62	2 100	10.1	7.3	154	28	4'29"
	60	2 000	10.3	6.0	151	26	4'34"
不及格	50	1 960	10.5	5.2	146	24	4'44"
	40	1 920	10.7	4.4	141	22	4'54"
	30	1 880	10.9	3.6	136	20	5'04"
	20	1 840	11.1	2.8	131	18	5'14"
	10	1 800	11.3	2.0	126	16	5'24"

表 5-5　女生大三、大四各单项评分表

等级	单项得分	肺活量（毫升）	50 米跑（秒）	坐立体前屈（厘米）	立定跳远（厘米）	一分钟仰卧起坐（次）	800 米跑
优秀	100	3 450	7.4	26.3	208	57	3'16"
	95	3 400	7.5	24.4	202	55	3'22"
	90	3 350	7.6	22.4	196	53	3'28"
良好	85	3 200	7.9	21.0	189	50	3'35"
	80	3 050	8.2	19.5	182	47	3'42"
及格	78	2 950	8.4	18.2	179	45	3'47"
	76	2 850	8.6	16.9	176	43	3'52"
	74	2 750	8.8	15.6	173	41	3'57"
	72	2 650	9.0	14.3	170	39	4'02"
	70	2 550	9.2	13.0	167	37	4'07"
	68	2 450	9.4	11.7	164	35	4'12"
	66	2 350	9.6	10.4	161	33	4'17"
	64	2 250	9.8	9.1	158	31	4'22"
	62	2 150	10.0	7.8	155	29	4'27"
	60	2 050	10.2	6.5	152	27	4'32"

续表

等级	单项得分	肺活量（毫升）	50 米跑（秒）	坐立体前屈（厘米）	立定跳远（厘米）	一分钟仰卧起坐（次）	800 米跑
不及格	50	2 010	10.4	5.7	147	25	4′42″
	40	1 970	10.6	4.9	142	23	4′52″
	30	1 930	10.8	4.1	137	21	5′02″
	20	1 890	11.0	3.3	132	19	5′12″
	10	1 850	11.2	2.5	127	17	5′22″

表 5–6　大学生体质健康标准测试项目与分值权重

单项指标	权重（%）
体重指数（BMI）	15
肺活量	15
50 米跑	20
坐位体前屈	10
立定跳远	10
引体向上（男）/1 分钟仰卧起坐（女）	10
1 000 米跑（男）/800 米跑（女）	20

表 5–7　男女各加分项目评分表

加分	男生引体向上（次）	男生 1 000 米跑	女生一分钟仰卧起坐（次）	女生 800 米跑
10	10	−35″	13	−50″
9	9	−32″	12	−45″
8	8	−29″	11	−40″
7	7	−26″	10	−35″
6	6	−23″	9	−30″
5	5	−20″	8	−25″
4	4	−16″	7	−20″
3	3	−12″	6	−15″
2	2	−8″	4	−10″
1	1	−4″	2	−5″

注：（1）引体向上、一分钟仰卧起坐均为高优指标，学生成绩超过单项评分 100 分后，以超过的次数所对应的分数进行加分。

（2）1 000 米跑、800 米跑均为低优指标，学生成绩低于单项评分 100 分后，以减少的秒数所对应的分数进行加分。

四、实施方法

（1）《标准》的实施工作在教育部、国家体育总局的领导下，由各级教育行政部门管理，体育行政部门指导，学校组织实施。

（2）《标准》的组织实施工作在校长领导下，由学校体育教研部门、教务部门、校医院（医务室）、学工部门、辅导员（班主任）协同配合共同组织实施。每个学生每学年评定一次，记入《〈国家学生体质健康标准〉登记卡》。特殊学制的学校，在填写登记卡时可以按规定和需求相应地增减栏目。学生毕业时的成绩和等级，按毕业当年学年总分的50%与其他学年总分平均得分的50%之和进行评定。《标准》的实施工作应记入教师的教学工作量。

（3）学生《标准》测试成绩达到良好及以上者，方可参加三好学生、奖学金评选；成绩达到优秀者，方可获体育奖学分。《标准》测试成绩不及格者，在本学年度准予补测一次，补测仍不及格，则学年《标准》成绩为不及格。普通高等学校学生毕业时，《标准》测试的成绩达不到50分者按肄业处理。

（4）学生因病或残疾可向学校提交暂缓或免予执行《标准》的申请，经医疗单位证明，体育教学部门核准，可暂缓或免予执行《标准》，并填写《免予执行〈国家学生体质健康标准〉申请表》，存入学生档案。确实丧失运动能力、被免予执行《标准》的残疾学生，仍可参加评优与评奖，毕业时《标准》成绩需注明免测。

（5）各学校每学年开展覆盖本校各年级学生的《标准》测试工作，《标准》测试数据经当地教育行政部门按要求审核后，通过“中国学生体质健康网”上传至“国家学生体质健康标准数据管理系统”。测试和数据上传时间由教育行政部门确定。

（6）本标准由教育部负责解释。

第二编

体能篇

第六章

学生职业体能概述

学习目标

1. 什么是体能?

2. 了解体能与人体健康的关系。

3. 正确认识职业体能。

第一节　体能的概念

体能是运动员身体素质水平的总称，即运动员在专项比赛中体力发挥的最大程度，也标志着运动员无氧训练和有氧训练的水平，反映了运动员机体能量代谢水平。体能即人体适应环境的能力，包括与健康有关的健康体能和与运动有关的运动体能。

关于"体能"的概念国内外有过多种不同的理解与讨论,其中较有代表性的观点如下:

体能（physical fitness）一词最早源于美国。从广义上讲，它是指人体适应外界环境的能力。在英文文献中，常被用于表达身体对某种事物的适应能力。德国人将其称为工作能力，法国人称之为身体适性，日本人称之为体力，中国香港地区、台湾地区的学者将之翻译为"体适能"，并得到华语流行国家和地区体育学术界的认可。1984年中国出版的《体育词典》认为，体能是人体各器官系统机能在体育活动中表现出来的能力。

对于"体能"一词，目前还没有一致认可的定义，但大多倾向于上海辞书《体育大辞典》中对"体能"的表述，即"体能是体质的重要组成方面，是人体各器官系统的机能在身体活动中表现出来的能力，包括力量、速度、灵敏、耐力和柔韧等基本的身体素质，以及人体的基本活动能力（如走、跑、跳、投掷、攀登、爬越、悬垂和支撑等）。体能的发展程度是衡量体质水平的一个重要指标"。身体素质与身体活动能力是一个有机整体，身体素质是身体活动的能力和动力，身体活动是身体素质的外在表现，身体活动力的强弱直接反映身体素质的优劣。

第二节　体能与人体健康

一、体能与人体健康的关系

体能对于健康的促进作用可以从体能与体质、健康的相互关系中得到充分的体现。

体质与体能一样，也是评价健康的一个综合性指标，它是指在遗传性和获得性的基础上，人体表现出来的人体形态结构、生理机能和心理素质综合的相对稳定的特征。其内容主要包括体格、机能和身体活动能力、适应能力以及精神状态等。

体能不仅与健康息息相关，而且与职业联系密切。实践证明，经常参加健身活动且体能强的人，不仅工作效率高，缺勤次数少，而且患职业病或由于其他造成体力衰竭的疾病而导致提前退休的可能性要小很多。

健康值相对较高的人的能力要高于健康值偏低的人。在有些工作中，健康的工人所做的工作量是健康状况欠佳的工人的4~6倍，而这种较高的健康值就来自较高的体能。精力充沛、积极热情的人更容易被雇用，这一点在目前来说已是公认的事实。由于健身活动带来的良好的体能，能够增进健康、有助表现、陶冶性情以及保证安全，使那些精力充沛又热情积极的人员有更多机会得以表现甚至得到晋升。因此，现代社会更应重视健身活动在工作领域的作用，重视体能对职业的积极影响。

二、体能的分类

一般情况下，体能可以分为以下两类。

（一）健康方面的体能

1. 柔韧性

柔韧性是指身体各关节活动幅度以及跨过关节的肌肉、肌腱、韧带、皮肤和其他组织的伸展能力。

2. 心肺耐力

心肺耐力是指一个人持续身体活动的能力。心肺和血管的功能对于氧和营养物的分配、清除体内垃圾具有重要作用，特别是在进行有一定强度的活动时，良好的心肺功能则显得更为重要。心肺功能越强，走、跑、学习和工作就会越轻松，进行各种活动保持的时间也会越长。

3. 肌肉力量

肌肉力量是一块肌肉或肌肉群一次竭尽全力从事抵抗阻力的活动能力，所有的身体活动均需要使用力量。肌肉强壮可以预防关节扭伤、肌肉疼痛和身体疲劳。如果腹肌力量较差，会导致驼背现象。

4. 肌肉耐力

肌肉耐力是指在一段时间内，一块肌肉或肌肉群重复进行肌肉收缩的能力，与肌肉力量密切相关。一个肌肉强壮和耐力好的人更易抵御疲劳发生，因为这样的人只需利用很少的力气就能够重复收缩肌肉。

5. 身体成分

身体成分包括肌肉、骨骼、脂肪等。体能与体内脂肪比例之间的关系最为密切，脂肪过多的人是不健康的，其在活动时比其他人需要消耗更多的能量，心肺功能的负担也更重，因此，其心脏病和高血压发生的可能性更大。另外，肥胖也会使人心理健康水平下降。

（二）动作技能方面的体能

1. 速度

速度指在最短的时间内移动一定的距离，即快速移动能力。在许多运动项目中，速度对于个人取得优异成绩至关重要。

2. 力量

力量指短时间内克服阻力的能力，如举重、投铅球、掷标枪等项目都能显示人力量的大小。

3. 灵敏性

灵敏性指在活动过程中，既快速又准确地变化身体移动方向的能力。灵敏性在很大程度上取决于神经肌肉协调性和反应时间，可以通过提高神经肌肉协调性和反应时间的能力来改善灵敏性。

4. 神经肌肉协调性

神经肌肉协调性主要反映一个人的视觉、听觉和平衡觉与熟练动作技能相结合的能力。

5. 平衡

平衡指当运动或静止站立时保持身体稳定性的能力。体操、滑雪、滑冰、舞蹈等项目对于提高平衡能力是很好的运动，闭目单足站立练习也能够取得良好效果。

6. 反应时

反应时指对某些外部刺激作出反应的时间。

健康方面、动作技能方面的体能成分有重叠之处，比如心肺耐力、肌肉力量、肌肉耐力、柔韧性和身体成分等体能成分无论是对健康还是对技能性要求较高的运动都是相当重要的。但从事不同活动的人对体能的每一成分发展程度要求也不尽相同，如果要达到较高体能水平，就必须使各个因素得到充分发展。

（三）常见体能增强方法

1. 坚持有规律地锻炼

坚持有规律地进行体育锻炼会使人充满活力。第一，大脑及人体其他部位每时每刻都需要氧气，而体育活动能满足这项需要。第二，在体育锻炼时，人更容易出汗，而出汗则对人体排毒和焕发精神具有帮助作用。第三，白天运动则有利于晚上睡眠。因此，每人每周应进行 3~4 次体育锻炼，每次 30 分钟。

2. 不要吃得太饱

进食太多必然会加重消化系统负担，而这又会消耗身体能量。因此，最好不要吃得太饱。

3. 坚持每餐必吃

毫无规律的进食必然会引起低血糖，损害体能和智能，而一日三餐每餐必吃则是使血糖保持稳定状态的有效途径。如果不饿，只吃点水果也行。同时，不要吃甜饼干、巧克力等过甜食品，这样虽然会让血糖暂时恢复到正常标准，但 1~2 小时后，血糖会重新降至最低点。

4. 尽量少喝咖啡

咖啡、茶和可乐中含有咖啡因，虽然能够提神，但会直接刺激大脑，严重影响睡眠质量。因此，即使饮用，每人每天最好不超过 2 杯。

5. 注意多喝水

在食物产生能量的过程中，人体会产生一些废弃物。为帮助自己排出体内废弃物，应养成多喝水的习惯。如果不喝水或者喝水太少，人体就无法将废弃物正常排出。

6. 可以适量饮酒

酒精可以使血糖快速升高，然后陡然下降，这就是人体饮酒后有的感到难受的重要原因。对于中年男性和停经之后的女性来说，定时定量地饮酒可以减少患心脏病的危险，但如果酗酒成性，将会消耗完人体的活力。

7. 学会打盹

有时候，适时打个小盹，能够有效恢复体能。最好的打盹时间在午饭后，一般只需要 15 分钟就行。

第三节　职业体能

一、职业体适能的含义

职业体适能是人体适应职业工作、生活与工作环境的综合能力，是机体有效执行职业工作所具备的职业体能、职业特殊身体素质、适应工作环境以及防止职业病发生等的能力，是健康体适能的具体体现。它是与职业（劳动）有关的身体素质，是经过特定的工作能力分析后所需具备的身体活动能力和适应能力，包括重复性操作能力、背脊承载静力性耐力的能力、其他肌肉能达到维持工作姿势要求的能力，以及人体对于湿热工作环境等自然环境的忍耐程度和对社会环境的适应等能力。

高职院校以培养国家需要的实用型高技能人才为主要目标。学生毕业后所从事的工作客观上对其体能提出了不同的要求：要适应紧张而单调的流水作业，要承受机械的振荡、噪声的干扰，要经得住特殊气味及高温强冷的侵袭，要能在高、难、险的环境下完成高精度的生产任务等。这就需要未来的高职人才不仅具有较高的职业技术操作能力，而且还应当具备较强的体能，表现出与职业技术密切相关的力量、耐力、速度、灵敏度等身体素质。

发展职业教育，提高劳动者素质，加快培养技能型，应用型人才，有利于切实提高劳动者的就业能力，对适应我国新型工业化发展起着重要的作用。

二、发展职业体能的意义

现代社会中，人类身体活动的机会越来越少，营养摄取越来越高，工作与生活压力和休闲时间相对增加，每个人更加感受到良好体能的重要性。职业体能较好的人在日常生活或工作中，不管从事体力性、脑力性活动或运动皆有较佳的活力及适应能力，而不会轻易产生疲劳或力不从心的感觉。

（一）有效提高工作效率

工作时的精神专注程度和效率，皆与职业体能有关，尤其是心血管适能。一般而言，有氧适能较好的人脑部获取氧的能力较佳，工作的持久性和注意力也会更佳。

（二）有助于降低发生健康问题的危险性

职业体能好的人精力充沛，身体经常处在康宁状态并能与人融洽相处，确保以其最佳的心境与和谐的人际关系去完成工作和获得尽情享受生活乐趣的感觉。遇到紧急情况，他们反应敏捷，有理智，能快速应对危急状况而远离危险。

（三）使人善于接受压力和挑战，具有创新精神

职业体能较好的人一般拥有匀称的体型、良好的体姿、健美的体态，拥有比实际年龄小的生理年龄。良好的职业体适能使他们更有自信，更勇于接受挑战与压力。

（四）增强职业人的环境适应能力

职业体能较好的人对严寒、酷暑、风雨等自然环境的变化具有较强的适应能力，对工作和生活乐观积极，善于沟通，能有效改善精神紧张、焦虑和抑郁等身心疾病，对社会环境的各种变化充满自信。

知识链接

高职院校专业性较强，实际操作较多，各专业特点迥异，因此在实施体育教育过程中要具有职业岗位的针对性，结合生产实践的不同职业特点有所侧重地进行教学和训练活动。高职学生毕业后的工作大体分为以下类别：计算机、通信、电子工程类，汽车、机械类，航运、船舶、水利与港口管理类，车工、铣工、切削工、钻工、焊工类，木工、瓦工、粉刷、印刷、油漆工类，食品、酒店餐饮、物管类，旅游、环艺、广告、服装设计类，金融、税务、电算会计类，商场、城市园林类及医务护理类等。不同职业群体有不同的特殊身体需求及锻炼方法。

●计算机、通信、电子工程类

对于计算机、通信、电子工程类专业的学生，要发展一般性耐力素质，注重手指的协调性、动作的准确性、触觉的敏感性、注意力的专注性及反应的敏捷性。可选择有氧类健身项目进行锻炼，如 1 000 米健身跑、跳绳、俯卧体后屈、相互间弹传篮球、排球上手传球、乒乓球抓捡拍球等。

●汽车、机械类

对于汽车、机械类专业的学生，要发展上肢和下肢的协调性、上肢和肩带肌肉群的静止性耐力，培养反应能力和注意力的转换能力。可选橡皮条缓冲装置性练习、哑铃、拉力器、健身骑马、加速运球和听信号急停、左右手同时运球、短跑听信号的专门性练习等。如有条件可模拟驾驶电动汽车、飞机、摩托车等。体操吊环项目对此类专业的上肢力量的发展大有益处。

●航运、船舶、水利与港口管理类

这些专业的特点是跟江、河、湖、海中的水打交道，因而就更有必要侧重培训和发展学生自由驾驭水的能力，如游泳、潜泳、划船及水上救生技能等，同时要有较强的适应风浪的平衡能力和克服晕船的能力。可选择秋千、轮滑、吊环、走钢丝、蹦床、水球、跳水等项目。

•车工、铣工、切削工、钻工、焊工类

对于车工、铣工、切削工、钻工、焊工类专业的学生，要发展肩带肌、躯干肌和脚掌肌的力量，注意平衡能力、下肢静力性耐力和上肢的协调、准确性、目测力、注意力的专注。可选择重物投准、射击、射箭、乒乓球、台球、单杠、双杠等项目进行练习。

•木工、瓦工、粉刷、印刷、油漆工类

对于木工、瓦工、粉刷、印刷、油漆类专业的学生，要多进行发展上肢伸举力量的练习，提高前庭紧度的稳定性、身体动作的灵敏性、高空作业能力及保持平衡的能力。可选择推铅球、实心球、手倒立、爬绳、爬竿、平衡木、跳马等项目进行练习。此外，负重和对抗性的练习及技巧项目的训练也不可忽视。

•食品、酒店餐饮、物管类

对于食品、酒店餐饮、物管类专业的学生，要多进行发展一般耐力性的体育素质项目及体育礼仪的训练，对体育营养学要有一定的研究，懂得“烟酒是运动的毒药”的道理以及运动前喝糖水，运动后补充盐，酒后不宜运动等常识。可选择健身跑、持拍托球跑、跨栏、独木桥平衡等体育项目进行锻炼。

•旅游、环艺、广告、服装设计类

对于旅游、环艺、广告、服装设计类专业的学生，要发展一般耐力性素质。可选择郊游远足、景点观光、体育欣赏、艺术体操、健身操等项目进行练习。对运动服装品牌要有一定了解，以丰富艺术想象力，促进职业的发展。

•金融、税务、电算会计类

对于金融、税务、电算会计类专业的学生，要多进行发展小肌肉群力量的训练，达到能快速反应、沉着、冷静、长时间保持较高注意力的目的。可选择棋类和桥牌项目、乒乓球和各类训练反应的体育游戏。此外，对比赛计时、查分的项目规则要了解掌握，以充分培养周密、细致的能力。

思考题

一、填空题

1. 上海辞书《体育大辞典》中对“体能”的表述，即体能是速度、（　　）灵敏、（　　）和（　　）等的身体素质。

2. 发展职业体适能的意义是（　　　　　　）。

二、简答题

1. 什么是体能？体能与人体健康的关系是什么？用哪些方法可以促进体能的发展？

2. 高职院校为何要注重职业体育教育培养？

三、论述题

结合自己的职业特点讨论一下，我们应该拥有哪方面的职业体能？如何促进我们的职业体能的发展？

第七章

坐姿类学生的体能锻炼

学习目标

1. 了解坐姿类学生的生理负荷特点。
2. 掌握部分适合坐姿类职业体能锻炼的动作技能。
3. 了解坐姿类学生常见职业性疾病的预防与体育疗法。

第一节 坐姿类学生的生理负荷特点

长时间以静态坐姿这种单一姿势进行工作，容易引起机体许多功能和结构的改变。长期静坐，使身体很多肌肉处于长时间的紧张、疲劳、被动拉伸或被动收缩，易引起肌肉的萎缩、僵硬、酸痛等；还因机体运动的减少，易引起心脏工作量的减少，引起心肌逐渐衰弱、神经衰弱等一系列疾病。

一、坐姿类学生的解剖学特点

（一）头颈部

坐姿工作时，一般头部呈前俯或后仰姿势。肩颈部肌肉是支持颈部活动的基础，其中以斜方肌、胸锁乳突肌为主要的受力肌。斜方肌位于颈部和背部，呈扁平三角形，左右二肌合成斜方形，主要控制颈部的前屈、后伸，头颈部若过分下垂或颈椎前屈，会使斜方肌处于紧张状态。胸锁乳突肌属颈浅肌群，在颈阔肌的深面，起于胸骨柄和锁骨的内侧 1/3 处，斜向后上方，止于乳突。其作用是两侧同时收缩，头向后仰；一侧收缩，头颈向同侧倾斜，面部转向对侧并向上仰。

研究表明，坐位时，颈部肌肉受力与颈角大小相关，颈部受力随角度增大而增加，颈部损伤患病率随颈角增加而升高。坐位工作时，颈部保持在前倾角度 0~10 度较为适宜。

（二）胸部

坐位时，低头含胸，胸廓得不到充分的扩张。长期保持这种姿势，一方面影响肺的通气功能；另一方面是胸廓变形，造成驼背。

（三）背部

坐姿时，人体一般呈弓起背部向前微倾状态。人体背部的伸肌在一天的运动中几乎没有主动用力的动作，大多数时间在被动拉长中起着维持人体运动平衡和协调的作用。相对其他肌肉群，人体的背部肌肉相对工作时间最长，也就最“疲劳”，这种“疲劳”容易引起小肌肉纤维损伤，从而造成背部的多种不良反应，如酸、胀、痛、麻等。

背部与颈部、腰部有着密切关系。如果颈部或腰部的肌肉因不良姿势造成紧张或疼痛时，容易累及背部。

（四）腰部

人体在坐姿时，腰椎承受着上身的重量。腰肌和腹肌像是一对拉力带，保持一定的张力以稳定腰椎。研究表明，腰部受力与躯干角度大小关系密切，躯干角小则腰部受力小。

（五）脊柱

人的脊柱由33块形状不规则的脊椎骨组成，按所在位置不同分成颈椎、胸椎、腰椎、骶椎和尾椎5段，它们形成4个生理弯曲，颈椎、腰椎前凸，胸椎、骶椎和尾椎向后凸。

久坐会使人的上身体重长时间地压在脊椎骨骶端，不符合人体脊柱最佳受力状态。坐姿不良，脊柱两侧肌肉受力不均，导致脊柱某区域肌肉骨骼负荷过重，久之可能引起脊柱侧弯。此外，紧张的工作节奏，往往不由自主地就会塌腰。这不仅增加了腰椎的负担，破坏了脊柱正常的生理弯曲，使腰椎部位后凸，而且还阻碍了血液循环，从而引起腰部肌肉酸疼甚至引起腰椎病变。

二、坐姿类学生的生理学特点

（一）骨骼肌

骨骼肌是维持人体各种姿势的基础。坐姿是一种静态姿势，维持坐姿的肌肉肌纤维长时间处于一定的静力性工作状态（即等长收缩状态）。虽然依靠中枢神经系统的调节，肌纤维的紧张活动可以交替进行，但这种调节交替是相对少而慢的。在取坐位姿势工作时，肌纤维的紧张性收缩也限制了肌肉的血液供应，以致肌肉获取氧和营养物质相对减少，而肌肉的代谢废物也不易排出，久之就会引起肌肉僵硬、酸疼，甚至发生肌肉萎缩。坐姿工作两小时以上，即可产生肌肉疲劳感，使工作效率有所下降。

（二）血液循环

血液通过体循环，向全身输送氧和营养物质，以保证生命活动的正常进行。血液循环的动力器官是心脏，它要克服地心引力将血液泵入大脑，将静脉血液还回心脏。如果心脏功能不良，则脑血供应不流畅，容易出现头昏、眼花、嗜睡，使工作效率降低，失误率增加。

久坐时，心脏工作量减少，长期可使心脏功能日益减退，心肌逐渐衰弱，血液循环减慢，导致血液在血管中淤积，为心肌梗死、高血压、冠心病等心血管疾病埋下隐患。世界卫生组织明确指出，久坐是促发冠心病的重要因素。

（三）肺通气功能

由于坐位伏案工作，胸廓得不到充分扩张，从而影响肺的通气功能。研究表明，坐位伏案对静息时通气量的影响不大，但是从提高体能和健康水平的角度出发，坐位伏案工作的人应加强扩胸动作的练习，以利于肺的充分扩张，加强通气和换气功能，使血氧饱和度始终保持在96%~98%。

（四）眼的负荷

在现代办公条件下，长时间对着电脑工作，盯着电脑屏幕，其闪烁会使眼睛不断进行调节，睫状肌疲劳。此外，电脑屏幕也是个强发光体，电脑页面内容繁多，长时间用电脑时视觉负担很重，常常使眼睛发胀。眼睛长期超负荷工作，将会导致视力下降，发生眼部炎症，还可能导致身心疲劳。

知识链接

正确坐姿

坐位时，保持腰椎轻微前凸，头部水平中立位，耳朵的垂线通过身体重心。腰部可以垫一个软枕。

正确的坐姿有利于减小椎间盘内的压力，使头颈位于比较好的位置，减少因为头部前屈导致的下颌后缩，有利于患者保持良好的下颌休息位。

第二节 坐姿类学生的体能锻炼方法

一、坐姿类学生体能锻炼原则

（一）遵循由小到大、循序渐进的原则

学生在实施锻炼方案时，如果运动负荷增加太快，会造成身体长期疲劳甚至运动损伤，而增加太慢则会限制体能水平的提高，因此，应该循序渐进地增加运动负荷。

学生在锻炼之初选择项目时，应选择简单可行的项目，当身体素质得到提高后，可逐渐增加难度。

（二）遵循专门性原则

学生在进行体能锻炼的过程中，要根据职业特征对体能的要求，针对身体的某一部位或某一机能进行专门练习。在日常的训练中，应根据设定的训练目标来选择适当的体能训练手段和方法，以更好地实现训练目标。

（三）遵循大、小运动量相结合的原则

在体能训练过程中，交叉采用大小训练量不仅可以提高训练的效果，而且能降低身体受损失的可能。学生应该做到高强度的锻炼每周只能进行 3 次，且不要连续几天进行高强度的训练。

二、坐姿类学生体能锻炼方法

（一）力量练习方法

坐位姿势是一种静态姿势，维持该姿势的肌纤维长时间处于一定的静力性紧张状态，坐姿时腰背部肌肉是主要的受力肌。有目的地锻炼背部肌肉，可使机体各部位的主要受力肌群增强肌肉弹性，改善组织，促进血液循环，增强新陈代谢，防止或降低组织疲劳。

针对坐姿类工作对体能的要求，应主要发展以下部位肌肉群的力量和耐力。

1. 颈肩部肌群力量练习

（1）屈伸探肩。

准备姿势：坐立姿势，上背挺直，双手叉腰，眼睛正视前方。

动作方法：头缓缓地向左偏，努力接近左肩，保持 6~8 秒，还原；以相同的姿势换方向做，还原。

练习要求：动作过程缓慢进行，以防肌肉、韧带拉伤。

（2）双手正压颈屈伸。

准备姿势：坐立均可，上背挺直，眼睛正视前方，双手十指交叉按在脑后。

动作方法：双手用力压头部，使其向前下屈，颈部则用力顶住，不让其轻易下压，但逐渐压倒，下颚触及胸骨。然后，颈部用力把头向上抬起，而两手则用力压住头部，不让其轻易抬起，但逐渐抬到原位。

练习要求：头部屈伸时，身体不要前俯后仰。不要用过大、过猛的抗力，前几次用

力要小些，后几次再逐渐加大，以避免颈部扭伤。切勿让颈部有任何旋转动作。

（3）耸肩。

准备姿势：坐立均可，上背挺立，双手叉腰，眼睛正视前方。

动作方法：把双肩缓缓往上耸，尽力去碰双耳，然后放下。

练习要求：动作过程缓慢进行，最好尽最大努力完成动作。

（4）肩环绕。

准备姿势：坐立均可，上背挺直，双手叉腰，眼睛正视前方。

动作方法：双肩后展，做以肩关节为中心的绕环动作。

练习要求：双肩充分后展，不要拱背。

2. 腰背部肌群力量练习

（1）俯卧两头起。

准备姿势：身体俯卧在垫子或凳子上，两臂伸直，两腿并拢伸直。

动作方法：以髋部支撑，两臂和两腿同时向上抬起，腹部与坐垫成背弓，然后积极还原，连续练习。

练习要求：练习时，前几次动作幅度应小些，以防腰背部肌肉拉伤。

（2）俯卧背腿。

准备姿势：身体俯卧在地板或垫子上，两腿并拢伸直。

动作方法：以髋部支撑，两臂自然伸直置于体侧，连续做两腿向上抬起动作。

练习要求：两腿尽量向上抬起。前几次动作幅度应小些，以防腰背部肌肉拉伤。

（3）哑铃单臂划船。

准备姿势：两脚左右开立，身体前倾，一只手支撑于矮凳上，另一只手提起哑铃。

动作方法：呼气用力，手持哑铃侧上提至胸部高度，再吸气放下。连续 8~12 次之后再换另一只手。

练习要求：动作节奏不宜过快，切勿用猛力，不要憋气用力。

3. 颈、肩、腰背肌群的自我放松与相互按摩练习

（1）按揉颈肌。

准备姿势：坐立均可，双目微闭。

动作方法：双手十指交叉放于颈后两侧，自下而上用掌跟按揉颈肌。

练习要求：主要用两拇指大鱼际按揉颈肌，动作要有节奏，根据个人情况选择按揉力度。

（2）放松背部肌肉。

准备姿势：双腿直立，与肩同宽。

动作方法：双手在背后十指交叉握住，肩膀打开，双手尽量往后伸。

练习要求：双肩尽量打开，动作幅度由小到大。

（3）轻揉腰肌。

准备姿势：坐立均可。

动作方法：先用双手指轻揉腰部肌肉，至有发热感后再以双手掌根推拿腰肌10次，最后握空拳轻轻叩击腰部。

练习要求：力度均匀，由小到大。

（二）柔韧性练习方法

柔韧性是指身体某个关节或几个关节活动范围的幅度以及肌肉、肌腱、韧带等软组织跨过关节的弹性和伸展能力。良好的柔韧性能使人的动作舒展，帮助肌肉灵活工作，并能减少运动损伤。

下面简单讲述发展颈部、肩部、腰背部柔韧性的方法与手段。

1. 颈部柔韧性练习方法

（1）屈伸探肩。

准备姿势：坐立均可，上背挺直，双手叉腰，眼睛正视前方。

动作方法：头缓缓地向左倒，努力接近左肩，保持15~20秒，还原；以相同的姿势换方向做，还原。

练习要求：动作过程要缓慢，以防肌肉、韧带拉伤。

（2）前后摆头。

准备姿势：坐立姿势，上背挺直，双手叉腰，眼睛正视前方。

动作方法：缓慢低头，下颌尽量靠近胸骨，拉伸颈部肌肉，持续30秒，还原；头向后屈伸，保持30秒，还原。

练习要求：动作过程要缓慢，幅度由小到大。

2. 肩关节柔韧性练习

（1）双肩绕环。

准备姿势：坐立均可，上背挺直，眼睛正视前方。

动作方法：左肩先向前绕环，重复10次左右；右肩再向前绕环，重复10次左右。

练习要求：动作过程要缓慢，幅度由小到大。

（2）体前拉伸。

准备姿势：坐立均可，上背挺直，眼睛正视前方。

动作方法：身体面对正前方，左臂经体前向异侧平举，右臂屈肘握住左臂，并向内拉引直臂，五指尽量伸展，保持15~20秒，还原；换另一臂拉伸，还原。

练习要求：动作过程要缓慢，幅度由小到大。

3. 腰背部柔韧性练习方法

（1）甩腰。

准备姿势：并步站立，上体挺直。

动作方法：练习时一腿支撑，另一腿向后上方直腿摆动，同时，两臂伸直，随身体向后弯曲做摆振动作，使腰背部被充分压紧，腹部充分伸展。

练习要求：动作过程要缓慢，幅度由小到大。

（2）体侧屈。

准备姿势：并步站立，上体挺直。

动作方法：右手叉腰，左手伸直，上体尽量向左侧倾斜，保持 15~20 秒，还原，换方向做。

练习要求：动作过程要缓慢，幅度由小到大，上体不要有扭转动作。

（三）提高心肺功能的练习方法

坐姿工作时间长，且相对固定地保持一种姿势，易使人身心疲劳；此外，坐姿时，常低头含胸，胸部和心血管得不到发展。选择运动项目时，应充分考虑到职业的特点，多选择有氧运动项目，如跑步、健美操、游泳、跳绳、步行、爬山等有大肌肉群参与的慢节奏运动，以弥补运动不足，从而达到锻炼心肺、矫正体型的目的。

常用的提高心肺功能的锻炼方法如下。

1. 跑步

跑步时，呼吸要深、长、细、缓且有节奏，呼吸的节奏可分为两步一呼，三步一吸，或三步一呼，三步一吸。呼吸时，要尽量用腹式呼吸，吸气时鼓腹，呼气时尽量吐尽；跑步时，步伐要轻快，全身肌肉放松，双臂自然摆动。

2. 健身走

健身走是在自然行走的基础上，躯干伸直、收腹、挺胸、抬头。随着走步速度的加快，肘关节自然弯曲，以肩关节为轴自然前后摆动，同时腿向前迈，脚跟先着地，过渡到前脚掌，然后推离地面。健身走时，上、下肢应协调运动，并配合深而均匀的呼吸，健身走的速度快慢是决定锻炼效果的关键因素。通常分为慢步走（每分钟 70~90 步）、中速走（每分钟 90~120 步）、快速走（每分钟 120~140 步）和疾速走（每分钟 140 步以上）。

3. 跳绳

跳绳是一种比较剧烈的运动，应根据自己的身体状况制订切实可行的计划和目标，并通过一个阶段系统锻炼后，再逐渐延长跳绳的时间和增加跳绳的次数。

4. 游泳

游泳和跑步有很大的相似之处，不同的是游泳主要是以手臂和腿的运动推动身体在水中前进，同时还必须花费一定的能量使身体免于下沉。因此，完成同等距离运动时，游泳消耗的能量是跑步的4倍多。游泳时水的浮力减轻了人体承重关节的负荷，所以游泳是一种较为安全的健身方法。

5. 有氧舞蹈

有氧舞蹈第一次普及是在20世纪70年代。有氧舞蹈是一种以锻炼身体为目的，以徒手运动为主，结合舞蹈动作并在音乐伴奏下进行的健身活动。职业人可以根据自己的年龄特点、体能状况和锻炼目的等选择或自编有氧舞蹈进行锻炼。

思政园地

《"健康中国2030"规划纲要》指出：党和国家历来高度重视人民健康，健康是促进人的全面发展的必然要求，是经济社会发展的基础条件，是国家富强、民族振兴的重要标志，也是全国各族人民的共同愿望。

第三节　坐姿类学生职业性疾病预防与疗法

据临床医学论证，静力坐姿劳动诱发慢性疾病的患病率达55%~60%，颈椎病、腰肌劳损、肩周炎以及视觉疲劳综合征的患病率高出其他人群。调查显示，坐姿类职业者身体素质整体呈下降状态，长期久坐及运动缺乏造成坐姿类职业从业人员耐力、肺活量、爆发力和视力下降非常明显。

从职业角度来看，坐姿类职业以脑力劳动为主，伏案工作的时间较长，长期以单一的身体姿势进行工作。繁忙的工作、精神的高度集中需要从业人员有充足的体能作保障，这种体能不仅是满足工作需要的体力，还包括顽强的意志力和较为持久的耐力。坐姿类职业的工作环境要求他们具备足够的心理承受能力和良好的情绪调节能力。加强体能训练，适应工作环境需要，预防职业病发生，对即将从事坐姿类职业学生来说是必要的。

一、颈椎病

（一）什么是颈椎病

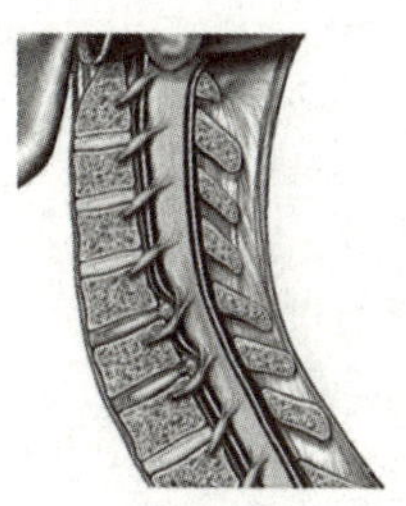
图 7–1　颈椎

颈椎病是一种常见病，是指颈椎间盘退行性改变、颈椎骨质增生以及颈部损伤等引起颈段脊柱内外平衡失调，刺激或压迫颈部神经、血管而产生的一系列症状（图 7–1）。该病的主要症状是颈部和背部的功能障碍和疼痛，表现为颈部、肩部、上肢麻木和头晕。

（二）致病原因

颈椎病产生的原因有颈部受到风寒、外伤或老化、劳损和代谢失常等。长时间伏案工作，使颈椎长期处于屈曲位或某些特定体位，不仅使颈椎间盘的压力增大，而且也使颈部肌肉长期处于非协调受力状态。颈部肌肉细长而不丰厚，易受牵拉而劳损，椎体前缘相互磨损、增生、再加上扭转、侧屈过度，进一步导致损伤而引起各种病变。

（三）运动治疗法的作用

运动治疗法可以松解因炎症而粘连的组织，牵伸肌肉，减轻痉挛，加强局部血液循环，减轻局部疼痛等症状。同时，可以加强颈肩部肌肉力量，改善关节灵活性，使肌肉的收缩运动与放松运动有机地结合起来，能明显减轻疼痛症状和改善运动功能。

（四）预防与运动疗法

1. 预防

（1）在工作中应该经常做几秒钟的抬头，活动颈部的肌肉。

（2）在工 / 课间操的编制中要加强头颈部的活动内容，如颈部旋转或侧摆运动等。

（3）保持颈部温度，不要受凉、受潮，秋冬可穿立领衣服或戴围巾。

（4）避免看电视或看书时头部处于屈曲位。

2. 运动疗法

（1）操化动作。双掌擦颈、左顾右盼、前后点头、旋肩舒颈、颈项争力、摇头晃脑（图 7–2）。

（2）体育运动。打排球、羽毛球和参加游泳等运动时，因经常做头部上扬配合手臂的动作，颈肩肌群能得到很好的锻炼，可增强功能，缓解症状，但在疼痛急性期不宜做。

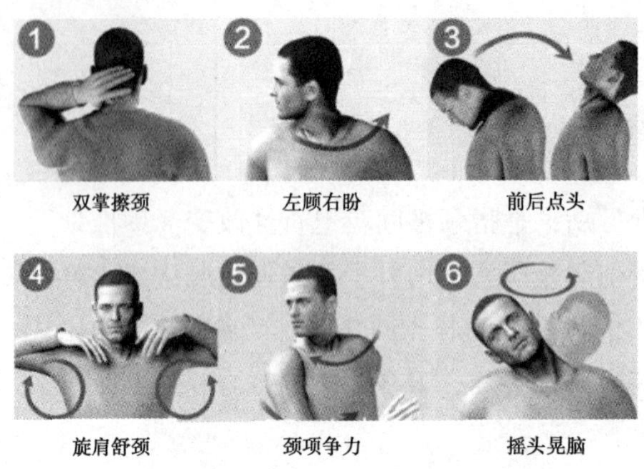

图 7-2　操化动作

二、腰肌劳损

（一）什么是腰肌劳损

腰肌劳损主要是由于腰骶部肌肉、筋膜等软组织的慢性损伤而引起的，主要症状为腰骶部酸痛或胀痛、部分刺痛或灼痛。发病率为 15.2%，男性与女性之比为 4~12 ：1，好发于青壮年中过于肥胖或过于瘦弱的人。

（二）致病原因

腰部肌肉超负荷做功，处于持续的紧张状态使小血管受压，供氧不足，代谢产物堆积，刺激局部而形成损伤性炎症。如腰部外伤（急性腰扭伤等）、腰姿不正、突然负重、腹压增高、环境因素、职业因素等。

（三）运动疗法的作用

运动疗法可以松解因炎症而粘连的组织，牵伸肌肉，减轻痉挛，加强局部血液循环，减轻局部疼痛等症状，同时可以改善腰骶部的活动功能，加强肌肉力量，改善和纠正由病变引起的腰部肌力平衡失调，保护脊柱和腰部组织结构。

（四）预防与运动疗法

1. 预防

（1）养成良好坐姿习惯，保持收腹、立腰，适时起身走动，避免长期保持一个姿势。

（2）搬重物时，应贴近物体先蹲下，双手搬起东西，模仿举重运动员的动作，腰部紧张，上身挺直，用腿部力量站起来。

（3）在业余体育活动中，可以每天倒走几次，每次 3~5 分钟。

（4）经常参加太极拳、五禽戏、健身操的锻炼，这些传统的健身方法对预防腰肌劳损很有益处。

（5）加强腰部肌群力量和柔韧性练习。

2. 运动疗法

（1）双手叉腰倒走可加快腰部血液循环，改善腰部营养供应。

（2）仰卧床上，双腿屈曲，以双足、双肘和后头部为支点（五点支撑）用力将臀部抬高，如拱桥状，故名“拱桥式”。每次持续 3~5 秒，然后缓慢放下，休息 3~5 秒，为一个周期（图 7–3）。

（3）在地上或床上仰躺，全身放松，呼吸调顺后，手放在身体两侧，双腿伸直，然后将头、上肢和下肢用力向上抬起，不要使肘和膝关节屈曲，要始终保持伸直，如飞燕状。反复锻炼 20~40 次（图 7–4）。

注：拱桥式和飞燕式如锻炼后感到腰部疼痛不适、发僵等，应适当地减量或停止锻炼，以免加重症状。

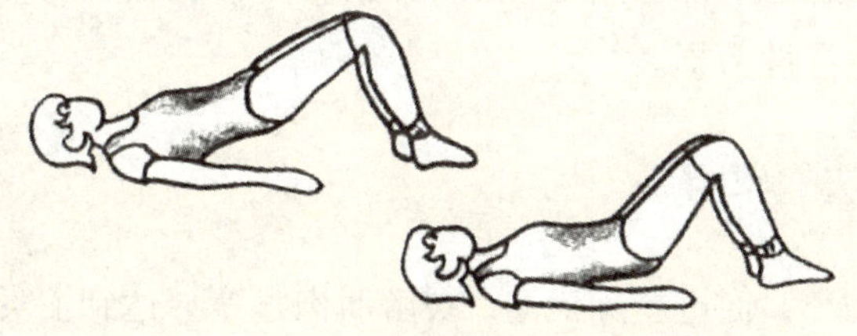

图 7–3　拱桥式

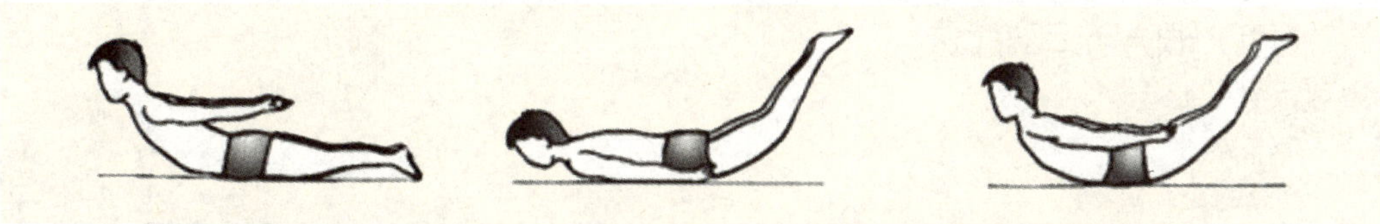

图 7–4　飞燕式

三、肩周炎

（一）什么是肩周炎

肩周炎又称肩关节组织炎，是肩周肌肉、肌腱、滑囊和关节囊等软组织的慢性炎症（图 7–5），50 岁左右的人比较常见，女性多于男性，两侧同时发病者少见。

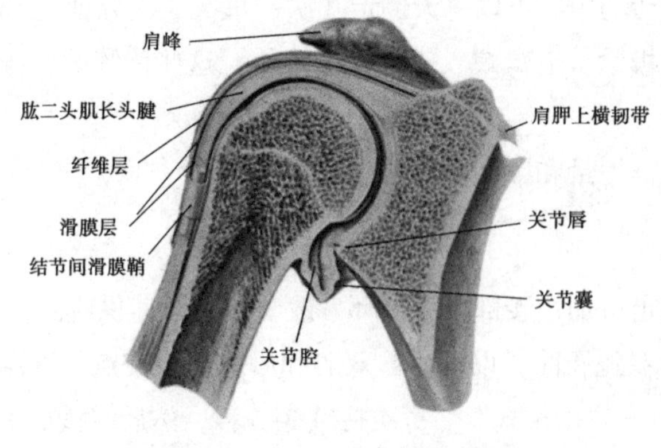

图 7-5 肩关节

（二）致病原因

肩关节是人体全身各关节中活动范围最大的关节。其关节囊较松弛，关节的稳定性大部分靠关节周围的肌肉、肌腱和韧带来维持。肌腱本身的血液供应较差，而且会随着年龄的增长而发生退行性改变。办公室的工作人员由于长期伏案工作，肩部的肌肉韧带长期处在紧张状态；加之肩关节活动频繁，周围软组织经常受到来自各方面的摩擦挤压，因而易发生慢性劳损。

（三）运动疗法的作用

改善局部血液循环，促进新陈代谢，缓解肌肉痉挛，达到消炎止痛的目的。同时，可松解肩关节周围肌肉、韧带及关节囊的粘连，恢复肩关节的运动功能。

（四）预防与运动疗法

1. 预防

（1）坐 30 分钟到一小时后，及时往后伸懒腰，最好起来走动，活动肩部。

（2）拉二胡等职业，因肩部长期保持一个状态，应在每次结束时及时按摩肩部肌肉，避免疲劳。

2. 运动疗法

（1）弯腰转肩。弯下腰，自然垂下手臂，然后以肩为中心，将患侧肩膀由里向外，或者由外向里做画圈运动，以此带动肩关节活动。

（2）手指爬墙。患者面对墙壁站立，用患侧手指沿墙缓缓向上爬动，使上肢尽量高举，到最大限度停留 2~6 秒。在墙上作一记号，然后再徐徐向下回原处，反复进行，逐渐增加高度。

（3）拉拽肩膀。可以把手放在胸前，用正常一侧肩和手帮助拉拽患侧的手和肩，做内收动作；也可以把手放在背后，依旧用正常一侧肩和手帮助拉拽患侧的手和肩，做内旋动作。锻炼后需要进行降温处理，以减少由于组织损伤和出血造成的肩关节活动度受限的进一步加重。

四、视疲劳综合征

（一）什么是视疲劳综合征

视疲劳综合征是以眼部各种不适症状为突出表现的一组症候群。主要表现为眼球酸胀不适或疼痛，视物模糊，不能久视。

（二）致病原因

电脑工作人员因长时间精力集中于屏幕，眨眼次数会明显减少，眼睛特别容易干涩。据美国的一项统计显示，一个人一天持续看电脑超过 4 小时，每周持续 4 天以上，持续一年，50%~90% 的人会或多或少地出现视疲劳综合征。

（三）预防与运动疗法

1. 预防与保护

（1）距显示器需要保持 70 厘米以上，放置位置应比双眼视线略低。

（2）注视屏幕一小时后要休息 5 分钟，望望远处，转动眼球，眨眨眼。

（3）把屏幕亮度调整到不使眼睛疲劳的程度。

（4）要避免室内的光线直接照射在屏幕上面产生干扰光线。

（5）眼睛疲劳时，可以用以淡红茶水煮过的湿巾敷几分钟眼睛，会很快消除充血和疲劳。

2. 运动治疗

运动治疗包括转眼法、极目法、烫眼法、洗眼法等。

思考题

一、填空题

1. 肩颈部肌肉是支持颈部活动的基础，其中以（　　）、（　　）为主要的受力肌。

2. 肩周炎又称肩关节组织炎，是肩周（　　）、（　　）、（　　）和关节囊等软组织的慢性炎症，50 岁左右的人比较常见，女性多于男性，两侧同时发病者少见。

3. 颈部柔韧性练习方法主要有（　　）、（　　）两种。

二、简答题

1. 坐姿类学生进行体能锻炼的原则有哪些？

2. 提高心肺功能的练习方法有哪些？

三、问答题

思考自己以后将从事的坐姿类职业最可能诱发哪些慢性疾病，为什么？应该如何预防？

第八章

站姿类学生的体能锻炼

学习目标

1. 正确了解人体站立姿势的解剖和生理负荷特点。
2. 正确了解掌握站姿类学生的体能锻炼方法。
3. 正确了解掌握站姿类学生职业疾病预防措施与治疗方法。

第一节 站姿类学生的生理负荷特点

一、站姿类学生的解剖学特征

（一）腰腹部

自然站立时，躯干部位的重量经过腰椎向下传导，需要腰部肌肉力量予以支撑，才能保持腰椎的正常生理前凸。腹肌力量较弱的人，如肥胖者，特别是腹部肥胖者，由于大量脂肪组织在腹部堆积，肌肉组织相对较少，且较松弛，因此对腹部的支撑变弱，进而加重了腰部肌肉的负荷，肚子越往前凸，腰部肌肉的负担便越大，久之，便会造成腰部肌肉紧张。

（二）下肢

人体维持某种姿势，均需要一定的姿势性肌张力。人体走动或站立时，小腿肌肉等张开收缩以维持身体姿势并保持身体平衡。长时间保持站立不动，会令下肢血液循环欠佳，导致下肢肿胀，甚至导致静脉曲张。人体在正常的站姿下，全身的体重均匀地从脊柱、骨盆传向下肢，再由下肢传至足，因此人类的双足具有负载体重的重要功能。另外，从人体解剖学来看，人体共有 206 块骨头，其中双脚就占了 52 块，俨然是全身的支柱。但在长时间站立工作以及过度负重的状态下可诱发平足症。

（三）脊椎

脊柱的负荷为某段以上的体重、肌肉张力和外在负重的总和。不同部位的脊柱节段承担着不同的负荷。腰椎处于脊柱的较低位，负荷相当大。当人体处于静态任意式站位并保持躯干的相对竖直时，腰椎处于相对静态坐位时，只能有很小程度的前屈或后伸，脊柱需保持自然弯曲度。挺腹而立是人们常见的站姿，此时腰椎处于后伸位，承受很大的压力负荷。据报道，站立时，腰部肌肉张力始终维持在 64.2~113.8 牛顿，第三、四腰椎间盘的压力达到 87.5~120.5 牛顿，而且得不到缓解，因此患下背痛的概率比较高。随着工龄的延长，这种症状的出现频率也逐渐增高。另有研究表明，静态站位时的最佳姿势是适度前屈位，即在站直的前提下收小腹，通过骨盆与腹背肌肉的整体调整得以实现。

二、站姿类学生的生理学特征

（一）血液循环

站姿也是一种静力性工作，对血液循环的影响与坐姿相同。人在直立时，身体中大多数容量血管都处于心脏水平以下，如果站立不动，由于身体低垂部分的静脉充盈扩张，可比在卧位时多容纳 400~600 毫升血液，这部分血液主要来自胸腔内的血管。这样就造成了体内各部分器官之间血量的重新分配，并导致暂时的回心血量减少，中心静脉压降低，每搏输出量减少和收缩压降低。如果人在高温环境中长时间站立不动，回心血量就会明显减少，导致心输出量减少和脑供血不足，可引起头晕甚至昏厥。

（二）骨骼肌肉

人体的肌肉在平时会维持一定的张力以维持一定的身体姿势。站立时，大腿、小腿、腰背部、臀部的肌肉处于紧张收缩状态，比坐姿时有更多的肌纤维参与静力性工作且维持相对较高的紧张性。尽管静力性工作能量消耗水平不高，氧需要量通常不超过 1 升 / 分钟，但维持站姿比维持坐姿肌肉的静力性紧张更大。研究表明，一旦肌张力超过最大随意收缩的 15%，很容易导致腰背部和下肢疲劳。

知识链接

站姿也可反映出你的心理活动

- 挺胸收腹、双目平视：这种人往往有充分的自信心，要不就是十分注意个人形象，或此时心情十分乐观愉快。
- 两手叉腰而立：这是具有自信心和心理优势的表现。如果加上双脚分开比肩宽，整个躯体显得膨胀，往往存在着潜在的进攻性。若再加上脚尖拍打地面的动作，则暗示着领导力和权威。
- 双脚并拢，双手交叉站立：并拢的双脚表示谨小慎微、追求完美。这种人看起来缺乏进取心，但往往韧性很强，是属于平静而顽强的人。从事站立型职业，身体常处于立姿状态，对下肢的力量与耐力要求较高。为此在体能锻炼中应以发展下肢和腰腹肌的力量为主，并练习一些形体操、健美操，使之形成合理的站立姿势与优美的形态。同时可考虑开设野外生存训练、轮滑等项目，这对发展下肢、腰腹部力量，改善身体的平衡能力和灵活素质都具有良好的效果。

现代社会分工精细，大部分工作的体位改变很少。教师、前厅迎宾接待、餐厅服务员、售货员、厨师、模特等职业岗位人员，均需要在工作期间长时间站立。站立姿势可以分为立正式站立和任意式站立。立正式站立是一种强度极大的静力性工作。而任意式站立，因在一定程度上可以活动身体某些部位，并有机会在较小范围内做一些移动性活动，所以相对于立正式站立而言，其静力负荷的强度较小。职场站姿绝大多数属于任意式站姿。

第二节　站姿类学生的体能锻炼方法

一、一般身体素质练习

结合职业活动中力量、动作和位移的速度素质、耐力素质、柔韧素质和协调素质的练习方法，提高学生一般身体素质。练习时要掌握一定的运动量，每次练习时以 4~6 组，每组练习 5~8 次为宜。主要练习方法如下：

（一）发展上肢、肩带肌群力量的练习

1. 俯卧撑

动作方法：俯卧，两足跟并拢，脚前掌着地，两手撑地与肩同宽，四指向前，收臀紧腹连续臂屈伸。

重点：身体呈一平面。

难点：臂屈伸动作。

2. 斜身引体

动作方法：仰卧，两臂与肩同宽，手正握低单杠，收腹、挺胸、屈两臂引体使胸部贴单杠，然后伸直两臂还原成仰卧开始姿势，如此重复进行。

重点：身体要伸直。

难点：臂屈伸。

3. 坐撑举腿

动作方法：坐立两手体后撑，两腿屈膝并拢，向上交替或同时举两腿。

重点：腿要伸直。

难点：举腿。

4. 立卧撑

动作方法：由直立姿势开始，下蹲两手撑地，伸直腿呈俯撑，然后收腿呈蹲撑，再还原成直立。

重点：伸直腿呈俯撑。

难点：收腿呈蹲撑。

（二）灵敏性练习

（1）各种游戏。

（2）各种不同方向的变向跑。

（3）进行篮球、足球或小球比赛。

（4）垫上前滚翻、后滚翻、横滚、向左右侧滚、跪跳起等。

（5）跳绳。

（6）各种越障碍跑、跳、钻活动。

（三）柔韧性练习

（1）两手手掌相对，手指接触地互相压振。

（2）手腕绕环，脚腕绕环，腰及肩绕环。

（3）两臂上下摆振。

（4）直体体前屈，手摸脚尖或摸地。

（5）手扶肋木做各种压肩、压腿等。

（6）跪坐在脚跟上，压踝关节。

（7）坐在地上做各种压伸动作。

（四）协调性练习

（1）各种身体练习的组合练习。

（2）专项技术的组合练习。

二、力量素质练习

（一）发展上肢、肩带肌群力量

（1）各种方式俯卧撑、俯卧撑移动。

（2）横梯悬垂移行、双杠支撑移行、双杠上下追逐跑。

（3）各种方式推举哑铃。

（4）双杠支撑摆动臂屈伸。

（5）单杠引体向上、只用手或手脚并用爬绳（杆）。

（6）利用肋木做各种拉引动作。

（7）绕腕练习——手持哑铃于体前或体侧做绕 8 字练习。

（8）哑铃快速推举、头后举、前平举、绕肩、前臂屈伸、手腕屈伸。

（9）转臂练习——手持哑铃于体侧做旋内、旋外练习。

（二）发展腹、背肌群力量

（1）徒手或利用器械做各种方式的仰卧起坐。

（2）仰卧两头起、仰卧起坐。

（3）利用各种器械做各种方式的收腹举腿。

（4）各种方式提拉重物。

（5）传接球练习——两人背靠背分腿站立，其中一人手拿实心球，两人同时向一个方向转体，将球传给另一个人，轮换做。

（6）屈伸练习——肩负杠铃分腿站立做屈伸练习。

（7）俯卧挺身练习——俯卧于垫上，两手相握放于背后，头部和上体做后仰动作。

（8）负重转体——肩负杠铃分腿站立身体向左右旋转。

（三）发展下肢肌群力量

（1）立定跳远、跨步跳、多级跳、纵跳摸高。

（2）各种方式跳绳。

（3）徒手越过障碍物的各种方式单、双脚跳。

（4）负重深蹲起——下蹲较慢，起立加快。

（5）负重半蹲提踵。

（6）负重跨步走。

（7）负重半蹲跳。

（8）跳台阶练习。

（四）发展全身肌群力量

（1）立卧撑。

（2）举重物（女生 12.5 千克，男生 20 千克）。

（3）各种方式投掷沙袋、实心球（女生 1.5 千克，男生 2 千克）。

（4）低单杠和高单杠连续翻身上。

三、速度素质练习

（一）反应速度

（1）听口令或看信号的各种起跑。

（2）听哨音变速跑，快速冲跑 10~15 米。

（3）听口令变向跑——在快速移动中听信号后突然变向冲跑 10 米。

（4）听口令快速转身跑，反复几次。

（5）听、看信号后突然做出相应的动作——如教练员喊 1，2，3，4 中某一个数字时，运动员应及时做出事先规定的相应动作。

（二）动作速度

（1）按慢—快—最快—快—慢的速度节奏进行原地 5 秒—3 秒—1 秒—3 秒—5 秒小跑步、高抬腿跑。

（2）高频率跑楼梯台阶。

（3）快速立卧撑。

（4）高频率跨越障碍物。

（5）20 秒 1 米十字跳。

（6）单、双摇跳绳，两脚交替跳绳。

（三）移动速度

（1）各种距离（30 米、50 米、60 米、100 米、200 米）的快速跑。

（2）10~15 米往返折回跑（要求快速转身）。

（3）越过障碍物的速度练习——以最快速度迂回 20 米中若干个障碍物（球筒）。

（4）前后跑——向前跑 8 米，后退跑 8 米。

（5）四角跑——边长约 6 米，要求在拐角处变换方向。

（6）接力跑。

四、耐力素质练习

（1）跑走交替。

（2）越野跑和自然地形跑。

（3）定时跑。

（4）规定距离与速度的重复跑。

（5）1 分钟立卧撑。

（6）连续半蹲跑。

（7）连续跑台阶。

（8）原地间歇高抬腿跑。

（9）长距离多级跳。

（10）连续跳深。

（11）连续跳起投篮。

（12）连续跳栏架。

（13）变速跑。

（14）两人追逐跑。

五、灵敏素质练习

（一）原地或走动中的练习

（1）带有附加动作的抛球练习。

（2）带有附加动作的体操棒练习。

（3）带有附加动作的其他器械练习。

（4）带有附加动作的前进、后退练习。

（二）在跑动中的练习

（1）在跑动中突然变向跑。

（2）在一定范围内的躲闪跑。

（3）各种方向的疾跑、急停。

（4）10 米往返跑。

（5）带有附加动作的前进、后退练习。

（6）跳绳跑。

（7）触球跑。

（8）跑过摇动的长绳。

（9）踢毽子。

（三）在跳动中的练习

（1）左、右跳转。

（2）十字交叉跳。

（3）跳起后各种方式转身。

（4）屈腿俯撑蛙跳。

（5）跳绳或跳皮筋。

（四）在滚动中的练习

（1）分腿坐滚动。

（2）肘、膝撑向侧滚动。

（3）其他方式滚动。

六、柔韧素质练习

（1）柔韧体操。

（2）各种拉长韧带的练习：压肩、拉肩；正、侧、后压腿；快速正、侧、后踢腿。

（3）各部关节的转动、屈、伸练习：快速前后绕肩；原地左右快速转体；腹背屈伸；腰部大绕环。

（4）利用器械做增加身体各关节活动范围的练习。

第三节　站姿类学生职业性疾病预防与疗法

因工作引起的慢性肌肉骨骼损伤是一种常见的职业性多发病，目前在一些国家已成为主要的职业健康问题。

在发病的诸多因素中，不良工作体位所造成的局部肌肉骨骼静力负荷过重，是许多职业人群慢性肌肉骨骼损伤高发的主要因素之一。本节主要讲解站姿类职业中几种常见的职业性疾病的预防与运动疗法。

一、肌肉骨骼损伤的预防与运动疗法

肌肉骨骼损伤是一种常见的与工作有关的疾病，影响范围很广，在各种行业都可以发生，主要有下背痛等常见病症。

立位作业容易引起的疾患下背痛，这是一种常见的劳动损伤，半数以上劳动者在其身强力壮时期都曾患过下背痛。职业性下背痛可分为 3 种：腰肌不全、腰痛和坐骨神经痛。负重且需要经常弯腰或转体的作业发病率较高，如搬运工、护理人员及其他重体力劳动者和需要长时间维持某种体位或不自然姿势的人危险性很高。发病的原因可能与腰部负荷过重、疲劳积蓄有关。腰肌不全和腰痛表现为下背部疲劳、强直或疼痛，发作时常使人丧失劳动能力，检查可见沿脊椎肌群极度紧张，触摸患者肌肉或柱骨棘突时有疼痛感。坐骨神经痛呈放射性，可放射到大腿后、侧部和小腿，脚趾常发麻或有刺痛感。

常见症状：下背、腰骶和臀部疼痛。

（一）引起职业性下背痛的常见原因

（1）负重。负荷过大可使腰部肌肉、骨骼和椎间盘等支撑系统发生损伤。

（2）姿势。长时间保持某种姿势，为了支撑人体上部的重量，使腰部处于持续紧张状态，如果不能保持自然姿势，就会使姿势负荷加大，更增加了腰部负担。

（3）用力不当。用力要自然、顺畅，避免突然用较大的力。

（4）在负重过程中突然转身也是造成损伤的常见原因。

（二）职业性下背痛的三种主要类型

（1）腰功能不全，表现为下背部疲劳、强直或疼痛。清早起床向前弯腰、持久保持站或坐的姿势均可引起发作，发作时腰不能伸直。

（2）腰痛。腰部剧烈疼痛，活动受限，多发生于突然用力或转身等动作后。

（3）坐骨神经痛。疼痛向腿的后、侧部放射，脚和趾有麻木或刺痛感。

上述几种情况可以单独出现，也可以一种以上同时发生。下背痛一般呈间歇性，严重发作时可丧失劳动力，间歇期数月至数年不等，不发作时症状消失且能进行正常活动。

（三）运动疗法的作用

运动可增加背部肌肉的柔软度与关节的灵活度，同时增强肌肉的强度和耐力，进而增进全身的气血循环和缓解身心压力，是治疗下背痛行之有效的方法。

（四）预防与运动疗法

1. 预防

预防下背痛的方法主要是保持正确的姿势。站立时尽量使头部、颈部、胸椎及腰成直线，不要驼背，也不要过度前挺腹部。腹肌的收缩也有助于正确的姿势。从事适度的运动，增加肌肉的力量及耐力，也可预防下背痛。选择运动项目时，可考虑太极拳、气功等轻量的运动项目。此外，应注意适度休息。如果工作需要较长的时间，大约 20 分钟便要起身做些简单的伸展操，以免肌肉长期处于紧张状态。

2. 运动疗法

（1）放松运动。先仰卧，闭上双眼，再做深而慢的吸气，然后慢慢将气呼出。做动作时，要让全身放松。

（2）骨盆斜抬运动。仰卧，双膝弯曲，然后臂部用力夹紧收缩腹部，压迫下背部紧贴在地板上，再抬高臂部 3~6 厘米。

（3）单侧抱膝运动。仰卧，双膝弯曲，然后夹紧臂部，收缩腹部，再双手抱单膝靠近胸部，最后恢复到原来位置。重复做 4~6 次，再换膝做。

（4）双侧抱膝运动。平躺屈膝，抱双膝触胸，慢慢抱紧，直到感觉背部被伸展为止，重复 4~6 次。

二、下肢静脉曲张的预防与运动疗法

下肢静脉曲张是指下肢浅静脉系统处于伸长、蜿蜒而曲张的状态。由于劳动引起的下肢静脉曲张多见于长期站立或行走的工作性质，如警察、纺织工等。如果站立的同时还需要负重，则发生这种疾患的概率更大。该病随工龄延长而增加，女性比男性更容易患病，常见部位在小腿内上侧。出现下肢静脉曲张后感到下肢及脚部疲劳、坠胀或疼痛，严重者可出现水肿、溃疡、化脓性血栓静脉炎等。

常见症状为：

（1）表层血管像蚯蚓一样曲张，明显凸出皮肤曲张呈团状或结节状。

（2）腿部有酸胀感，晚上重，早上轻，皮肤有色素沉着，颜色发暗，皮肤有脱屑、瘙痒，足踝有水肿。

（3）有腹水、肝脾肿大。呕血、黑便。双下肢广泛水肿患肢疼痛，运动时加剧，有时静止时疼痛，夜间加重。

（4）肢体有异样的感觉，肢体发冷，肢体潮热，患肢变细，变粗糙，皮肤有针刺感、奇痒感、麻木感或灼热感。

（5）表皮温度升高，有疼痛和压痛感。

（6）趾（指）甲增厚、变形，生长缓慢或停止。

（7）坏疽和溃疡产生。

（一）运动疗法的作用

从血液动力学的角度进行观察，通过体育锻炼，肌肉规律性收缩，可使深部静脉血液回流加速，减少皮下静脉的压力。根据国外研究，运动可增加足踝关节的柔软度，而足踝关节的柔软度增加，有助于减少下肢静脉曲张。可见，体育锻炼有助于预防和改善下肢静脉曲张。

（二）预防与运动疗法

1. 预防

（1）平时要多做双腿上下摆动或蹬夹练习，多做腿部按摩。

（2）站立时，不要总用两条腿一起支撑全身重量，可有所侧重，让两条腿轮换休息；要经常踮起脚尖，让脚后跟一起一落活动，或经常进行下蹲练习。上述动作都能引起小腿肌肉强烈收缩，减少静脉血液积聚。

（3）负重前，先将腿脚垫高，用弹性绷带将小腿绑扎，防止下肢静脉瘀血扩张。绑扎时，应从踝部向上绑扎，并尽量扎得稍紧一些。

（4）每晚睡觉前，要养成用热水洗脚的习惯，忌用冷水洗脚。用热水洗脚，能消除疲劳，有利于睡眠，更能活血化瘀。

2. 运动疗法

下肢静脉曲张的人，因为静脉瓣膜有损坏，故应该避免引起腹压增高的活动，但是可以从事游泳、慢跑、自行车、跳绳等活动。各种呼吸练习有助于调节胸、腹腔的压力，所以在运动中应该注意调节呼吸。运动后可抬高肢体或做向心性按摩，促进下肢静脉的血液回流。平时可做一些医疗操，如平卧于床，抬高患肢 45 度并维持 2~3 分钟，或直抬腿向上、向下运动数分钟，每日练习 3~4 次，以促使下肢静脉血液回流加快。

三、扁平脚的运动疗法

扁平脚又称平足症，任何骨、韧带、肌肉生理异常，导致足内侧、外侧纵弓和横弓出现塌陷或消失，都为平足症。通常分为姿势性平足症和痉挛性平足症（图 8–1）。

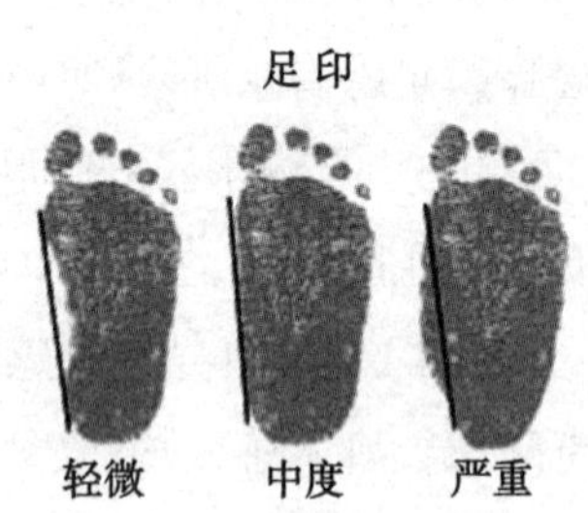

图 8–1　扁平脚足印

（一）引起扁平脚的主要原因

脚部长期承受较大负荷，如立姿作业、行走、搬运或需要用力踩脚控制器，可以使胫部肌肉过劳，韧带拉长、松弛，导致脚弓变平，成为扁平脚。扁平脚形成比较缓慢，但青少年期若从事此类作业则该症发生和发展均较快。

（二）扁平脚的主要表现

早期表现为脚跟及跖骨头疼痛，随着病情继续发展，可有步态改变、下肢肌肉疲劳、坐骨神经痛、腓肠肌痉挛等，严重时，站立及步行即出现剧烈疼痛，并伴有胫部水肿。

（三）运动疗法的作用

通过运动疗法，可改善与加强小腿、踝、足部的血液循环，增强胫骨前肌、腓肠肌、胫骨后肌、屈指长肌及足部肌肉韧带的力量及弹性，以维持足弓的正常生理曲度，加强足弓对生理负荷的承受能力。

（四）运动疗法

1. 功能锻炼

如用足跖行走，屈跖运动，提踵外旋运动。

2. 做矫正操

矫正操主要是锻炼胫骨前肌、腓肠肌、胫骨后肌、屈指长肌及足部肌。其锻炼形式有足尖走、足跟走、足外侧走、踢毽子等，以及坐位时进行足内翻、足趾屈伸和分开并拢、足趾钳物等。每日锻炼 2~3 次，每次 30 分钟左右。

具体的方法有在斜坡上步行，走足尖步，用足外侧缘步行，在屈趾状态下用足外侧缘步行，在鹅卵石、沙滩或凹凸不平的路上行走等。

四、压迫及摩擦所致疾患

（一）胼胝

身体与工具或其他物体接触的部位因摩擦和压迫，可使局部皮肤反复充血、表皮增生及角化，形成胼胝或胼胝化。

胼胝和胼胝化最常见的部位是手部，其次是脚。这种情况一般不影响作业，甚至还具有一定的保护作用，但如果数量多或面积大，也会使活动受限，感觉灵敏度降低，影响正常功能。如果发生感染，出现炎症，则会影响身体健康。

（二）滑囊炎

滑囊炎是一种常见疾患，很多工种都可以引起滑囊炎，尤其多见于快速、重复性的操作。滑囊炎可以发生于各种不同的部位，如包装工的腕部、站姿工作者的膝部等。

滑囊炎发生的原因主要是局部长期受到强烈的压迫和摩擦。职业性滑囊炎呈慢性或亚急性过程，一般症状较轻，表现为局部疼痛、肿胀，对功能影响不大。

五、腰椎病

近年来，腰椎病的发病率不断上涨，给人们的生活带来了影响。如不重视对腰椎病的预防，就可能会让此病轻易走进学习、生活和工作中。

常见症状：腰椎病的典型症状是腰痛及腿部放射性疼痛。

（1）腰痛：患者自觉腰部持续性钝痛，平卧位减轻，站立则加剧，一般情况下尚可忍受。

（2）下肢放射痛：表现为由腰部至大腿及小腿后侧的放射性刺激或麻木感，直达足底部。轻者可行走，呈跛行状态；重者需卧床休息，喜欢屈腰、屈髋、屈膝位。

（3）下肢麻木、冷感及间歇性跛行：下肢麻木多与疼痛伴发，少数患者可表现为单纯麻木，有少数患者自觉下肢发冷、发凉。

（4）马尾神经症状：女性可出现尿失禁，男性可出现阳痿。严重者可出现大小便失禁及双下肢不全性瘫痪。

（一）引起腰椎病的主要原因

（1）腹压增高，如剧烈咳嗽、便秘时用力排便等。

（2）腰姿不当，或长期站立。

（3）突然负重，在未有充分准备时，突然使腰部负荷增加。

（4）腰部外伤。

（5）职业因素，如汽车驾驶员长期处于坐位和颠簸状态，易诱发椎间盘突出。

（二）运动疗法

（1）反复搓腰：这是最简易可行的一种方法。患者要把双手分别放于同侧腰大肌处，然后由上向下再自下而上反复搓 10~15 次，当双侧腰部发热时即可停止。

（2）燕飞式锻炼：患者要俯卧在床上，双腿要伸直并交替抬举，双腿伸直同时抬举，上半身后伸抬起，身体两端同时抬离于床等动作，以上动作交替进行，每日两次。这种运动疗法每次要进行 10~15 分钟。

（3）团身运动：这种方法运动量有些大，可以与燕飞式锻炼隔日交替进行。患者仰卧在床上，先后做屈髋、屈膝、仰卧起坐或仰卧起坐接双手抱膝贴胸等动作各十余次。

（4）倒行疗法：患者可选择一条路面较平坦、空气好的道路，一步一步地向后倒着行走。这种疗法每次要坚持约 20 分钟，每天早晚各一次。

（5）悬挂疗法：腰椎间盘突出患者可以选择架在一定高度的单杠或横杆，双手抓住横杠（杆），踮起脚，把自己悬挂在上面，这种运动疗法每天进行 10 分钟左右。

（三）预防

站立姿势不良，特别是脊柱不正，会造成椎间盘受力不均匀，是造成椎间盘突（膨）出的隐伏根源，不利于预防腰椎病。正确的站立姿势应该是两眼平视，下颌稍内收，胸部挺起，腰部平直，小腿微收，两腿直立，两足距离约与骨盆宽度相同，这样整个骨盆就会向前倾，使全身重力均匀地从脊柱、骨盆传向下肢，再由两下肢传至足，成为真正的“脚踏实地”。此时，人体的重力线正好通过腰椎椎体或椎间盘后部，可有效地防止髓核突出。

劳动时应采取的站立体位是：膝关节微屈，臀大肌轻轻收缩，自然收缩腹肌，这样可使骨盆轻微后倾，腰椎轻度变直，减少腰骶角的角度，增加脊柱支撑力，减轻椎间盘的负担，起到预防腰椎病的积极作用。

长时间一个姿势站立是不可能的，可以改为“稍息”的姿势，即一侧脚向前跨半步，让体重放在一侧下肢上，而使另一侧下肢稍加休息，两侧交替。站立不应太久，应适当进行原地活动，尤其是腰背部活动，以解除腰背肌肉疲劳。一旦发现不良站立姿势应及时纠正，良好的站立姿势可在一定程度上避免髓核再次突出，从而有效预防腰椎病。

第四节　站姿礼仪及形体训练

站姿是人静态的造型动作，优美、典雅的站姿是发展人的不同动态美的基础和起点。优美的站姿能显示个人的自信，衬托出好的气质和风度，并给人留下美好的印象。

一、站姿的基本要领

（一）基本要领

（1）头正，双目平视，嘴唇微闭，下颌微收，面部平和自然。

（2）双肩放松，稍向下沉，身体有向上的感觉，呼吸自然。

（3）躯干挺直，收腹，挺胸，立腰，脊柱、胸略向前上方提起。

（4）双臂放松，自然下垂于体侧，手指自然弯曲。

（5）双腿并拢立直，腿部肌肉收紧，髋部上提。

（6）膝、两脚跟靠紧，脚尖分开呈45度至60度，身体重心放在两脚中间（图8-2）。

女士基本站姿

男士基本站姿

图8-2　基本站姿

（二）手位的选择

站立时，双手可采取以下几种手位（图8-3）：

（1）双手置于身体两侧。

（2）右手搭在左手上叠放于体前。

（3）双手叠放于体后。

（4）一手放于体前，一手背在体后。

双手置于身体两侧

右手搭在左手上叠放于体前

双手叠放于体后

图8-3　站立时的手位

（三）站位的选择

站立时，双脚可采取以下几种脚位：

（1）“八”字步。

（2）双脚开立，不超过肩宽。

（3）小“丁”字步。

二、几种不同场合的站姿

（一）正式场合

（1）肃立：身体直立，双手置于身体两侧，双腿自然并拢，脚跟靠紧，脚掌分开呈“八”字形。

（2）直立：身体直立，双臂下垂置于腹部。女性将右手搭握在左手四指，四指前后不要露出，两脚可平行靠紧，也可前后略微错开；男性左手握住右手腕，贴住臂部，两脚平行开立，略窄于肩宽。

（二）非正式场合

（1）车上的站姿：在晃动的车（或其他交通工具）上，可将双脚略分开，以求保持平衡，但开合度不要超过肩宽；重心放在全脚掌，膝部不要弯曲，稍向后挺，即使低头看书，也不要弯腰驼背。

（2）等人或与人交谈时的站姿：可采取一种比较轻松的姿势。脚或前后交叉，或左右开立，肩、臂不要用力，尽量放松，可自由摆放，头部须自然直视前方，使脊背能够挺直。采用此姿势，重心不要频繁转移。

（3）接待员式站姿：腿形呈“O”形的人，即使脚后跟靠在一起，膝部也无法合拢，因此，可采用此种站姿：将右脚跟靠于左脚中部，使膝部重叠，这样可以使腿看来较为修长。手臂可采用前搭或后搭的摆法。拍照或短时间站立谈话时，都可采用此种站姿。

三、训练方法

（一）辅助练习

（1）提踵。脚跟提起，头向上顶，身体有被拉长的感觉，注意保持姿态稳定，练习平衡感。

（2）两人一组，背靠背站立。脚跟、脚肚、臀部、双肩和后脑勺贴紧。此练习可训练站立时的挺拔感，为加强效果可在五个触点夹上夹板。

（3）背靠墙练习。把身体背靠着墙，使后脑、肩、腰、臀部及足跟均能与墙壁靠紧。

（4）镜面训练。注意观看站姿是否符合基本标准。

（二）站姿注意事项

（1）站立时，切忌东倒西歪、无精打采，懒散地倚靠在墙、桌子上。

（2）不要低着头、歪着脖子、含胸、端肩、驼背。

（3）不要将身体的重心明显地移到一侧，只用一条腿支撑着身体。

（4）身体不要下意识地做小动作。

（5）在正式场合，不要将手叉在裤袋里面，切忌双手交叉抱在胸前，或是双手叉腰。

（6）男子双脚左右开立时，注意两脚之间的距离不可过大，不要挺腹翘臀。

（7）不要两腿交叉站立。

思考题

一、填空题

1. 工作中长时间保持站立不动，会令（　　）欠佳，导致（　　），甚至导致（　　）。
2. 提高学生一般身体素质的主要练习方法有（　　）、（　　）、（　　）、（　　）、（　　）、（　　）。
3. 长时间保持一个姿势站立是不可能的，可以改为（　　）的姿势，即一侧脚向前（　　），让（　　）放在一侧下肢上，而使另一侧下肢稍加（　　），两侧交替。

二、简答题

1. 腰腹肌的锻炼方法有哪些？
2. 腰椎病的运动疗法有哪些？

三、论述题

试论站姿类职业生理负荷特征。

第九章

职业病的预防与治疗

学习目标

1. 了解职业病的定义。
2. 掌握简单的预防职业病的方法。

第一节 职业病概述

一、职业病的定义

职业病是指企业、事业单位和个体经济组织的劳动者在职业活动中，因接触粉尘、放射性物质和其他有毒、有害物质等而引起的疾病。各国对职业病的预防都有一定的规定，一般来说在法律规定范围内被指定的疾病可以称作职业病。

二、职业病的特点

中国职业病呈现如下五大特点：

（1）受到职业病危害的人数多，患病者数量大。

（2）职业病危害分布行业广，中小企业危害严重。

（3）职业病危害流动性大、危害转移严重。

（4）职业病具有隐匿性、迟发性特点，危害往往被忽视。

（5）职业病危害造成的经济损失巨大，影响长远。

三、职业病的分类

按照2011年12月31日施行的《中华人民共和国职业病防治法》关于职业病的规定，职业病包括十大类，分别是：

（1）尘肺。有硅肺、煤工尘肺等。

（2）职业性放射病。除外照射急性放射病外，照射亚急性放射病、外照射慢性放射病、内照射放射病等。

（3）职业中毒。有铅及其化合物中毒、汞及其化合物中毒等。

（4）物理因素职业病。有中暑、减压病等。

（5）生物因素所致职业病。有炭疽、森林脑炎等。

（6）职业性皮肤病。有接触性皮炎、光敏性皮炎等。

（7）职业性眼病。有化学性眼部烧伤、电光性眼炎等。

（8）职业性耳鼻喉疾病。有噪声聋、铬鼻病等。

（9）职业性肿瘤。有石棉所致肺癌、间皮癌，联苯胺所致膀胱癌等。

（10）其他职业病。有职业性哮喘、金属烟热等。

职业病的诊断，应由省级以上人民政府卫生行政部门批准的医疗卫生机构承担。

四、职业病与职业诱发的病症

很多人有一个常见的思想误区，认为凡是由职业诱发的病症都属于职业病的范畴，其实不然。严格来说，狭义的职业病是法律规定且由用人单位进行经济赔偿的职业病。也就是说：①职业因素是该病发生和发展的诸多原因之一，但不是唯一的直接病因；②职业因素影响了健康，从而促使潜在的疾病显露或加重已有的疾病病情；③通过改善工作条件，可使所患疾病得到控制或缓解。因此，在职业卫生工作中，应将该类疾病列为控制和预防的重要内容，保护和促进职业人群的身体健康。

而广义的职业病包括许多因职业诱发的病症。常见的与职业有关的疾病有：

（1）行为（精神）和身心的疾病，如精神焦虑、忧郁、神经衰弱综合征，多因工作繁重、夜班工作、饮食失调、过量饮酒、吸烟等因素引起。有时由于对某一职业危害因素产生恐惧心理而致精神紧张、脏器功能失调。

（2）慢性非特异性呼吸道疾患，包括慢性支气管炎、肺气肿和支气管哮喘等，是多因素的疾病。吸烟、空气污染、呼吸道反复感染常是主要病因。即使空气污染在卫生标准限值以下，患者仍可发生较重的慢性非特异性呼吸道疾患。其他如高血压、消化性溃疡、腰背痛等疾患，也常与某些工作有关。

第二节 高职院校学生的职业病概述

本节所说的高职院校学生的职业病主要是指广义的职业病，对于即将步入职场的高职学生来说，新的工作环境给莘莘学子带来了无限的憧憬与激情。面对职场，除了基本的知识储备，更需要的是一个强健的内心和一个健康的身体。然而面对职场的压力，人们往往忽视了运动可以强身健体，面对市场的竞争，人们已经把运动的时间压榨到所剩无几。在这个亚健康的时代，职业病横行于世，几十年的工作经历可以毁掉你健康的身躯，步入老年，一身疾病。为了将来，让我们从现在开始告别职业病。

越来越多的人认识到长期处于不利的工作姿态，使得身体开始出现了种种病症的预兆。现代人群中有以下几种常见职业病。

一、鼠标手

这主要是因为人们对手上的屈伸肌肉使用不平衡，经常使用屈肌，使伸肌功能退缩。

二、电脑腰

长期从事静力性坐姿劳动，会引起腰背和下肢肌群的负担加重，促使肌力失调，形成脊柱变态，呈弯曲畸形。同时下肢静脉管腔壁弹性减退、变硬，静脉瓣萎缩、硬化，诱发血管弯曲的静脉曲张，容易引起直肠肛管静脉扩张，血液瘀积从而并发痔疮、肛门疼痛、血便等症状。久坐也会使心脏工作量需求减少，引起心肌功能减退及血流减慢，为高血压、冠状动脉血栓等病症埋下隐患。

三、慢性腰腿痛

这主要是由腰椎骨关节退行性变化和腰肌的慢性劳损以及肌无力等引起，应以腰、背和腿部肌肉锻炼为主，方式有太极拳、体操、散步、慢跑、门球以及退步行走。运动中不宜超量负重锻炼，以免引起新的损伤。

第三节　高职院校学生的职业病预防与治疗

对于上述常见的慢性病症，通过坚持正确的运动，是能够避免的。但是学生们常常抱怨“我真的没有时间去运动”“我喜欢运动，但真的没有时间”。可能在学生们生活、学习的场所确实没有羽毛球球场，没有球拍，没有跑道，仅有一个小小的隔间。即使这样，同样可以在较短的时间内有效地利用场地和空间去完成简单的运动。

一、一张椅子的功效

利用我们身边能固定的椅子，就可以对腰部、腹部、腿等进行有效的锻炼。其动作要领和主要步骤如下：

（1）用手抓住椅背，脚后跟不断地提起再放下，每次持续保持 5~10 分钟就能使骨骼肌得到锻炼，对小腿的塑形也很有帮助。

（2）双手握住椅子的把手，使其可以支撑身体，将双脚并拢尽量地平伸向上抬起，这样可以锻炼腹肌和大腿，使身材更加完美。通过对腹肌有效的锻炼可以起到对腹部器官的保护作用。

（3）双手抓住椅背，单脚后踢，左右脚轮换，反复几十次，对腰部的锻炼有十分显著的疗效，能避免腰椎疾病的出现。

（4）站直后双手抓住椅背，身体挺直，仰头看天花板，保持望月似的动作。身体呈反向弯曲，对脊椎是很好的保健，对颈椎更能起到锻炼的作用。

二、小空间也有大功能

运动不一定非要去球场和跑道，巧妙利用学习和办公区域的有限空间，也能达到锻炼的目的。以下是关于小空间全身锻炼的建议：

（1）手的锻炼。双手平放在桌子上，手掌不动，手指离开桌面向上抬，反复坚持1~2分钟，会感觉手部肌肉舒服了很多。另外转笔也是预防鼠标手的好办法，正反360度，不但能让你成为一个“杂技高手”，还能让你的手指更加灵活。

（2）手臂和胸肌锻炼。在地面够宽的前提下，利用凳子做斜卧撑，锻炼手臂肌肉和胸肌。斜卧撑可以有效增强胸部、上臂后部、背部及腰腹部的肌肉质量，塑造体形，还可预防和治疗乳腺增生等乳房病问题。

（3）颈椎锻炼。在地面上做手臂平举，然后再向上举起、放下，姿势类似于飞翔，来回做100次左右，就能达到锻炼的效果。每次锻炼的时候，都能感觉到颈椎附近肌肉的紧张和松弛，能缓解颈椎疲劳。

三、其他运动处方

其他运动处方包括针对所有人的有效运动处方和针对长时间静坐的人的有效运动处方，系统地根据处方完成运动要求，可以对职业病起到预防作用。

—知识链接—

简单有效的背部肌肉力量的强化训练方法

●搭桥

仰卧，双腿屈曲，双脚平放床上，腰部用力使身体离开床面。尽量抬起身体保持平衡。保持5~30秒为1次，10次为1组。每天2~3组。随着腰背部肌肉力量的增强，可以变成五点支撑，即仰卧位，头、双肘、双足贴着床，腹部前凸，维持5秒以上放下，肌力更强则三点支撑，即仰卧位，双手抱头，头和双足跟支撑，抬起腹部。

●飞燕

俯卧床上，手背后，双腿并拢，腰部用力，使头及腿远离床面，于最用力位置保持至力竭为1次，5~10次为1组，2~3组/天。

●屈腿仰卧起坐

仰卧，双腿屈髋屈膝，双脚平踩于床面，上身抬起，使肩胛骨离开床面。上身抬起不可过高，以免增加腰椎负荷。保持至力竭为 1 次，间歇 5 秒。5~10 次 / 组，2~3 组 / 天。

●空中蹬自行车

平卧，双腿抬起，在空中模拟骑自行车动作，动作要缓慢而用力，一般练习 20~30 次 / 组，2~4 组 / 天。

●俯卧四点支撑

俯卧于床上，手背后，双腿并拢，腰部用力，使头及腿远离床面，于最用力位置保持至力竭为 1 次，5~10 次为 1 组，2~3 组 / 天。

思考题

一、填空题

1. 职业病有五大特点，分别是（　　）、（　　）、（　　）、（　　）、（　　）。
2. 职业病包括（　　）大类。
3. 针对所有人的有效运动处方有（　　）、（　　）、（　　）。

二、简答题

1. 职业病与职业诱发的病症有什么区别？
2. 针对长时间静坐的有效运动处方有哪些？

三、论述题

请谈谈你对职业病预防的看法。

第三编

实践篇

第十章

田径运动

学习目标

1. 带你了解田径运动。

2. 跟我学田径基本技术。

3. 掌握田径竞赛规则。

第一节 带你了解田径运动

一、田径运动的起源与发展

田径运动是在人类基本运动形式的基础上产生，在人类对它的不断认识中发展起来的。田径运动与人类活动基本技能密不可分，对它进行精确的界定很困难，从不同角度会有不同的认识，重要的是应掌握田径运动的实质。田径运动不仅包含以增强体质、提高身体素质、提高健康水平和培养意志品质为目的的社会体育和学校体育，还包含竞技体育。

二、田径运动的特点

田径运动除具有一般体育项目的特点外，它还具有其他明显的特点。

1. 广泛的群众性

因其针对性强、可选择余地大、受条件限制因素小、可参与性强等原因，田径运动在学校体育和社会体育中都是最普及、参与人数最多的运动项目。

2. 激烈的竞争性

田径运动竞赛是能力、技术和心理的较量，特别在高水平的比赛中更为显著，运动员的成绩越来越接近，你追我赶，相持不下，经常以微弱之差决定胜负。田径运动竞赛在较量的过程中始终贯穿激烈的气氛。

3. 严格的技术性

田径运动的项目有周期性和非周期性两种，就各项技术而言，不同于其他一些对抗性项目。它体现的技术相对稳定，要想创造更好的成绩，必须依靠先进合理的适合自己身体素质特点的技术。因此，田径训练中的技术训练内容始终贯穿运动员的培养过程，只有不断地细化个人技术，才能在任何场合表现出自己的最高水平。

4. 能力的多样性

田径运动的基本动作形式为走、跑、跳、投，每个项目都有自身的特点，突出地反映某一方面的能力，运动员训练一般围绕一个专项。较全面地参加多个田径项目，可使人的运动能力得到全面提高。

知识链接

刘翔的故事

刘翔是中国田径史上，也是亚洲田径史上第一个集奥运会、室内室外世锦赛、国际田联大奖赛总决赛冠军于一身的运动员。刻苦训练的他获得了出色的成绩，在2004年雅典奥运会男子110米栏项目中，他以12秒91的成绩追平了由英国选手科林·杰克逊创造的世界纪录夺冠。2006年瑞士洛桑田径超级大奖赛男子110米栏项目，他以12秒88的成绩打破了沉寂13年的世界纪录夺冠。2007年世界田径锦标赛获得男子110米栏冠军。2012年国际田联钻石联赛尤金站男子110米栏，他以12秒87的成绩夺冠。2012年6月，他在世界110米栏排名第一，时隔五年后重登榜首。

长期的高强度训练让刘翔身体承受了巨大压力，时有伤病出现，但他都战胜了伤病并出现在赛场上，十多年一直处于顶尖高手的行列，这本身就十分不易。2008年北京奥运会刘翔伤退，但之后他经过恢复后排名回到世界第一，在伦敦奥运会男子110米栏预赛中，刘翔在攻第一个栏时直接打栏摔倒在地，但他没有放弃比赛，最终单腿跳过终点，他的表现令亿万国人感动。

三、田径运动分类

根据国际田径联合会章程第一条，田径运动定义为：田径运动是田赛和径赛、公路赛、竞走和越野赛组成的运动项目。世界现代田径运动的分类不同，多数将田径运动分为径赛、田赛和全能三大类，或分为跑、跳、投、竞走和全能五大类。我国通常将田径运动分为径赛、田赛和全能三大类。

四、新时代学校田径运动的开展

田径运动是学校体育的基石和载体，是实现立德树人根本任务、提升学生综合素质的基础性工程，是加快推进教育现代化、建设教育强国和体育强国的重要工作，对于弘扬社会主义核心价值观，培养学生爱国主义、集体主义、社会主义精神和奋发向上、顽强拼搏的意志品质，实现以体育智、以体育心具有独特功能。

（1）培养目标的转变。要树立健康第一的教育理念，推动高职学生文化学习和体育锻炼协调发展，加强学校体育工作，特别是完善田径运动赛事体系，利用体教融合改革与发展进入到新的发展时期，以学生为本、以体育活动和赛事为主体、以学生的学和练为核心、以健康为目的的体育发展理念赋予了学校体育改革新的发展特征。

（2）教育方式的转变。以学生为本、以体育活动和赛事为主体；以学生的学和练为核心、以健康为目的的体育发展理念赋予了学校体育改革新的发展特征。这种改革不仅体现了以教师的教为核心转变为以学生的学为核心，还体现了对学生体育基本权利的普遍追求和充分尊重。

（3）评价体系的改变。学校建立日常参与、体质监测和专项运动技能测试相结合的考查机制，将达到国家学生体质健康标准要求作为教育教学考核的重要内容。改进体育测试内容、方式和计分办法，使用体育素养评价结果的研究，加强学生综合素质评价档案使用，完善学生体质健康档案。

（4）教学效果的转化。学校要研究落实加强和改进新时代学校体育工作的具体措施，结合实际制定实施学校计划，形成“一校一品”“一校多品”的学校体育发展新局面。

（5）社会责任的变化。高职学院要深化体教融合，健全协同育人机制，为学生纵向升学和横向进入专业运动队、职业体育俱乐部打通通道，建立完善家庭、学校、政府、社会共同关心支持学生全面健康成长的激励机制。要研究落实加强和改进新时代学校体育工作的具体措施，加强宣传，凝聚共识，营造全社会共同促进学校体育发展的良好社会氛围。

第二节　跟我学田径

一、短跑

短跑比赛项目一般包括 60 米、100 米、200 米、400 米跑，属极限强度运动。短跑主要是发展速度、力量、柔韧性与灵敏性等身体素质。

（一）基本技术

短跑技术按技术动作的变化可分为起跑、起跑后的加速跑、途中跑和终点跑。其中 200 米、400 米跑还要掌握弯道技术。

1. 起跑

起跑的任务是快速反应，让身体迅速从静止中脱离，为起跑后的加速跑创造最有利的条件。

起跑过程包括“各就位”“预备”和“鸣枪”3 个阶段。

（1）各就位：听到口令后，运动员在起跑器前俯身，两手撑地，两脚依次蹬在前后起跑器的脚墩上。

（2）预备：这阶段逐渐抬起臀部，臀部稍高于肩，同时使身体重心向前上方移动。

（3）鸣枪：两手迅速推离地面，屈肘有力地前后摆臂，同时两腿用力蹬离起跑器。

2. 起跑后的加速跑

起跑后的加速跑是从蹬离起跑器到途中跑开始的一个跑段，一般 30 米左右。它使运动员尽快地在最短的距离内发挥出最快的速度。

起跑后加速跑时，身体处于较大前倾姿势，为了不使身体重心向前摔倒，要继续加速，两臂要积极摆动，以两臂的摆动带动腿积极地进行蹬地动作，保持身体重心的平衡。第一步的着地应尽量靠近身体重心投影点，脚着地后快速转入后蹬（图 10–1）。随着步长和跑速的增加逐渐减小身体的前倾度，最后接近途中跑姿势。

图 10–1 起跑后的加速跑

3. 途中跑

途中跑的任务是继续发挥起跑后加速跑所获得的最快速度，并保持最快速度跑完全程。

动作要领：摆腿送髋积极、蹬伸充分、摆臂有力、扒地积极、前脚掌接触地面时间短，快跑、放松、协调好（图 10–2）。

图 10–2 途中跑

4. 终点跑

终点跑是全程跑的最后一段，应保持途中跑相对高速通过终点。

动作要领：要求运动员在离终点线前一步时上体急速前倾，双手后摆，用胸或肩部撞终点线（图 10–3），通过终点后逐渐减速。

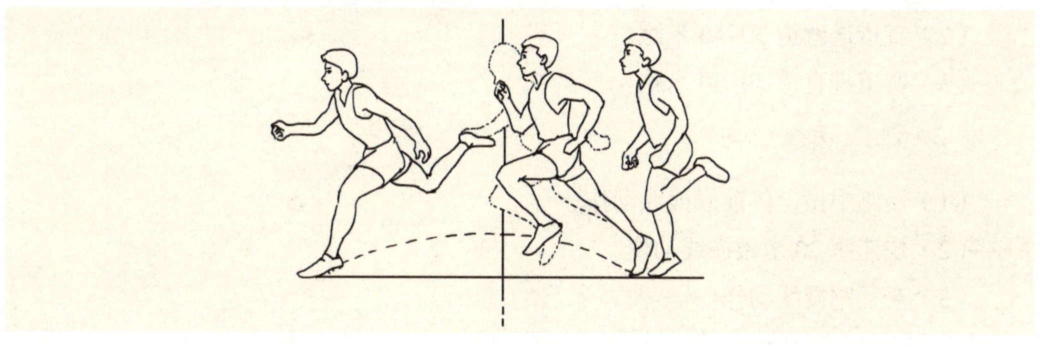

图 10–3 终点跑

5. 弯道技术跑

200 米和 400 米跑时，有一半以上的距离是在弯道上完成的。为了适应弯道，技术上就应有相应的变化。

（1）弯道起跑器的安装方法。与直道相比，起跑器的安放位置有所不同。起跑器应安放在弯道外沿，对准弯道切点方向的地方，这样可以跑几步直线再转入弯道，得到初速度最大化。

（2）弯道跑技术。弯道跑时，身体应向圆心方向倾，加大右侧腿和手臂的摆动力量和幅度。后蹬时，右腿用前脚掌内侧、左脚用前脚掌外侧蹬地。弯道跑的蹬地与摆动方向及身体都应向圆心方向倾斜。

（二）练习方法

短跑技术练习要自始至终强调放松、协调、富有弹性的大步幅技术。在掌握好途中跑技术的基础上，再进行起跑、起跑后加速跑、终点跑、全程跑的技术练习。

1. 途中跑练习

（1）中等速度 60~80 米匀速跑。目的在于培养跑的正确姿势和提高跑的能力。

（2）大步幅跑。体会腿前摆充分带动同侧髋前送技术。

（3）行进间 30~60 米跑。加快强度，提高速度，巩固正确技术。

2. 起跑和起跑后的加速跑练习

（1）安装起跑器。调试好起跑器位置，最大限度地发挥起跑器的作用。

（2）练习“各就位”“预备”动作，完善各阶段起跑姿势。

（3）蹲踞式起跑 20~30 米。

3. 弯道途中跑和弯道起跑练习

（1）完整弯道跑。体会弯道跑身体内倾角度，摆臂、摆腿幅度。

（2）直道进弯道 30~40 米跑。

（3）弯道进直道 30~40 米跑。

4. 终点跑技术练习

（1）慢跑中做上体前倾撞线动作。

（2）快速跑 30 米做撞线动作。

（3）全程跑撞线动作。

5. 全程跑技术练习

（1）60 米全程跑练习。

（2）150 米全程跑练习。

二、中长跑

中长跑分为中距离跑和长距离跑。中距离跑是对速度耐力要求较高的项目，长距离跑是对耐力要求较高的项目。

（一）基本动作技术

中长跑技术分为起跑和起跑后加速跑、途中跑和终点跑等主要技术环节。

1. 起跑和起跑后的加速跑

中长跑采用站立式起跑。运动员听到“各就位”口令后，从集合线轻松地走到起跑线后，两腿前后站立，重心放在前脚上，紧靠起跑线后沿。站立式起跑时手臂动作分为两臂一前一后或两臂在体前自然下垂（图 10–4）。颈部放松，整个身体保持稳定，注意听枪声。

图 10–4　站立式起跑

鸣枪后，两腿用力蹬地，两臂配合两腿的蹬摆做快速的前后摆动，让身体快速脱离静止状态向前跑出，过渡到起跑后的加速跑阶段。

2. 途中跑

途中跑是中长跑运动成绩好坏的主要环节（图 10–5）。途中跑技术包括以下几种。

（1）着地缓冲：主要任务是减小地面对人体的冲击力，尽量减少水平速度的损失，为尽快转入后蹬创造有利条件。

（2）后蹬与前摆：跑动中，两腿交替后蹬和前摆是途中跑的主要阶段。

（3）腾空：后蹬腿蹬离地面，人体进入腾空阶段。

（4）上体姿势和摆臂动作：途中跑中，上体应采用前倾姿势，摆臂以肩关节为轴轻松自然地摆动。

图 10–5　途中跑

3. 终点跑

终点跑也称为冲刺跑，是全程跑的最后阶段。终点跑的距离根据项目、训练水平、个人特点及比赛具体情况而定。一般 800 米可在最后 300~200 米、1 500 米在最后 400~300 米、3 000 米以上可在最后 400 米或稍长的距离开始加快节奏冲刺跑。

（二）中长跑呼吸技术

中长跑中，为了提高机体在高强度下的摄氧量需求，应注意呼吸的节奏。呼吸节奏取决于运动员自身的特点和跑的速度。一般跑两步或三步呼一口气，跑两步或三步吸一口气。随着跑速的加快，呼吸频率也相应加快。在强度大、竞争激烈的比赛中，应采用半张口与鼻同时呼吸来最大限度地满足机体对摄氧量的需求。

（三）练习方法

（1）反复跑。提高耐力强度，加强适应性和体质。

（2）变速跑。提高耐力的同时，也要发展速度耐力。

（3）越野跑。提高耐力及呼吸节奏的控制。

三、跳远

（一）基本技术

跳远技术由助跑、起跳、空中动作和落地四个部分组成。正确地完成跳远的各阶段动作，以及把各阶段动作有机地结合起来，是完善跳远技术的关键。

1. 助跑

助跑的任务是在获得较高的水平速度的同时，为准确、快速有力地踏板和起跳创造条件。

跳远成绩的好坏与助跑速度有着紧密的关系。要获得较高的助跑速度，必然要有相应的助跑距离。助跑中一般设置两个醒目的标志：第一标志设在起跑点，第二标志设在最后 6~8 步起跳脚着地处。

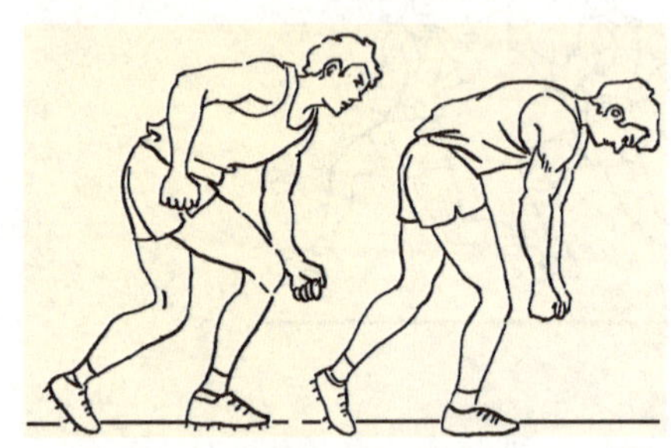

图 10–6　助跑开始姿势

（1）助跑的开始姿势：一种是从静止状态开始，类似“站立式”起跑姿势，两脚可前后或左右开立，从静止状态开始助跑，第一步的步幅和速度要力求稳定，这有利于步点的正确性（图 10–6）。另一种是从行进间开始，先走或慢跑几步踏上起点，而后开始加速跑。

（2）助跑的加速方法：一种是积极加速，从助跑一开始就用力跑，步频快，用逐步增加步长提高速度。用这种方法可较快取得高速度，助跑距离较短。另一种是逐步加速的方法，与一般加速跑相似，开始步频较慢，在逐步加大步长的同时提高步频。它的加速时间较长，加速过程比较均匀，助跑距离较长。采用何种方法助跑，可根据个人习惯而定。但不论采用哪种方法，都要在起跳前获得高速度，这有助于正确踏板和起跳。

（3）助跑距离的丈量与调整。助跑速度的快慢是获得优良成绩的关键之一，同时与踏跳时的腾空速度密切相关。优秀运动员起跳前的速度可达到每秒 10~10.7 米。男子助跑的距离一般为 35~45 米，跑 18~22 步；女子助跑的距离一般为 30~35 米，跑 16~18 步。一般大学生身体素质和踏跳较差，因此，助跑距离和步数应视个人情况适当减少。

丈量步点采用从踏板开始反方向跑的方法，在跑至一定步数时踏跳跃起，踏跳点就是助跑起点，然后向沙坑方向助跑，调整步点。

2. 起跳

起跳的任务是充分利用助跑产生的速度，尽可能地获得腾起的初速度和适宜的腾起角度向空中腾起。起跳过程可分为起跳脚着地、缓冲和蹬伸 3 个阶段（图 10–7）。

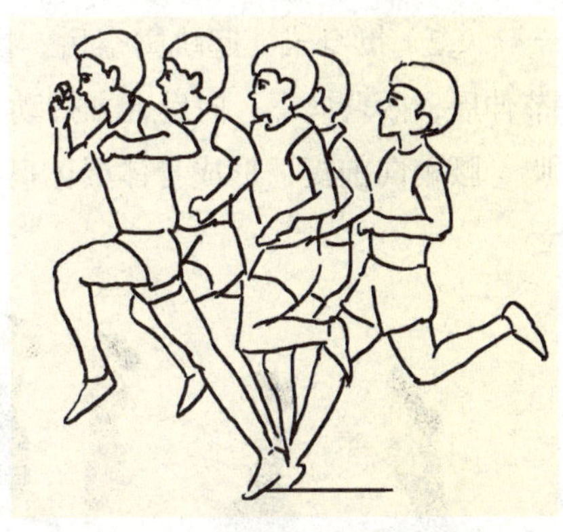
图 10–7 起跳

（1）起跳脚着地。起跳是在高速助跑的情况下完成的，助跑最后一步就准备起跳，为了加快起跳速度，起跳腿的大腿在前摆时抬得比短跑时低些，要积极下压，几乎是伸直腿采用像跑时那样的扒地动作快速着板，着地时起跳脚脚跟与脚掌几乎同时触及地面。起跳脚着地时，起跳腿与地面的夹角为 65 度至 70 度。起跳脚的着地点在身体重心投影前 30~40 厘米的地方。太远，会产生制动，那样虽然能获得较大的腾起角和跳跃高度，但损失水平速度较高；过近，会缩短起跳蹬地用力的距离，减少作用力的时间，降低腾空高度，影响起跳的效果。

（2）缓冲。缓冲能减缓起跳的制动性，减少助跑速度的损失，积极前移身体，为快速有力地蹬伸创造条件。

（3）蹬伸。蹬伸动作在身体重心到达支撑点上方时开始进行。此时，两眼正视前方，上体保持直立，提肩、拔腰，同时下肢快速蹬伸，髋、踝、膝三个关节充分伸直，身体向前上方腾起。腾起角为 10 度至 24 度。

3. 腾空

跳远时的腾空动作是为了维持身体的平衡，从而推迟落地时间，并为落地创造有利的条件。腾空初期的姿势一般称为“腾空步”。“腾空步”后空中动作有 3 种：蹲踞式、挺身式和走步式。

（1）蹲踞式。起跳腾空后，上体保持正直，摆动腿高抬大腿，两臂向前挥臂，起跳腿开始向前上方提举，逐渐与摆动腿靠拢，形成空中蹲踞姿势（图 10–8）。

图 10–8 蹲踞式

（2）挺身式。起跳腾空后，摆动腿积极下放，小腿由前向后下呈弧形摆动，髋关节伸展，两臂向下、向后上方摆动，此时起跳腿与向后摆动的摆动腿靠拢，臀部前移，胸、腰稍向前挺，形成身体展体挺身姿势（图 10–9）。

图 10–9 挺身式

（3）走步式。起跳腾空后，下放摆动腿的同时，起跳腿屈膝向上方摆起，这时，身体重心达到最高点，完成空中换步的动作，形成另一个腾空步。摆动腿屈膝前提，并与起跳腿靠拢，前送小腿准备落地，同时，双臂协同配合做绕环动作或前后摆动。

4. 落地

正确的落地动作，有利于提高跳远成绩。落地动作可分解为 3 部分：

（1）着地前两腿屈膝高抬，膝关节向胸部靠拢，上体不要过于前倾。

（2）即将着地时膝关节迅速伸直，使小腿前伸，以脚跟先触及地面。

（3）在脚跟触及地面的一刹那，立即屈膝或迅速挺腹，使身体重心迅速移过落点。

（二）练习方法

1. 助跑踏板及起跳技术练习

（1）用 16~18 步助跑，助跑动作放松，有一定的助跑节奏，最后几步动作加快，起跳脚积极主动下压起跳板。

（2）在跑道上连续做 3 步助跑起跳练习。

（3）助跑起跳越过障碍。

2. 腾空和落地技术练习

（1）学习蹲踞式空中动作。

（2）学习挺身式空中动作。

（3）学习走步式空中动作。

3. 跳远完整技术练习

（1）确定助跑距离、步数和标志物位置，进行全程助跑上板练习。

（2）全程助跑跳远练习。

（3）采用起跳板完善个人空中腾空技术。

四、推铅球

（一）基本技术

推铅球是力量与速度相结合的运动项目，影响推铅球距离远近的三个基本因素为初速度、出手角度和出手高度。推铅球技术主要有两种：背向滑步推铅球和背向旋转推铅球。

完整的背向滑步推铅球技术可分为握球和持球、滑步前的预备姿势、滑步、最后用力与维持身体平衡 4 个部分。

1. 握、持球技术

（1）握球方法：五指自然张开，把球放在食指、中指和无名指的指根上，大拇指和小拇指扶在球的两侧。

（2）持球方法：握好球后，放置于锁骨窝处，头部稍向右靠，用颈部和下颌贴紧铅球，右手抵球，肘部稍外展，完成持球动作。

2. 滑步前的预备姿势

预备姿势大体分为高姿和低姿两种。大多数人采用高姿预备姿势，即握持好球后，背对投掷方向，两脚前后开立，右脚在前，脚尖贴近投掷圈的后沿。左脚自然弯曲，脚掌内侧着地，重心落在右脚上；上体稍前倾，左腿向上方抬起，左臂自然下垂。然后右腿弯曲，左腿回收，形成团身姿势。

3. 滑步

滑步的目的是让铅球获得一定的水平速度，并为最后用力创造好的条件。滑步开始时右脚蹬地，一般有两种方法，一种是脚前掌蹬地，另一种是脚后跟蹬地。（图 10–10）。

图 10-10 滑步

4. 最后用力与维持身体平衡

最后用力与维持身体平衡是紧密连接的。当左脚着地的同时，开始最后用力。首先以髋部大肌群发力，右腿用力蹬地，髋部前移左转，同时左臂稍内旋经体前带领左肩前移，边抬、边转到投掷方向。右腿开始蹬转，两腿爆发式蹬伸，左肩制动，右肩充分前伸，抬肘、伸右臂最后用手指的力把球从肩上向前上方拨出，当铅球出手后，及时换步，降低重心，维持身体平衡。

（二）练习方法

1. 原地推铅球练习

（1）徒手原地推铅球练习。

（2）原地推铅球练习。

2. 侧向滑步推铅球练习

（1）徒手侧向滑步推铅球练习。

（2）持铅球侧向滑步练习。

3. 背向滑步推铅球练习

（1）徒手背向滑步推铅球练习。

（2）持铅球背向滑步练习。

第三节　田径比赛规则简介

一、径赛规则

径赛项目的比赛，是在径赛裁判长统一领导下由检录、发令、终点、计时、检查、宣告等小组密切配合，共同协作下进行工作的。

（一）检录小组的工作

检录小组的主要工作：根据大会径赛秩序册规定的时间，在每个径赛项目比赛前准时召集运动员点名并将其带进比赛场地，为比赛做准备。

（二）发令小组的工作

发令小组的主要工作：根据竞赛秩序册规定的各项比赛时间，组织运动员准时进行比赛。

（三）终点工作

终点裁判的主要工作是准确地判断运动员到达终点的名次和负责 1 500 米以上距离的记圈工作。

（四）终点记录工作

终点记录工作的主要任务是在径赛项目结束后，迅速、准确地核对成绩记录卡片和终点名次表，由径赛裁判长审查签字，交宣告员广播。

（五）计时工作

计时裁判员的主要任务是准确、迅速地记取运动员的比赛成绩。计时的方法有人工计时和全自动电子计时两种。

（六）检查工作

检查裁判员的主要工作是赛前检查径赛场地设备情况，赛中检查运动员有无犯规情况。

（七）宣告工作

宣告员的主要工作：宣告参加比赛的运动员姓名、号码，以及所有有关信息，如分组名单、抽签排定的道次或站位和比赛时间等。宣告员收到交来的每项成绩后应尽快宣告。

二、田赛规则及裁判法

田赛项目的比赛是在田赛裁判长领导下由跳部和投掷部裁判分别执行工作。

（一）跳部项目的裁判工作

根据比赛需要，跳部项目又分为高度和远度两个裁判组。

1. 高度项目（跳高、撑杆跳高）

比赛规则：①跳高运动员必须用单脚起跳。如出现下列情况之一者，应判为试跳失败：a. 试跳后，由于运动员的试跳动作，致使横竿未能留在横竿托上。b. 在越过横竿之前，运动员身体的任何部位触及横竿后沿（靠近助跑道）垂直面以前的地面或落地区。如果运动员在试跳中一只脚触及落地区，而裁判员认为他并未从中获得利益，则不应因此判该次试跳失败。②撑竿跳高出现下列情况之一者，应判为试跳失败：a. 试跳后，由于运动员的试跳动作，致使横竿未能留在横竿托上。b. 在越过横竿之前，运动员的身体和所用撑竿的任何部位触及插斗前壁上沿垂直面以前的地面和落地区。c. 起跳离地后，将原来握在下方的手移握至上方的手以上或原来握在上方的手向上移握。d. 试跳时，运动员用手稳定横竿或将横竿放回。

2. 远度项目（跳远、三级跳远）

比赛规则：跳远比赛如出现下列情况，应判为试跳失败：①在未做起跳的助跑中或在跳跃中，运动员身体任何部位触及起跳线以前的地面。②从起跳板两端之外起跳，无论是否超过起跳线的延长线。③触及起跳线和落地区之间的地面。④在助跑或跳跃中采用任何空翻姿势。⑤在落地过程中触及落地区以外地面，而落地区外的触地点地区内的最近地点更靠近起跳线。⑥离开落地区时，运动员在落地区外地面的脚部第一触地点较落地区内最近触地点，包括在落地区内身体失去平衡而留下的任何痕迹更靠近起跳线。

三级跳远比赛：跳远的规则也适用于三级跳远，并增加下列内容：①三级跳远的三跳顺序是一次单足跳、一次跨步跳和一次跳跃。②单足跳时应用起跳腿落地，跨步跳时用另一条腿（摆动腿）落地，然后完成跳跃动作。运动员在跳跃中摆动腿触地不应视为试跳失败。

（二）掷部项目的裁判工作

（1）赛前，裁判组应与场地、器材组一起认真检查场地和器材，器材检查合格后做好标记，由器材组统一保管，未经检查或检查不合规定的器材禁止带入场内使用。比赛场上应插上该项目记录的标志旗。

（2）记录员按规定时间到检录处点名，检查号码、鞋钉等，并说明有关注意事项，带运动员入场，按顺序组织运动员进行 1~2 次试掷练习。

（3）比赛时的旗势。白旗上举——试掷成功；红旗上举——试掷失败。

（4）成绩测量。①在所有投掷项目中，记录测量距离的最小单位为 0.01 米，不足 0.01 米不计。②每次有效投掷后应立即进行成绩测量。取直线量至投掷弧内沿，测量线应通过投掷弧圆心。③破纪录时应立即丈量。丈量的成绩要认真校对，并由总裁判复核。④前三轮比赛结束后，记录员应仔细核对成绩，按成绩取 8 名或成绩与第 8 名相同者，参加后三轮比赛。如运动员人数只有 8 人或不足 8 人时，每人都可试掷 6 次。以 6 次试掷中最优秀的成绩排列名次。最后交田赛裁判长审核签字后，再送宣告员宣布。

练一练

1. 身体素质练习：力量、协调、柔韧等练习。
2. 起跑和起跑后的加速跑、途中跑、中长跑的呼吸。
3. 接力跑：起跑、传接棒的方法。
4. 跳远：助跑、起跳、腾空、落地。

赛一赛

1. 学生分为 a、b、c、d 四组进行 400 米接力比赛。
2. 在比赛前，了解比赛规则，田径比赛分为田赛、径赛、全能三大类，能在明确的规则指导下，感受田径赛场上的运动氛围。
3. 能够在田径的起跑、起跳等过程中，感受集体的重要性和配合性，加深对田径运动技能的掌握和理解。

思考题

一、填空题

1. 田径运动包括（　　）、（　　）、（　　）。

2.100 米接力跑传接棒方法一般有两种，分别是（　　）、（　　）。

3. 短跑的起跑过程包括（　　）、（　　）、（　　）。

二、简答题

1. 简述“极点”。

2. 径赛裁判由哪几个工作组组成？任务分别是什么？

三、论述题

结合跳高技术特点，阐述跳高比赛名次判定程序，以及如果出现 2 名或者 2 名以上运动员跳过同样的最后高度，应按怎样的程序决定名次。

第十一章

篮球运动

学习目标

1. 了解篮球运动的基本知识
2. 跟我学篮球技术及战术。
3. 掌握篮球比赛规则。

第一节　带你了解篮球运动

篮球运动是一项运动者以各种专门的技巧为手段，以主动控制空间为目标，以主动控住球为争夺焦点，以主动掌握时间与速度为保证，在空间、地面交叉展开立体型攻守的体育竞技运动和体育娱乐活动。

一、篮球运动的起源与发展

篮球运动是1891年由美国马萨诸塞州斯普林菲尔德市基督教青年会训练学校体育教师詹姆士·奈史密斯博士发明的。当时，由于在寒冷的冬季，人们缺乏可以在室内进行体育活动的球类竞赛项目，奈史密斯便从工人和儿童用球投向“桃子筐”的游戏中得到启发，设计将两只桃篮分别钉在健身房内两端看台的栏杆上，桃篮口水平向上，距地面10英尺（1英尺=0.304 8米，下同），以足球为比赛工具向篮内投掷，入篮得1分，按得分多少决定胜负。因为这项游戏最初使用的是桃篮和球，遂取名为篮球。

篮球运动诞生后，传播很快。1892年传入加拿大和墨西哥，1893年传入法国，1895年传入中国，1901年传入日本和波斯（今天的伊朗），1905年传入俄国。1904年美国青年会男子篮球队在第3届奥运会上进行了表演，此后，篮球运动逐步在全世界开展起来。

二、篮球运动的特点

1. 特殊的空间对抗规律特点

从运动竞技的特殊性而言，篮球运动有其自身的特殊高空性运动规律，并在此基础上从运动过程中显示出篮球的运动的制控特点。

2. 专项内容结构的多元性特点

篮球运动是历史的文化产物发展，至今已成为一项综合竞技艺术，因为篮球从比赛过程较其他球类复杂，技术动作繁多战术阵型多样。

3. 竞赛的多变性和综合性特点

现代篮球运动内容结构的多远性综合性，使他形成了自己独特的理论体系和技术战术系统，它已成为一门综合性的学科课程。

第二节　跟我学篮球技术及战术

掌握篮球的技术是打好篮球的关键，只有运用熟练的技术和灵活的战术，篮球比赛才会更加精彩、更具有吸引力。

一、篮球技术

篮球技术是球员在比赛中为攻守目的所运用的各种专门动作的总称，是球员在比赛中运用的主要手段。

（一）基本站立姿势

站立时脚平行或斜开立同肩宽，脚跟微微提起，两腿微屈，上体稍前倾重心在两腿中间，两臂微屈置于体侧或腹前，眼平视。两腿微屈，上体稍前倾，重心在两脚之间。

（二）移动

移动是在比赛中为了争取攻守主动所采用的各种脚步动作的总称。移动的基本目的就是攻守双方努力争取时间上、位置上和空间上的优势。

脚步动作

1. 跑

跑的种类很多，篮球场上的各种跑与通常的跑区别不大，关键是要随时注意场上的球、对手、队友等的情况变化，及时地出现在最需要、最合适的位置。

（1）变速跑。加速时，降低重心，身体前倾，两脚短促有力地连续蹬地，加快频率；减速时，用前脚掌抵地缓冲，上体直起，降低速度。

（2）变向跑。变向跑是指队员在跑的运动中突然改变方向来摆脱对手的方法。

2. 跳

跳主要指向各个方向的助跑及原地起跳等，与通常的跳跃不同的是：篮球场上需要有随时随地能向各个方向（前、后、左、右、垂直）跳起及连续跳跃的能力，并且这些起跳往往是在对手的干扰、对抗和破坏下完成的。

3. 急停

急停是队员在跑的动作中突然制动的一种方法。比赛中多与其他动作配合运用，急起急停摆脱对手。急停分为以下两种：

（1）跨步（两步）急停。（图 11–1）。

（2）跳步（一步）急停。（图 11–2）。

图 11–1　跨步（两步）急停　　图 11–2　跳步（一步）急停

4. 转身

转身是以一脚为中枢脚，另一脚向不同方向跨出后，使身体方向改变的一种转向方法。

（1）前转身。移动脚向中枢脚前的方向跨出，使身体位置和方向改变，叫前转身。

（2）后转身。

（三）传球

传球技术动作

传球是赛中进攻队员有目的地转移球的方法，是进攻队员之间相互联系和组织进攻的纽带，是实现战术配合的桥梁。

1. 双手胸前传球

传球前双臂微屈，双手持球放于胸前。传球时，后脚蹬地，重心前移，前臂迅速前伸，手胸翻转，拇指用力下压，手腕前屈，食指中指用力拨球并将球传出，球向后旋转。动作结束后，手掌姿势应是自然向外（图 11–3）。

2. 单手肩上传球

单手肩上传球，用力大，球飞行速度快，利于抢到篮板球后迅速组织快攻，手持球的后下方，利用蹬地扭腰、转肩动作，向前甩臂、扣腕将球传出（图 11–4）。

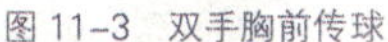

图 11–3 双手胸前传球

图 11–4 单手肩上传球

（四）接球

接球分单手接球和双手接球两种。各种接球都是由接球前准备、接球手法和接球后的姿势 3 个技术动作组成。无论何种接球，都要目视来球，观察判断来球的路线、力量、速度和落点。接球时，肩臂放松，手指分开，积极伸臂迎球。手指触球瞬间，手臂随球后引，缓冲来球力量，双手握球，身体护球，控制好身体平衡，避免球脱手，迅速和其他技术动作结合。

1. 双手接球

（1）双手接中部位的球。这是最基本的接球方法，眼视来球，两臂迎球伸出，两手手指自然张开。拇指呈“八”字形，其他手指向前上方，两手成一个半圆形。当手指触球时，两臂顺势屈肘以缓冲来球的冲击力，两手持球于胸腹前，成基本站立姿势。

（2）双手接高部位的球。这种接球方法与双手接中部位高度的球相同，但是要求两臂必须向前上方迎球伸出。

2. 单手接球

单手接球范围大，能接不同部位和方向的来球，有利于队员接球后的快速行动。接高部位、中部位、低部位球的动作方法基本相同，只是在接高部位的球时掌心向上。

（五）投篮

投篮是队员进攻的最终目的。队员不停地移动、变换个人技术和战术等都是为寻找一个投篮的机会，因此命中率就成为投篮得分的关键。投篮应注意自己的瞄准点、篮球飞行路线、全身的协调用力，掌握正确的投篮技术并熟练运用，是提高投篮命中率及得分的基础。

1. 原地单手投篮

原地投篮技术

图 11-5　原地单手投篮

这是基本的单手投篮方法。双脚原地开立，右脚稍息，身体重心落在两脚中间，屈肘，手腕后仰，掌心向上（手心空出），持球于右眼前上方，左手扶球的侧方，两膝稍屈，上体放松前眼睛瞄准篮点。投篮时下肢蹬伸手腕向前屈用指端拨球，最后用食指和中指柔和投出，自然跟进，注意动作保留（图 11-5）。

2. 行进间单手投篮

行进间投篮技术

这种投篮方法又称跑动中投篮(三步上篮)，一般快攻和切入篮下时运用。单手低手投篮是最基本的动作。球在空中或运球时，右脚向来球方向或投篮方向跨一大步，接球，然后左脚再跨出一小步，上体稍向后仰，同时用力蹬地起跳，右脚屈膝上提，左脚蹬离原地。同时，双手向上方举起球，腾空后右臂前伸投篮，两脚落地，两腿弯曲注意缓冲。左手上篮先出左腿，其他动作相同。高手投篮脚步动作相同，腾空后将投篮手举到最高点，手腕前屈，食、中指用力将球投出（图 11-6）。

图 11-6　行进间单手投篮

3. 跳起单手投篮

其出手动作和原地单手投篮基本一样，只是在动作中增加了起跳部分，投篮要在空中完成，又简称跳投。双手持球于胸腹之间，两脚前后或者左右开立，两膝微屈，重心落在两腿之间，眼睛注视篮圈。脚掌蹬地发力，提腹伸腰，迅速摆臂举球起跳，举球肩上或头上。当身体到最高点时出手，投篮动作与原地单手投篮相同。跳投在比赛中被运动员普遍采用，成为主要得分手段，因为它可以在不同距离、不同位置投篮得分，可以与运球急停、跨步、转身、后撤步等技术组合运用，摆脱对手的干扰，在空中可以后仰闪躲等（图 11–7）。

图 11–7 跳起单手投篮

（六）运球

运球是支配球、组织战术配合和突破对手的重要手段，也是大家喜欢练习的技术之一。要想熟练地掌握运球技术，必须注意身体姿势、手形、手按拍球的动作和球运行轨迹之间的协调，这样才能控制好球的反弹角度、高度和速度，做到得心应手。

1. 整个身体姿势

两膝保持适度的弯曲，上体稍微向前倾，头要灵活，注意场上的情况。

2. 上肢动作

以肩关节为轴，上臂发力，五指分开，用手指和指根部位及手掌的外缘接触球。要注意拍球的部位，拍不同的部位，球有不同的落点。同时，用力拍球的力量不同，球反弹的速度和高度也不同。运球时尽量延长手护球的时间，这样才能更好地做动作和控制球（图 11–8）。

图 11–8 运球动作

3. 下肢配合协调

运球移动时，运球速度要与身体移动速度一致，要注意身体重心与节奏的控制。手臂动作的变化要与脚步动作和身体动作的改变同步，注意整体的协调。运球的种类有很多，有高运球、低运球、急起急停运球、变速变向运球、背后运球、转身运球、胯下运球等，掌握更多、更熟练的运球动作，并进行交替变化，能使运球更具有攻击性和实效性。

（七）持球突破

持球突破是持球队员运用脚步动作和运球技术超越对手的一项攻击技术。在比赛中，掌握好突破时机，合理地运用突破技术，既能直接切入篮下得分，又能打乱对手的防守部署，创造更多的攻击机会，增加对手的犯规，给防守造成较大的威胁。

1. 交叉步突破

以右脚作为中枢脚为例。两脚左右开立，两膝微屈，身体重心降低，持球于胸腹之间，突破时，左脚向左前方跨出，假装向左侧突破，当对手重心向左偏移时，右脚前掌内侧迅速蹬地，上体向右转体探肩，左肩向下压，重心向右前方移动，左脚迅速向右侧前方跨入，同时将球移于右侧，推放球于左脚外侧，右脚用力蹬地向前跨出，迅速超越对手。

2. 顺步突入

以左脚作为中枢脚为例。准备姿势和突破前的动作要求与交叉步突破相同。突破时，假装投篮，当对手重心向前移时，右脚迅速向前方踏出一步，上体向右脚偏前，左脚前脚掌迅速蹬地，向前跨出运球，突破防守。

（八）防守对手

防守对手是防守队员合理运用脚步移动和手臂动作积极配合抢占有利位置、阻挠和破坏对手的进攻动作，并以争取控球权为目的的行动。防守时必须积极主动，认真负责，把防守姿势、位置站法、脚步移动、手臂动作，以及抢、打断球技术结合起来，加以合理运用，才能更好地完成防守任务。

防守对手有两种：对无球队员的防守和对有球队员的防守。

1. 防守无球队员

在比赛中防守无球队员时，往往由于注意球的推进、转移和威胁而放松自己防守的对手，造成对手摆脱空切和轻易接球，因而使自己处于被动。应该知道比赛的绝大部分时间里是防守不持球队员，对此必须给予充分的重视。

防守无球队员的基本方法有以下几种。

（1）位置的选择。防守时，位置的选择非常重要，正确、合理地站到有利位置，会使防守主动。就一般情况来说，防守队员应站在对手与球篮之间的内侧位置上，保持与对手有适当距离和角度，以便能按要求来行动。与对手的距离要根据对手与持球队员的距离而定，一般来讲离球近则近，离球远则远，以能控制对手为原则。

（2）积极地移动。防守时，要随时保持有利的防守位置，就必须有正确的准备姿势，以保证及时地移动。由于对手不断地向不同的方向移动，所以防守队员准备姿势的站法也要随之变换。一般在离球较近处防守时，经常采用面向人侧向球的站法，不让对手摆脱接球；在离球较远处防守时，经常采用侧向人面向球的站法，以便断球或进行协防配合。不论哪种站法，都应积极运用撤步、滑步、交叉步、碎步和快跑等脚步移动跟住对手，堵截其移动路线。为了及时起动，防守队员应以短小的步幅，不停地滑动，以便更快地移动阻挠对手，使他向不利的位置上转移。

（3）手臂的配合。在积极移动的同时，必须借助手臂的动作，扩大防守面积。手臂要随着移动配合做出伸手、挥摆、上举等动作，以便更有效地阻挠对手击球和争取断球。

2. 防守有球队员

进攻队员有球时对防守队员是有威胁的，因此，必须尽可能地去阻挠和影响他的各种进攻手段技术的运用。

防守有球队员的基本方法有以下几种。

（1）位置 = 距离的选择。当对手接球后，必须迅速调整位置和距离，在占据对手与球篮之间的有利位置基础上，还要与对手保持适当的距离。一般来讲，离篮远则远，离篮近则近，并根据对手的特点（善投、善突）战术偶尔要有所调整。

（2）防守的动作。由于球员的特点、意图以及与球篮的距离不同，所以防守有球队员时的动作也有所不同。一般防守有球队员有两种方法。①平步防守。两脚取平行站立的防守姿势，两臂侧伸，另一臂侧伸进行阻挠。这种防守方法便于前后移动，对防守投篮比较有利。②斜步防守。两脚取前后站立的防守姿势，一臂上伸，另一臂侧伸进行阻挠。这种防守方法便于前后移动，对防守投篮比较有利。不论采用哪种防守方法，都应积极移动，当对手运球或突破时，应阻截他的移动路线，迫使他运向边角，当对手做假动作时，不要受其引诱而失去身体平衡。

（3）合理地运用抢球、打球技术。在防守有球队员的过程中，始终要伺机抢、打对手的球，但要判断准确，动作迅速，注意保持身体平衡，避免犯规。

（九）抢球、打球、盖帽及断球

在比赛中成功地抢球、断球可以破坏对方进攻，鼓舞本队士气，而由守变攻，从而获得球权发动进攻。这几种方法是具有进攻性的防守动作，是从对方手中获得球的重要手段，要有准备地判断、迅速地移动、准确地出击，也要有同伴之间的密切配合，注意动作要突然，手部动作要正确，避免犯规。如果出击失败，没有断到球要马上恢复正确防守位置。

1. 抢球

抢球就是抢进攻队员手中的球。抢球时首先要接近对手，看准手持球的空隙下手，动作要突然。运用时，在接近对方后抓住队员注意力分散、转身、空中获球下落、运球停止的时机，下手握球，要迅速突然，快而准，双手抓住球猛力拉或转拖。

2. 打球

打球是打掉进攻队员手中的球。要把握住时机，根据对手持球部位的不同而从不同方向（由上向下、由下向上、侧面）快速伸出前臂，用腕、指的力量拍球，动作要突然、迅速、准确，打球有原地持球时的打球动作、运球的打球动作、上篮时的打球动作。

3. 盖帽

盖帽是防守投篮出手后的打球技术。在不同情况下可以采用按压式、上挑式、侧击式、封盖式进行拍打球。基本要领：身体重心降低，迅速移动，准确判断对手的起跳和投篮时间，及时起跳用前臂、手腕、手指打球，动作短促有力。

4. 断球

断球是在对方传球过程中球飞行时的抢获球。根据防守队员与对手之间的位置关系，分为横断球、纵断球和封端球。横断球和纵断球要注意迈出的步伐，蹬地要快而有力，用身体将接球对手挡在后面。封端球则要求手臂动作快速拦截，断球后要注意身体平衡，迅速转入下个动作，由守变攻。

二、篮球战术

篮球战术是篮球比赛中队员个人技术的合理运用，是全队队员相互协调配合的组织形式和方法，其目的是充分发挥本队的特长，制约对方，以争取比赛的胜利。

（一）攻防战术基本配合

战术基本配合是指两三人之间所组成的简单配合方法，是组成全队攻防战术的基础。

1. 传切配合

传切配合是进攻队员之间利用传球、切入等技术组成的简单配合。

2. 突分配合

突分配合是持球队员突破后，利用传球与同伴配合的方法。

3. 掩护配合

掩护配合是指进攻者以合理的行动，用身体挡住同伴防守的通路，为同伴摆脱防守，创造接球和投篮机会的一种配合方法。

4. 策应配合

策应配合是指进攻队员背对篮或正对篮接球，以他为枢纽，与同伴相配合而形成一种里应外合的配合方法（图 11–9）。

图 11–9　策应配合

（二）攻防战术的整体配合

1. 快攻与防守快攻

（1）快攻。快攻是由防守转入进攻时，以最快的速度、最短的时间，在人数上造成以多打少的优势，或在人数相等以及人数少于对方的情况下，乘对方立足未稳，果断而合理地进行的一种快速进攻战术。

长传快攻是队员在后场获球后，几个队员在快速奔跑过程中运用短而快的传接球，迅速推进中场迫近对方篮下进行攻击的一种配合。

快攻战术的结构分发动与接应、推进、结束三部分。①发动与接应 : 发动是快攻战术的前提，接应有固定接应和动机接应两种。②推进 : 是紧接第一传的配合，是快攻的桥梁。③结束 : 指快速攻击进行的前场最后完成攻击所运用的配合。

（2）防守快攻。防守快攻是在由攻转防的过程中，队员有组织地运用个人战术行动和几个人之间的协同配合，主动堵截对手，积极抢球、断球，破坏其快攻战术，控制对手进攻的速度，以达到稳定防守、迅速组织起各种不同形式的全队防守战术的目的。其方法和手段是：提高进攻成功率，积极拼抢前场篮板球，封堵快攻第一传和截断接应。

2. 半场人盯人防守与进攻半场人盯人防守

（1）半场人盯人防守。半场人盯人防守是在篮球比赛中由进攻转入防守时，全队有组织地迅速退回后场，在半场范围内进行盯人防守的一种全队战术。

基本要求：防守队应根据双方队员的身高、位置和技术水平，合理地进行防守分工，尽量与对手力量相当；由进攻转入防守时，要迅速退回后场，找到自己的对手，积极抢球、断球，夹击和防守；防守有球队员时要逼近对手，主动攻击球，积极封盖投篮，干扰传球。

（2）进攻半场人盯人防守。进攻半场人盯人防守是根据半场人盯人防守战术的特点，从每个队员的具体实际出发，综合运用传接球、投篮、运球、突破等个人技术动作，以及传切、掩护、策应等队员之间的战术基本配合，所组成的一种全队进攻战术。分为三个阶段：

第一阶段：准备阶段，即推进前场，快速落位，做好进攻部署阶段，避免中场停球。

第二阶段：发动阶段，即运用战术配合投篮攻击阶段，注意队形的合理变化。

第三阶段：结束阶段，即完成配合投篮攻击阶段，投篮后，有组织地争夺前场篮板球和调整位置，保持攻守平衡。

3. 区域联防与进攻区域联防

（1）区域联防。区域联防是指由进攻转入防守时，防守队员退回半场后，各按分工负责防守一定的区域，严密防守进入本区域的球和进攻队员，并与同伴协同防守，形成一定的队形，有机地组成集体防守战术。其特点是，位置较为固定，分工明确，有利于组织抢后场篮板球和发动快攻，但容易在局部区域被对方以多打少。

区域联防的常用形式有“2–1–2”“2–3”“3–2”等阵容。

战术要求：根据攻守双方的特点合理布置。一般是把快速灵活善于抢断的队员放在外防区，把身材高大、力量好、补防意识强、可控制篮板球的队员放在内线防区；5个队员要积极协同配合，以球为主，人球兼顾，有球紧、无球松，整体队形随球的转移而及时调整；要充分利用“关门”、夹击、补防等防守配合，严防背插、溜底线和突破等攻击性比较强的进攻配合。注意保护中锋。

（2）进攻区域联防。进攻区域联防是根据对方防守的队形和本队的特长所采用的进攻配合战术。

其常用形式有“1–2–2”“1–3–1”“2–1–2”“3–2”等。

战术要求：快攻是进攻区域联防的有效方法之一。进攻争取在对方尚未退回后场组织好防守队形之前，积极发动快攻；进攻队应针对防守队形，采用插空站位的进攻队形；

进攻时要利用各种配合声东击西、内外结合的攻击，借以打乱防守队形，创造投篮机会。要积极争抢前场篮板球并随时准备退守。

第三节　篮球比赛规则简介

篮球竞赛规则是篮球比赛的法则，是比赛中裁判员行使权力的依据。1998 年 7 月 25—26 日在希腊雅典举行的第 16 届篮球世界大会宣布，今后国际篮球中央局有权在一年两次的会议上对篮球规则作出修改。这表明，今后篮球规则的修改将会更加频繁，规则修改对技术发展的影响也将更大。

一、比赛场地

比赛场地应是一块平坦、坚实且无障碍物的表面。其尺寸是长 28 米、宽 15 米，从界线的内沿丈量。

二、比赛时间、比分相等和决胜期（加时节）

（1）比赛应由 4 节组成，每节 10 分钟。

（2）在第 1 节和第 2 节之间，第 3 节和第 4 节（第二节时）之间以及每一决胜期之前有 2 分钟的比赛休息时间。

（3）半场比赛之后中场休息时间应为 15 分钟。

（4）在比赛开始之前，应有 20 分钟的比赛休息时间。

（5）一次比赛休息期间开始：①比赛预定的开始之前 20 分钟。②当结束一节的比赛计时钟信号响时。

（6）一次比赛休息期间结束：①在第 1 节的开始，当球在跳球中被一名跳球队员合法拍击时；②在所有其他节的开始，当球在掷球入界后触及一名场上队员或被场上队员合法触及时。

（7）如果在第 4 节比赛时间终了时比分相等，为打破平局，需要一个或多个 5 分钟的决胜期来继续比赛。

（8）如果结束比赛时间的比赛计时钟信号响时或恰好之前发生了犯规，在比赛时间结束之后应执行最后的罚球。

（9）如果作为此罚球的结果需要一个决胜期，那么，在比赛时间结束后发生的所有犯规应被视为在比赛休息期间发生的，在决胜期开始之前应执行罚球。

三、暂停

（1）每次暂停应持续 1 分钟。

（2）一次暂停可以在一次暂停机会期间被准予。

（3）一次暂停机会开始，当：①球成死球，比赛计时钟停止，以及当裁判员已结束了与记录台的联系时；②在最后一次或仅有一次的罚球成功后球成死球时；③投篮得分时，对于非得分队。

（4）一次暂停机会结束，当队员在掷球入界或第 1 次或仅有一次的罚球可处理球时。

（5）在第一半时的任何时间每队可准予 2 次暂停；在第二半时的任何时间可准予 3 次暂停，以及每一决胜期的任何时间可准予 1 次暂停。

（6）未用过的暂停不得遗留给下一个半时或决胜期。

（7）除了对方队员投篮得分并且没有宣判犯规或违例后准予的暂停外，应给首先提出暂停请求的教练员的队登记暂停。

四、侵人犯规

1. 定义

侵人犯规是队员与对方队员的接触犯规，无论球是活球或是死球。

队员不应通过伸展他的手、臂、肘、肩、髋、腿、膝或脚来拉、阻挡、推、撞、绊、阻止对方队员行进；也不应将其身体弯曲成“反常的”姿势（超出他的圆柱体）；还不应该放纵任何粗野或猛烈的动作。

2. 罚则

如下情况应给犯规队员登记一次侵人犯规。

（1）如果对没有做投篮动作的队员发生犯规：

①由非犯规的队在靠近违规的地点掷球入界重新开始比赛。②如果犯规的队处于全队犯规处罚状态，则应作全队犯规的处罚。

（2）如果对正在做投篮动作的队员发生犯规，应按下列所述判给投篮队员若干罚球：

①如果投篮成功，应记得分并判给 1 次追加的罚球。②如果从 2 分投篮区域的投篮不成功，应判给 2 次罚球。③如果从 3 分投篮区域的投篮不成功，应判给 3 次罚球。④在结束一节的比赛计时信号响时或恰好响之前，或当 24 秒钟装置信号响时或恰好响之前，队员被犯规了，此时球仍在该队员的手中，并且投篮成功，不应计得分，应判

给 2 次或 3 次罚球。

五、双方犯规

1. 定义

双方犯规是两名互为对方的队员大约同时互相发生侵人犯规的情况。

2. 罚则

（1）应给每一犯规队员登记一次侵人犯规，不判给罚球。

（2）如果在双方犯规的同一时间出现的情况不同，比赛应按下列所述重新开始：

①投篮有效或最后 1 次或仅有 1 次的罚球得分，应将球判给非得分队从端线的任何地点掷球入界。②某队已控制了球或拥有球权，应将球判给该队在最后靠近犯规地点的位置掷球入界。③任何一队都没有一次控制球发生，也没有球权、跳球情况发生。

—知识链接—

篮球裁判知识

- 裁判员应是一名主裁判员和一名副裁判员。他们应得到记录台人员和技术代表（如到场）的协助。此外，国际篮联的适当部门如地区委员会或国家联合会有权运用 3 人裁判制，即一名主裁判员，两名副裁判员。
- 记录台人员应是一名记录员，一名助理记录员，一名计时员和一名 24 秒计时员。
- 可有一名技术代表到场。他应坐在记录员和计时员之间。在比赛中他的职责主要是监督记录台人员的工作，并协助主裁判员和副裁判员使比赛顺利进行。
- 必须充分强调：担任一场比赛的裁判员不得与比赛双方的组织有任何方式的联系。
- 裁判员、记录台人员和技术代表要按照这些规则来指导比赛并无权同意改变这些规则。
- 裁判员的服装应由灰色上衣、黑色长裤、黑色袜子和黑色篮球鞋组成。
- 对于国际篮联主要的正式比赛，记录台人员应着装一致。

练一练

分组练习：

1. 两脚自然分开，正对球篮，身体与篮板平行。
2. 把篮球放在手上，掌心留出空，掌的边缘要贴紧。
3. 手指自然分开，贴紧篮球。大臂与地面平行，小臂与地面垂直，手掌基本与地面平行。
4. 投球时，手腕用力，用食指和中指拨动篮球，腰部、大腿配合用力。

赛一赛

1. 学生分为a、b、c三个组进行比赛：a组为男子组；b组为女子组；c组为男、女混合组。
2. 在比赛前，学生了解比赛的规则，能够在明确规则的引导下，感受篮球赛场上的愉快运动氛围。
3. 能够在投篮、防守、进攻等过程中，感受集体配合的重要性，同时加深对相关运动技能的把握与理解。

思考题

一、填空题

1. 篮球运动创始于（　　）年。
2. 篮球运动传入中国的时间是（　　）。
3. 篮球运动区别于其他球类项目的最大特征是（　　）。

二、简答题

1. 简述现代篮球运动的起源与产生的社会历史背景。
2. 简述现代篮球运动历程的演进。

三、论述题

试述现代篮球运动的发展趋势。

第十二章

足球运动

学习目标

1. 带你了解足球运动。
2. 跟我学足球运动技术与战术。
3. 掌握足球比赛规则。

第一节 带你了解足球运动

足球运动中运球、传球、射门等一系列主要运动环节，增强了个体本身，个体与群体之间的协作能力，团队长期训练配合的过程中有利于提高整体团队协助能力。作为一个团体运动，足球具有典型的“木桶效应”，团队每一名队员的成长都是限制团队整体发展的主要因素之一，只有个体持续成长，努力做到个人与团队协作能力提升，不断融入团队，使团队真正形成凝聚力与战斗力，团队整体水平才能得到更加有效的提高。

一、足球运动的起源与发展

中国古代的足球称为蹴鞠，它起源于春秋战国时期齐国的故都临淄，兴于唐宋。现代足球运动起源于英国。1863 年 10 月 26 日，由伦敦 11 个最主要的俱乐部和学校在伦敦弗里森酒店举行会议创立了英格兰足球协会，并制定了世界上第一个统一的足球规则，这一天被世界公认为现代足球的诞生日。1904 年 5 月 21 日，由法国、比利时、丹麦、荷兰、西班牙、瑞典、瑞士 7 个国家共同创立了国际足球联合会，简称国际足联，英文缩写“FIFA”。

二、足球运动的特点

（一）群众性

除了 11 人制的正式足球比赛外，只要有空地，人们就可以开展足球运动。近几年流行“三人制”“五人制”“七人制”比赛。

（二）竞技性

足球运动的竞技性主要表现在：激烈的对抗、自然条件反差大、心理刺激强烈、运动负荷大。

（三）文化性

足球运动具有丰富的文化内涵，是一种满足人们生理、心理需要，表现人们行为举止、思想感情的身体文化运动。

第二节　跟我学足球基本技术与战术

一、足球基本技术

（一）踢球

1. 脚内侧踢球

直线助跑，支撑脚踏在球的侧后方 15 厘米左右处、膝关节微屈、踢球腿以髋关节为轴由后向前摆动，在前摆过程中屈膝外转，踢球脚内侧正对出球方向，脚尖稍翘起，小腿快速前摆，脚踝用力绷紧，用脚内侧部位击球的后中偏下部（图 12–1）。

2. 脚背内侧踢球

斜线助跑，助跑方向与出球方向约成 45 度角，支撑脚以脚掌外侧着地，踏在球的侧后方 20~30 厘米处，膝弯曲，支撑脚的一侧倾斜，支撑脚脚尖指向出球方向，身体稍向支撑脚一侧倾斜，在支撑脚着地的同时，踢球腿以髋关节为轴，大腿带动小腿由后向前摆，脚尖稍外转，脚面绷直，脚趾紧扣，脚尖向斜下方，脚背内侧踢球的后中部。踢球后，踢球腿随球继续前摆。

图 12–1　脚内侧踢球

图 12-2　脚背正面踢球

3. 脚背正面踢球

直线助跑，最后一步稍大并积极着地，支撑脚踏在球的侧方 10~15 厘米处，脚尖正对出球方向，膝关节微屈；同时踢球腿向后摆起，膝弯曲，在支撑脚着地的同时，以髋关节为轴，大腿带动小腿由后向前摆，与膝盖摆至接近球的垂直上方的刹那，小腿加速前摆，脚背绷直，脚趾扣紧，以脚背的正面踢球后中部。踢球后，踢球腿随球继续前摆（图 12-2）。

4. 练习方法

先做向前跨一步的踢球模仿练习，然后做助跑的踢球模仿练习。

一人踩球，另一人做跨步踢球练习和助跑踢球练习。主要体会支撑脚的选位和该动作与摆腿的关系。

对墙踢球练习，开始距墙 3~5 米，力量可小些，然后逐渐加长距离和踢球力量。

两人一组，相距 15 米左右，踢定位球，注意踢球的力量、方向。

（二）停球

1. 脚内侧停球

支撑脚正对来球，膝关节弯曲，停球腿屈膝外转并前迎。当脚与球接触前的刹那开始后撤过程中用脚内侧触球，把球控制在下一动作需要的位置上（图 12-3）。

2. 脚底停球

支撑脚站在球的后方，膝盖微屈，脚尖正对来球，同时将停球脚提起，膝关节自然弯曲，脚尖翘起高过脚后跟，踝关节放松，用脚前掌触球的中上部（图 12-4）。

图 12-3　脚内侧停球

图 12-4　脚底停球

3. 脚背正面停球

图 12–5　脚背正面停球

停球脚提起迎球，以脚背正面对准下落球。在脚背与球接触前的刹那开始下撤，在下撤过程中用脚背正面接触球的底部，小腿和脚踝放松，使球在体前适当的位置上（图 12–5）。

4. 胸部停球（挺胸式、收胸式）

挺胸停球一般用于停高于胸部的下落球。身体面对来球，两脚前后或左右开立，重心在两脚间，两臂自然张开，上体稍后仰，收下颚，当胸部与球接触前的刹那，脚跟提起，向上挺胸，胸触球中下部，使球弹起，落于体前。收胸停球一般用来停胸部高度的水平来球，身体面对来球，两脚前后或左右开立，重心在两脚间，两臂自然张开，挺胸迎球，当胸部与球接触前的刹那迅速收胸、收腹，用胸部角压球的中上部，以缓冲来球力量，把球停在身前。

5. 大腿停球

面对来球，停球腿大腿抬起，以大腿中部对准下落的球，肌肉适当放松。在大腿与球接触的刹那，大腿迅速撤引，使球落于下一个动作需要的位置上。

6. 练习方法

两人对面站立，一人踢（抛）地滚球，另一人迎上停球。用各种停球的方法自抛自停凌空球。两人互抛互接空中球，逐渐改变球的弧度、落点，使停球者练习移动停球。队员互相传高球，练习停空中球。

（三）头顶球

1. 原地头顶球

身体正对来球，两脚前后开立，膝关节微屈，上体后仰，重心放在后脚上，两臂自然张开，两眼注视来球。当球运行至身体垂直部位前的一刹那，后脚用力蹬地，收腹，迅速向前摆体，身体重心由后脚移向前脚。当球运行到身体垂直部位前的刹那，颈部保持紧张、快速甩头、用前额正面顶球的后中部。然后上体继续随球前提。

2. 原地跳起头顶球

原地双脚起跳时，两腿先弯曲，重心下降，然后用力蹬地跳起，同时两臂肘上摆、在跳起上升过程中，上体要挺胸展腹，两臂自然张开，两眼注视来球。在跳到最高点准备顶球时，身体成背弓形，当球运行到身体的垂直部位前的刹那，收腹，上体快速前屈，甩头，用前额正面将球顶出。顶球后，两腿同时自然屈膝，屈踝落地。

3. 练习方法

做各种顶球模仿练习。一人双手持球到恰当高度，另一人用额正面、额侧面顶球，领会顶球时接触部位和击球点。自抛和互抛顶球，自己向空中抛球，待球下落时练习顶球，两人一组，一人抛球一人顶球。个人连续顶球，顶起的高度可不断调整。也可3~4人围成一个小圈连续顶球。

（四）运球

带球

1. 脚背正面运球

跑动时，身体自然放松，上体稍前倾，两臂自然摆动，步幅不要过大，运球脚提起时膝关节弯曲，脚跟提起，脚尖下指，在迈步前伸脚着地前，用脚背正面推拨球前进（图 12–6）。

2. 脚背外侧运球

跑动时，身体自然放松，上体稍前倾，两臂自然摆动，步幅要小些，运球脚提起时，膝关节弯曲，脚后跟提起，脚尖稍内转，在迈步前伸脚在前，用脚背外侧试推拨球（图 12–7）。

图 12–6　脚背正面运球

图 12–7　脚背外侧运球

3. 脚背内侧运球

跑动时，身体自然放松，步幅要小些，上体前倾并稍向运球方向转动，运球脚提起时，膝关节稍弯曲，脚跟提起，脚尖稍外转，在迈步前伸脚着地前，用脚背内侧推拨球。

4. 脚内侧运球（图 12–8）

运球时，支撑脚向前跨出一步，踏在球的前侧方，膝关节稍弯曲，上体前倾，重心向里，随着身体的向前而移动，运球脚提起，用脚内侧推球的中后部。

5. 练习方法

走或慢跑中用单脚或两脚交替运球。直线运球：队员分成两组，各成一路纵队，相距 20 米站立（对面），一人运球前进，运到对面运球线时，把球传给对面第一人，依次进行。队员站成一路纵队，第一人向前运球，绕过标志杆后再往回运，并将球传给第二人；第二人接球，再向前运球，依次练习。中圈内变向自由运球，队员分两组，站在圈内。一组运球，另一组在圈内站立或自由走动。运球人尽量避开走动人。两组交替练习。

图 12-8 脚内侧运球

（五）抢截球

1. 正面跨步抢截球

两脚前后开立，两膝稍弯曲，身体重心下降，重心平均落在两脚上，面向对手。对手运球前进，当脚触球即将着地时，一脚立即用力蹬地，抢球脚以脚内侧对正球并向球跨出一步，另一只脚立即向前跨成支持脚。如果双方的脚同时触球，则要顺势向上提拉，使球从对方脚背滚过，身体要迅速跟上，把球控制住。

2. 练习方法

两人一球，一人脚前放定一个球，另一人抢球练习。两人一组，相距 4~6 米站立，中间放一球。按教师的手势，两人同时做向前跨步抢球动作。两人一组，相距 10 米。一人带球直线向前，另一人做正面跨步抢球。两人并肩慢跑做冲撞练习，练习观察对方身体重心的移动，掌握冲撞时间。两人一组，一人直线带球，另一人从侧面做冲撞抢球练习。

（六）掷界外球

1. 原地掷界外球

面对出球方向，两脚前后或左右开立，膝关节弯曲，上体后仰成背弓，重心移到后脚上（左右开立时，重心在两脚间），两手自然张开，拇指相对，持球的侧后部，屈肘将球置于脑后。掷球时，后脚用力蹬地，两腿迅速伸直，身体重心由后腿移到前脚，收腹屈体，同时两臂急速前摆，当球摆到头上时用力甩腕将球掷入场内（允许踏在线上）。

2. 助跑掷界外球

双手持球于胸前，在助跑迈出最后一步时，上体后仰或背弓，同时将球举过脑后，掷球时的动作与原地掷界外球动作相同。助跑掷界外球的原理主要是能用上助跑的速度把球掷得更远。

3. 练习方法

两人一球，相距15米，原地对掷界外球。两人一球，相距25米，两端设两条平行线，助跑对掷界外球。

前场界外球战术练习：选择掷球力量较大的队员，将球直接掷入罚球区内攻门。将球掷向近门柱的罚球区线附近，由身体高大的前锋将球蹭顶给罚球点附近的同伴攻击球门。通过队员跑动，调动对方的防守，将球掷入空当，继续组织进攻。

（七）守门员技术

1. 接地滚球

（1）直腿式接球。两腿自然开立，脚尖正对来球，上体前倾，两臂自然下垂，两手小指靠近，手掌对球稍前迎，两手接球的后底部。在手触球的一刹那，立即后引，屈肘、屈腕，两臂靠近将球抱于胸前。

（2）单膝跪撑式接球。身体正对来球，两腿前后开立，前腿弯曲支撑身体重心，后腿跪立，膝盖接近地面靠近前脚脚踵，上体前倾，手臂下垂，手掌对准来球，稍向前迎，两手接球的后底部。在手触球的一刹那，两手后引、屈肘、屈腕、两臂靠近将球抱于胸前，然后起立。

2. 接高空球

当判断好球在空中的运行路线和确定接球点后，迅速移动并跳起，两臂上伸迎球，两手拇指相靠，手掌对球。当手触球时，手腕和手指适当用力将球接住，同时屈肘，回缩并下引，顺势翻掌将球抱于胸前。

3. 练习方法

守门时按教师的手势做左右或前后的移动练习。接同伴抛来或踢来的地滚球、平直球和高空球。守门员接自己对墙掷出的各种反弹回来的球。

二、足球基本战术

足球战术是指在足球比赛中为了战胜对手，根据主客观的实际所采用的个人和集体配合的手段的综合表现。根据攻防的基本特点，足球战术可分为进攻战术、防守战术、比赛阵形三大部分；在进攻和防守战术中，又包括个人、集体与全队的攻防战术。

（一）进攻战术

1. 集体的局部配合进攻战术

集体战术是指两个或两个以上队员在比赛中为了完成全队攻防任务而采用的局部协同作战的配合方法，它包括“二过一”战术配合、“三过二”战术配合等。

（1）“二过一”战术配合。“二过一”是两个进攻队员，通过传球配合突破一个防守队员。“二过一”是集体配合的基础，可以在任何场区、任何位置上运用这种方法来摆脱对方的抢截或突破防线。“二过一”是进攻的两个队员之间相距 10 米左右，进行一传一切的配合。要求传球平稳及时，一般多用脚内侧、脚外侧等脚法，传低平球为主。传球的位置，尽可能是接球人脚下或前面两三步远的地方。常用的“二过一”有：斜传直插“二过一”，直传斜插“二过一”，踢墙式“二过一”，回传反切“二过一”。

（2）“三过二”战术配合。“三过二”是指在比赛中局部地区 3 个进攻队员通过连续配合突破两个防守者的防守。由于这种配合有两个同队队员可以同时接应传球，因此使持球人传球路线更多，且进攻面扩大。

2. 全队进攻战术

全队进攻战术是指比赛中一方获得球后，通过队员之间的传递配合达到射门的目的而采用的配合方法。与局部进攻战术相比较，全队进攻战术面比较广，参加进攻和快速反击等。

3. 边路进攻

利用球场两侧地区发起进攻的方法叫边路进攻。边路进攻主要特点是：边路场区防守队员较少，可利用的空当大，有利于用速度打破对方防线，制造缺口，然后采用传中等手段，创造中路射门得分的机会。

4. 中路进攻

中路进攻是利用球场中间区域组织的进攻。这种虽能直接射门，但难度最大，因中路防守最为严密，前面的攻击手必须是反应极其敏锐、意识强、技术高、敢于冒险、速度快和善于跑位策应的队员。中路进攻方式有运球突破、二过一配合、插上突破、头球摆渡和定位球配合等。

5. 快速反击

比赛中当攻方进攻时，后卫线往往压至前场附近，防守人数也由于插上进攻和助攻而相对减少，此时如能抓住对方防区空隙较大和回防较慢的机会，乘其失球发动快速反击，往往能取得良好的效果。

快速反击是最有威胁的进攻手段，有效的进攻在于突然快速地反击，但其难度较大，既要冒险，又要有准确、快速的传切配合技能。快速反击要有组织，配合得要极为默契，必须进行专门的训练，否则很难在比赛中实施。

6. 定位球战术

定位球战术是指在比赛中，利用“死球”后重新开始比赛的机会组织进攻与防守配合的战术方法。定位球战术包括中圈开球、角球、点球、掷界外球等。在势均力敌的高水平比赛中，定位球战术有时起决定胜负的作用。在配合上要利用简练的一次配合取得射门机会，配合越复杂，成功率就越低。故要进行专门的练习，才能在比赛中奏效。

（二）防守战术

1. 集体的局部配合防守战术

（1）补位：补位是足球比赛中局部地区集体配合进行防守的一种方法。在防守过程中一个防守队员被对手突破时，另一个队员则立即进行封堵。

战术演练

（2）围抢：围抢是比赛中在某局部位置上，防守一方利用人数上的相对优势（通常是两三个队员）同时围堵对方的持球队员，以求在短暂时间内达到抢断或破坏对方的目的。

（3）造越位战术：造越位战术是利用规则而设计的一种防守战术，是一种以巧制胜的省力打法，因而成为一种重要的防守手段。但由于其配合难度较大，搞不好会适得其反，让对手钻空子，因此此战术往往为水平较高的球队所采纳，且在一场比赛中也不是多次运用。

2. 全队防守战术

防守战术可分为两种基本类型：盯人紧逼防守（人盯人防守）即在规定的范围内盯人紧逼，不交换看守；区域紧逼防守（盯人和区域相结合），即现今流行的综合防守，紧逼和保护相结合，在个人的防区内紧逼，作交替看守。盯人防守即各自都有明确的防守对象，如对方左边锋大幅度地斜插至右路，则右后卫紧跟盯防，不交替看守。防守最根本的原则是紧逼和保护。只有紧逼才能有效地主动断抢，压制对方技术的优势而获取主动权；保护是为了更好地紧逼和控制空当。

（三）比赛阵形

比赛阵形是比赛场上队员的位置排列、攻守力量搭配和职责分工形式。阵形的人数排列，一般是从后卫排向前锋，根据队员排列的层次分成后卫线、前卫线和前锋线。

阵形可使每个场上队员明确基本位置和主要职责。足球比赛中采用的阵形主要有以下三种："四三三"阵形、"四四二"阵形、"五三二"阵形。

第三节　足球比赛规则简介

一、比赛场地

根据竞赛规程规定，比赛可以在天然或人造草坪上进行。

尺寸：比赛场地必须是长方形，边线的长度必须长于球门线的长度。长度:90~120米、100~110米（国际比赛）。宽度:45~90米、64~75米（国际比赛）。

场地标记：比赛场地是用线来标明，两条较长的边界线叫边线，两条较短的线叫球门线。所有线宽不超过12厘米。从距每个球门柱内侧5.5米处，画两条垂直于球门线的线，这些线伸向场地内5.5米，与一条平行于球门线的线相连接，这些线组成的区域范围是球门区。从距每个球门柱内侧16.5米处，画两条垂直于球门线的线，这些线伸向场地内16.5米，与一条平行于球门线的线相连接，这些线组成的区域范围是罚球区。在每个罚球区内距球门柱之间等距离的中点11米处设置一个罚球点，在罚球区外以距每个罚球点9.15米为半径画一个弧。在场地每个角上各竖一根不低于1.5米的平顶旗杆，上系小旗一面。角球弧是在场地内以距每个角旗杆1米为半径画一个四分之一圆。球门柱和横梁必须是白色的且两根柱子之间的距离是7.32米，从横梁下沿至地面的距离是2.44米。

二、越位

（一）越位位置

队员处于越位位置：队员较球和最后第二名对方队员更接近于对方球门线。

队员不处于越位位置：在本方半场内。齐平于最后第二名对方队员。齐平于最后两名对方队员。队员处于越位位置本身并不是犯规。

（二）越位

越位

处于越位位置的队员，在同队队员踢或触及球的一瞬间，裁判员认为其就下列情况而言“卷入”了现实比赛时才判为越位犯规：干扰比赛；干扰对方队员；利用越位位置获得利益。

如果队员直接从球门球、掷界外球、角球接到球，则没有越位犯规。

（三）判罚

对于任何越位犯规，裁判员应判给对方在犯规发生地点踢间接任意球。

三、犯规与不正当行为

（一）直接任意球

裁判员认为，如果队员草率地、鲁莽地或使用过分的力量违反下列六种犯规中的任何一种，将判给对方踢直接任意球：踢或企图踢对方队员；绊摔或企图绊摔对方队员；跳向对方队员；冲撞对方队员；打或企图打对方队员；推对方队员。

如果队员违反下列四种犯规中的任何一种，也判给对方踢直接任意球：为了得到对球的控制而抢截对方队员时，于触球前触及对方队员；拉扯对方队员；向对方队员吐唾沫；故意手球（不包括守门员在本方罚球区内）。

上述判罚直接任意球均在犯规地点进行。

（二）间接任意球

如果守门员在本方罚球区内违反下列四种犯规中的任何一种，将判给对方踢间接任意球：用手控制球后在发出球之前持球超过 6 秒；在发出球之后未经其他队员触及，再次用手触球；用手触及同队队员故意踢给他的球；用手触及同队队员直接掷入的界外球。

裁判员认为，队员在出现下列情况时，也判给对方踢间接任意球：动作具有危险性；阻挡对方队员；阻挡对方守门员从其手中发球。

上述判罚间接任意球均在犯规地点进行。

（三）可警告的犯规

犯有非体育行为；以语言或行动表示异议；持续违反规则；延误比赛重新开始；当以角球或任意球重新开始比赛时，不退出规定的距离；未得到裁判员许可进入或重新进入比赛场地；未得到裁判员许可故意离开比赛场地。

（四）罚令出场的犯规

严重犯规；暴力行为；向对方或其他任何人吐唾沫；用故意手球破坏对方的进球或

明显的进球得分机会（不包括守门员在本方罚球区内）；用可能被判为任意球或球点球的犯规，破坏对方向本方球门移动着的明显的进球得分机会；使用无礼、侮辱或辱骂性的语言及动作；在同一场比赛中得到第二次警告。

四、罚球点球

对违反本章任何规定者，应做如下处理：

（1）如守方队员犯规，则球未罚中应重罚。

（2）如踢罚球点球队员以外的攻方队员犯规，则球罚中无效，应重罚。

（3）如踢罚球点球队员在比赛恢复后犯规，则应由对方队员在犯规地点根据具体情况踢间接任意球。

练一练

分组练习：

1. 两人一组传接球练习。
2. 脚内侧传接球组合练习。
3. 边路传中接球射门练习。
4. 脚内侧接空中球练习。

赛一赛

1. 学生分为 a、b、c、d 四个组进行小场地比赛：a、b 组为男子组对抗；c、d 组为女子组对抗。
2. 在比赛前，学生了解比赛的规则，能够在明确规则的引导下，感受足球赛场上的愉快运动氛围。
3. 能够在射门、防守、进攻等过程中，感受集体配合的重要性，同时加深对相关运动技能的把握与理解。

思考题

一、填空题

1. 足球运动的特点是（　　　）、（　　　）、（　　　）。
2. 足球的进攻战术包括（　　　）、（　　　）、（　　　）、（　　　）、（　　　）、（　　　）。
3. 足球的集体局部配合防守战术包括（　　　）、（　　　）、（　　　）。

二、简答题

1. 原地掷界外球的方法是什么？

2. 足球比赛中采用的阵形主要有哪几种？

三、论述题

试论足球的基本技术。

第十三章

排球运动

学习目标

1. 带你了解排球运动。

2. 跟我学排球运动的基本技术战术。

3. 掌握排球比赛规则。

第一节　带你了解排球运动

一、排球运动的起源与发展

排球运动始于1895年，创始人是美国马萨诸塞州的霍利沃克城基督教青年会干事威廉·莫根。1905年排球传入中国，经历了十六人制→十二人制→九人制→六人制的演变过程。

排球运动世界大赛主要有世界锦标赛、世界杯赛、奥运会排球赛、世界沙滩排球锦标（巡回）赛、残疾人奥运会排球赛。中国女排1981—1986年夺得“五连冠”，全国人民欢欣鼓舞，掀起了学习中国女排拼搏精神的热潮。

思政园地

女排精神

女排精神是中国女子排球队顽强战斗、勇敢拼搏精神的概括。女排作为“三大球”中起步较晚的“后辈”，在国际赛场上敢打敢拼、同甘共苦、无所畏惧，凭借着顽强战斗，勇敢拼搏的精神，连续五次蝉联世界冠军，三次获得奥运金牌。从此女排精神成为了各行各业的学习榜样。

女排夺冠记录

1979年，中国女排在亚锦赛中击败日本获得亚洲冠军。

1981年，中国女排以亚洲冠军的身份，参加了在日本大阪举行的世界杯，获得了第一个世界冠军，实现了中国“三大球”历史性的突破。

1982年，中国女排在世锦赛开局不利的情况下，以六个3∶0再次站在世界之巅。

1984年，中国女排在决赛中完胜东道主美国队，首次赢得奥运金牌，实现了世界大赛“三连冠”。

1985年，中国女排在日本以七战全胜的战绩再次问鼎世界杯，实现“四连冠”。

1986年，中国女排以八战全胜的战绩蝉联世锦赛冠军，实现“五连冠”。

2003年，时隔17年后，中国女排在世界杯上以十一战全胜的骄人战绩，再夺世界冠军。

2004年，在希腊，中国女排在决赛中绝境翻盘，连扳三局，再获奥运冠军。

2015 年，郎平回归带领中国女排在世界杯决赛中力克东道主日本队，四夺世界杯冠军。

2016 年，中国女排在决赛中击败塞尔维亚队，时隔 12 年再次获得奥运会冠军，收获第三枚奥运金牌。

2019 年，中国队再次展现超凡实力，十战全胜，提前一轮卫冕世界冠军。

二、排球运动的特点

（1）广泛的群众性。排球场地设备简单，比赛规则容易掌握，适合于不同年龄、不同性别、不同体质、不同训练程度的人。

（2）技术的全面性。每个队员都要进行位置轮转，要求每个队员都要进行队员必须全面地掌握各项技术，能在各个位置上比赛。

（3）高度的技巧性。比赛中球不能落地，击球时间的短暂，击球空间的多变。

（4）激烈的对抗性。排球比赛中，双方的攻防转换始终是在激烈的对抗中进行，夺取一分往往需要经过六七个回合的交锋。

（5）攻防技术的两重性。排球是多种技术都可以得分，也能失分的项目。要求技术既要有攻击性，又要有准确性。

（6）严密的集体性。排球比赛是集体比赛项目，除发球外，都是在集体配合中进行的，没有严密的集体配合，再好的个人技术也难以发挥，更无法发挥战术的作用。

三、学校排球运动育人功能

排球运动在学校开展的目的是让学生积极健身，拥有健康的体魄，以及体验课外活动的乐趣。随着社会的发展、时代的进步，排球已不单单只是一项体育运动，它树立文化自信和公平竞争的意识，提升个人思想政治素养，提高学习、适应社会化角色的能力，增强集体荣誉感，培植爱国情怀，培养遵纪守法意识与行为，还代表着一种精神。

（1）将排球运动融入“中国女排精神”，提高学生对排球项目的学习兴趣，发展学生判断、注意、反应等心理素质，培养学生崇尚“祖国至上，团结协作，顽强拼搏，永不言败”的女排精神，培养和教育新时代大学生奋斗精神顽强不息、挑战精神永不言败、敬业精神精益求精。

（2）建立校园排球文化，引导当代大学生日常生活学习。以排球运动为媒介，通过排球比赛或其他形式参与了解排球运动，从而促进自身身心健康发展，培养团结协作精神，形成高尚道德情操，养成终身体育运动的能力的一种文化活动。排球文化是校园文化的重要组成部分，其对和谐校园的创建具有积极的促进作用，能够丰富高校校园文化的内容，对学生的成长具有良好的教育性、文化性和社会性作用，能够促进排球文化的传承和传播，同时能够提高学生的综合素质。

（3）运用排球运动是一项集体活动，引导学生认识其广泛的教育性。排球运动作为集体配合很强的隔网高对抗性项目，要想取得比赛的胜利，就需要大家在比赛中团结协作、一鼓作气、顽强拼搏。排球技术的掌握，技能的提高，不是每个同学天生就会的，它需要在实践中日复一日的艰辛，一步一个脚印，才有进步的可能，这是一种水滴石穿的过程，这个过程让学生学会了吃苦，知道了什么是有志者事竟成。

第二节　跟我学排球基本技术与战术

一、基本技术

排球技术可以分为无球技术和有球技术。无球技术主要指的是准备姿势和移动；有球技术主要由发球、传球、垫球、扣球和拦网五大部分组成。

（一）无球技术

1. 准备姿势和移动

准备姿势是完成垫球、传球、发球、拦网和扣球等技术动作的基本姿势，对各项有球技术起到很大的串联作用。准备姿势和移动相辅相成，密切相连。

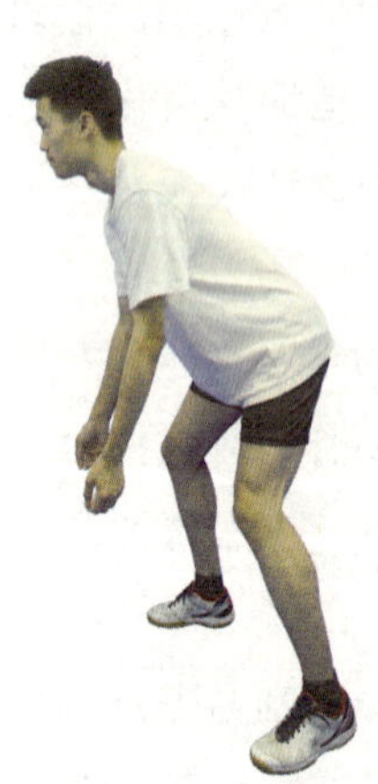

图 13–1　准备姿势

（1）准备姿势（图 13–1）。一般来说，准备姿势可以分为半蹲准备姿势、稍蹲准备姿势和低蹲准备姿势。

（2）移动。快速地移动便于击球，有利于占据场上的恰当位置。常用的移动步伐有并步、滑步、跨步、交叉步等。

①并步与滑步：以左边方向为例，右脚蹬地带动左脚向左边跨出一步，同时右脚迅速跟上做好击球的准备。连续的并步称为滑步。②跨步：以向前为例，后腿用力蹬地，带动前脚向来球方向跨出一大步，膝盖自然弯曲，上体向前倾，后腿微屈，身体重心在前脚上（图 13–2）。③交叉步：以向右边方向为例，上体稍右转，左脚从右脚前上方交叉迈出一步，右脚向右跟上跨出一大步，同时身体正

图 13-2 跨步

对来球的方向，保持击球前的动作姿势。

2. 教学与练习方法

（1）准备姿势的学练方法。

①成四列横排，在教师的口令指导下做各种准备姿势。②两个人一组，一人先做准备姿势的练习，另一人在旁边观察并纠正其错误动作。两人相互交换练习。

（2）移动的学练方法。

①开始成半蹲准备姿势，在教师的口令、手势下做各种移动步法练习。②在 3 米线内用滑步和交叉步进行来回地往返移动，要求手要触到两侧的线。③两人一组一球，相距 6 米，一人将球滚向另一人体侧 3 米处，另外一人快速移动将球接住后再把球滚回给对方，如此反复进行。④成一路纵队，教师在前往地面按拍球，当球反弹上去时，学生快速移动从球下部过去，依次进行。

（二）有球技术

1. 垫球技术

垫球是排球运动的基本技术之一。通过手臂或身体其他部位的迎击动作，将球从垫击部位上反弹出去的击球技术动作，称为垫球。垫球主要用于接发球进攻和防守反击方面，在排球比赛中占据重要地位。

垫球从其动作方法上可分为正面双手垫球、体侧垫球、背垫、挡球、鱼跃垫球及滚翻垫球等。

（1）正面双手垫球。正面双手垫球是最基本的垫球方法，适用于接发球、扣球和拦回球，甚至可以用来组织进攻。

①垫球手形有叠掌式（图 13-3）和抱拳式两种。

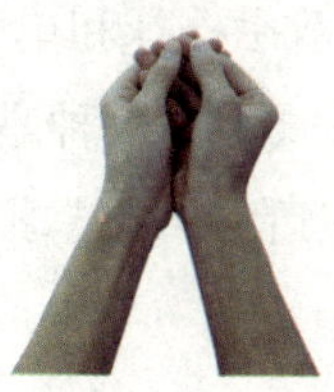

图 13-3 叠拳式

②动作要领。成半蹲准备姿势，来球时，双手握成垫球手形，当球飞到腹部前方约一臂距离时，手臂主动插到球的下方，手腕下压，两臂夹紧提肩，含胸收腹，蹬地带动手臂主动向前上方抬起，利用手腕以上约 10 厘米处的两小臂构成的平面垫击球的后下方，击球点保持在腹部前方约一臂距离。球垫击出去后，身体重心随击球动作向前移（图 13–4）。

图 13–4　正面双手垫球

（2）体侧垫球。在身体的两侧用双手垫击球的技术动作称为体侧垫球。

以向右为例，当球向身体右侧飞来时，左脚前脚掌内侧蹬地，右脚向右侧跨出一大步，右腿屈膝，重心在右脚上。两臂夹紧向右侧伸出，左肩微微向下倾斜，低于右臂。接着利用转腰和收腹的力量，配合两臂在体侧垫击球（图 13–5）。

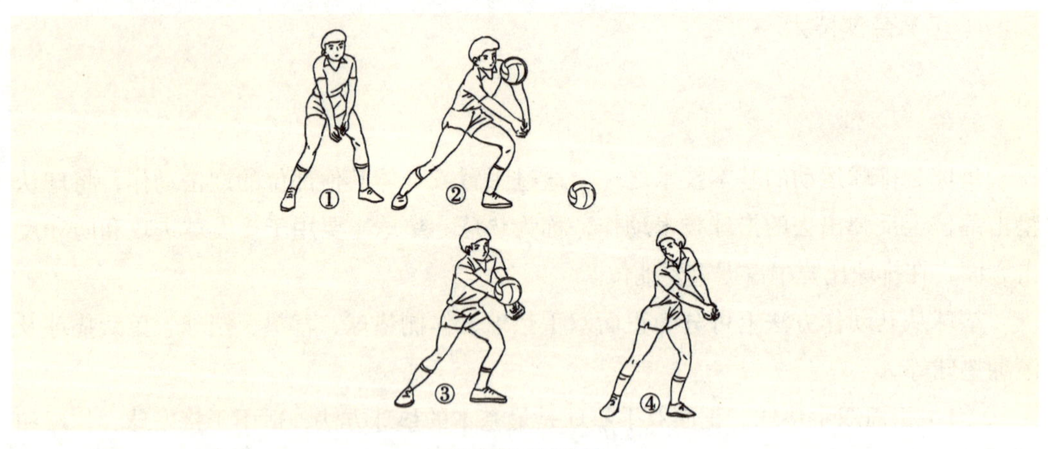

图 13–5　体侧垫球

（3）挡球。当球飞来较高、速度较快而不便于传球和垫球时，利用双手或单手挡击来球的技术动作称为挡球。挡球可分为双手挡球和单手挡球。

①双手挡球有两种手形，一种是抱拳式，另一种是并掌式（图 13–6）。②单手挡球时，手臂屈肘上举，肘关节朝前，手腕后仰，以掌根或掌心去击球的后下部，击球瞬间使手腕微微紧张（图 13–7）。

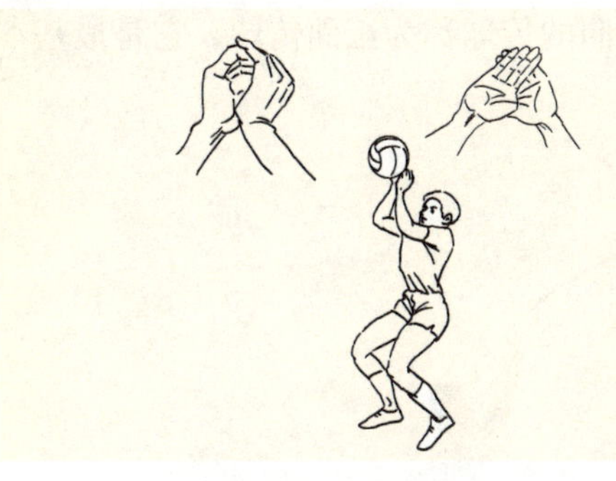

图 13-6 并掌式双手挡球

图 13-7 单手挡球

（4）教学与练习方法。

①徒手动作模仿练习。a. 成两列纵队，在教师的口令指导下，进行原地的徒手垫球动作练习。b. 在教师的口令下，做移动后的徒手垫球动作练习。c. 两人一组面对面站立，一人先原地做徒手垫球动作练习，另一人纠正指导。交换练习。②结合球的练习。a. 两人一组一球，一人持球于腹部前方，另一人从准备姿势开始，手臂主动插到球的下部，做垫球模仿练习。b. 两人一组，面对面距离 3~4 米，一人抛球，另一人将抛来的球垫起到指定位置。c. 两人一组，相距 3~4 米，进行连续的对垫练习。d. 两人一组，一人原地固定保持不动，另一人左右移动。固定者把球垫向两侧，另一人迅速移动将球垫回。e. 三人一组，一人隔网发球，另两人垫球，将球垫到指定位置。

知识链接

其他形式的垫球技术

- 跨步垫球：适合于来球距身体 1 米左右，来球较低或速度较快来不及移动对正来球时采用。
- 跪垫：适用于来球低而远时。
- 让垫：在来球弧度平、速度快、前冲追胸时适用。
- 滚翻垫球：当来球距身体远而低时，用跨步垫球不能触及来球时，可采用滚翻垫球。
- 前扑垫球：来球在前方低而远时，来不及向前跨步、移动去接近球，可采用前扑垫球。
- 单手垫球：当来球较远、速度快、来不及或不便用双手垫球时可采用单手垫球。
- 脚垫球：当来球用手无法触及时，可采用脚垫球。

2. 传球技术

传球是排球运动的基本技术之一，它是通过手指、手腕的弹击动作将球传至目标方向的击球动作，是排球组织战术的基础。

从传球的方向大致可以将传球动作分为正面传球、侧面传球及背传球。下面介绍正面传球和背传球。

（1）正面传球（图 13–8）。额头对着出球方向的传球称为正面传球。它是最基本的传球方法。

图 13–8　正面传球

采用稍蹲准备姿势，判断球飞来的落点，迅速移动到位，身体正对球的方向，上体稍向前倾，抬头看球，双手自然抬起，手臂自然弯曲，放置于脸前。当飞来的球快接近额头前时，双手微张经脸前向前上方迎击球。击球点在额头前上方约成一球的距离。当手触碰球时，两臂保持弯曲，大臂与小臂约成 90° ，肘关节适当分开朝外，两手自然张开成半球形状，手腕微微后仰，两拇指相对的成“一”字形或“八”字形在球的中下部，手与手间保持合适的距离，以大拇指的内侧、食指的全部以及中指的二、三指节触碰球的后下部，无名指和小指适当触球，用以辅助控制传球的方向。传球时借助蹬地、伸膝、伸臂和手指、手腕的力量，以及球的反弹力协调用力将球传送出去。

（2）背传球。背对传球方向的传球技术动作，称为背传球。

传击球前迅速移动，使身体背面对准传球目标，上体保持直立状态或稍后仰，身体重心落在两脚之间，双手自然上抬，放松置于脸前方。击球点在额头上方，比正面传球稍后。迎击球的时候，双臂主动上抬，挺胸，上体稍后仰。触球时，手腕稍后仰，适当放松，掌心朝上对着来球的底部传击球，手形与正面传球相似。背传发力主要依靠下肢蹬地，伸展腰部向上抬臂、伸肘，以及手指、手腕的弹力，将球向后上方传送出去（图 13–9）。

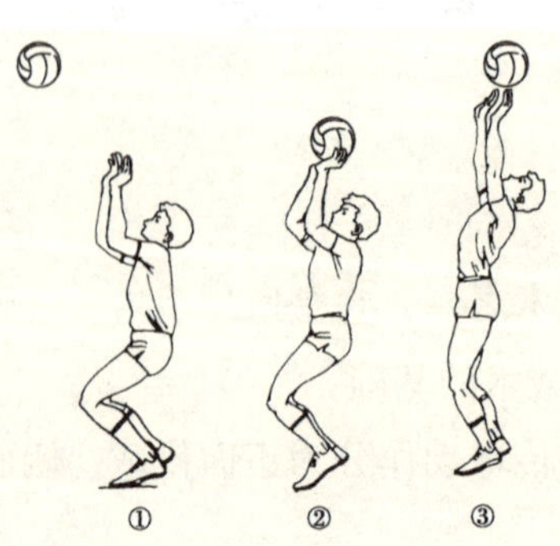

图 13–9　背传球

（3）教学与练习方法。

①徒手动作模仿练习。a. 成两列横排，根据教师的口令做原地的徒手传球练习。b. 两人一组，一人原地做徒手传球的练习，另一人仔细观察并纠正错误动作。②结合球的练习。a. 一人一球，将球往头顶上抛，用传球手形把球接住，同时检查手形正确与否。b. 面对墙 40~50 厘米，连续地对墙进行传球练习，体会手指、手腕的发力，形成正确的传球手形。c. 自抛自传，连续传球高度不低于 40 厘米。d. 两人一组一球，相距 3~4 米，一人抛球，另一人将抛到额前上方的来球传到指定位置。e. 两人一组一球，相距 3~4 米，连续对传。

3. 发球技术

发球是排球运动的基本技术之一，在排球比赛中是一项重要的进攻手段，是发球队员在发球区域将球抛起后，用一只手将球击打入对方场区的一种技术动作。

发球是比赛的开始，精准而富有攻击性的大力发球可以直接得分或者破坏对手的战术意图。一个强而有效的发球能够振奋全队精神，鼓舞全队士气，激发队员的兴奋性，同时也能给对手造成很大的压力，挫伤其锐气。发球技术主要有正面上手发球、正面上手发飘球、勾手大力发球、正面下手发球、侧面下手发球和跳发球等。

（1）正面下手发球。以右手为例，身体正对球网方向，两脚前后站立，屈膝，左脚在前，上体稍前倾，重心侧重于后脚上。左手持球置于腹部前方，将球上抛于体前右侧，离手约一球高度，抛球同时，右臂伸直，以肩关节为轴自然向后摆动，后腿蹬地发力，身体重心随右手向前摆动击球移至前脚上，击球时，手指、手腕保持紧张。在腹部前方用掌根、全掌或虎口击球的中下部（图 13-10）。

图 13-10　正面下手发球

（2）正面上手发球。面对球网，两脚前后站立，左脚在前，稍屈膝，左手将球托于体前，将球平稳垂直地上抛于击球手肩膀前上方，抛球高度约一臂高。抛球同时，右臂向上抬起，屈肘后摆，肘关节与肩保持水平，上体微右转，展胸挺腹。击球时，依靠下肢蹬地、转体和收腹的力量，带动击球手在肩膀前上方手臂伸直的最高点击打球的中下部。用全手掌击球，五指自然张开，击球时手腕快速主动做推压动作，使球呈上旋飞行出去（图 13–11）。

图 13–11　正面上手发球

（3）教学与练习方法。

①徒手动作模仿练习。a. 做徒手抛球的练习。b. 徒手做挥臂击球的练习。②结合球的练习。a. 持球自抛练习，抛球要稳，位置和高度要适当。b. 结合抛球做挥臂引臂的练习，击球部位要准。c. 两人一组，相距 8~9 米进行发球练习，将发球的各个环节连贯衔接起来。d. 两人一组，隔网近距离发球练习。e. 站发球区向对区发球练习。

4. 扣球技术

扣球是排球运动的基本技术之一，是指跳起在空中用手将本方场内高过球网上沿的球，在球网上空的合法区域击打入对方场内的一种技术动作。在比赛中，扣球是得分的主要手段，占据着重要的地位。强而有力的扣球，能够鼓舞全队士气，振奋人心，同时在心理上给对手造成很大的压力。

（1）正面扣球。正面扣球是扣球中最基本的一种技术，主要由助跑起跳、空中击球和落地三个部分相互衔接组成。

①助跑起跳。采用稍蹲准备姿势，站离球网 3 米左右的地方，观察来球，随时准备向各个方向助跑起跳。助跑步法有一步、两步、多步等。一步法助跑时（以右手扣球为例），右脚向前跨出一大步，左脚迅速并上；两步助跑时，左脚向前迈出一小步，接着右脚跟上迅速跨出一大步，左脚及时跟上踏在右脚前方，两脚脚尖稍内扣，准备蹬地起跳。最后一步跨出后，两臂经体侧向后摆。双腿蹬地向上起跳时，两臂积极快速向上摆动，配合起跳（图 13–12）。②空中击球。跳起后，上体稍右转，右臂向后上方屈肘上抬，挺胸伸展腹部，身体成反弓状。挥臂击球时，借快速转体、收腹的力量，带动击球手臂成鞭打动作向前上方挥动，手触球时，五指自然张开，用全手掌包裹球，击球的中后部。同时，击球手主动用力屈腕向前推压，使扣的球成上旋快速飞出（图

13-13）。③落地。落地时应尽量保持双腿同时着地，以前脚掌先触地，同时屈膝收腹缓冲落地的力量。

图 13-12 助跑起跳

图 13-13 空中击球

（2）教学与练习方法。

①徒手动作模仿练习。a. 成两行横排，根据教师的口令做原地起跳、一步助跑和两步助跑起跳的练习，要求动作协调。b. 成一行横排站在进攻线后，面对球网做助跑起跳练习，可以一步助跑起跳，也可以两步助跑。c. 原地徒手做扣球的挥臂练习。②结合球的练习。a. 持球原地对墙自抛自扣，也可自抛跳起扣球。b. 持球离墙 3~4 米，连续对墙扣反弹回来的球。c. 一人网前高台持球于球网上沿，另一人助跑起跳扣球。d. 扣球队员站于 4 号位助跑起跳，将 3 号位队员传过来的球在最高点扣过球网。

5. 拦网技术

拦网是球员站在网前，利用手伸向球网上沿阻挡对手来球的技术动作。拦网一般可分为单人拦网和集体拦网。下面介绍单人拦网。

（1）单人拦网。面对球网，采用稍蹲准备姿势，两脚左右开立与肩同宽，和球网保持 30~40 厘米距离，两臂屈肘于胸前。原地起跳时，屈膝，降低重心，蹬地垂直向上起跳。移动后的起跳，制动时双脚脚尖应转向正对球网的方向，同时依靠摆臂辅助踏跳。移动的步法可采用滑步、并步、交叉步和跑步等。拦网时，两臂经额前向球网上沿前上方伸出，两臂保持平行，肩膀上提，双臂过球网伸向对方区域，两手自然打开，手与手间的距离不能过大，防止从中间漏过。触球时手保持紧张，主动屈腕盖压捂球（图 13-14）。

图 13-14　单人拦网

（2）教学与练习方法。

①徒手动作模仿练习。a. 站于网前，原地做拦网的徒手练习。b. 网前徒手做移动的拦网练习。②结合球的练习。a. 两人一组，一人持球原地扣球，另一人跳起拦网。b. 两人一组，一人在高台扣球，另一人原地起跳拦网。c. 一人在 4 号位或 2 号位扣球，另一人站 3 号位移动至 4 号位或 2 号位拦网。

排球战术是依据排球规则、比赛的规律及双方的具体情况和临场发展变化，运用技术所进行的积极的、有目的、有组织的行动。排球战术有多种分类方法，一般可分为个人战术和集体战术，集体战术又分为集体进攻战术和集体防守战术两大类。

二、基本战术

（一）集体进攻战术

随着排球运动水平的提高和发展，进攻战术打法越来越多样化，越来越全面，常用的有“中一二”“边一二”和“插上”进攻战术。

1.“中一二”进攻战术阵形

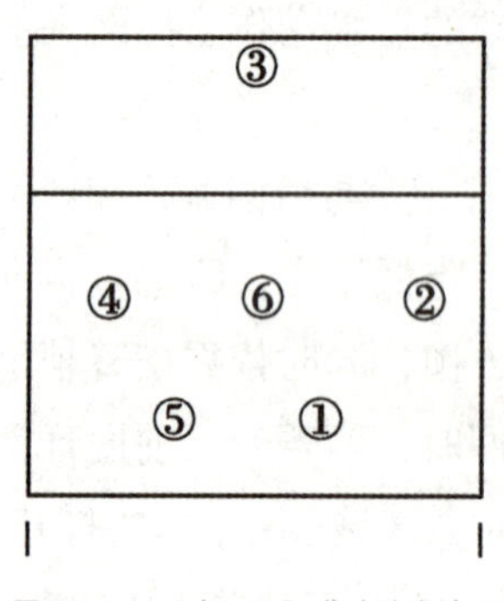

图 13-15　“中一二”进攻战术阵形

前排中间 3 号队员担任二传手，把球传给两边的 4 号位或 2 号位队员进攻，或后排进攻；二传队员轮到 2 号位或 4 号位时，可以在对方发球后换位到 3 号位成“中一二”（图 13-15）。

2.“边一二”进攻战术阵形

前排 2 号位队员在网前担任二传，3 号位和 4 号位前排进攻，其他队员参与后排进攻；二传队员在 4 号位时，在对方发球后换位成“边一二”（图 13-16）。

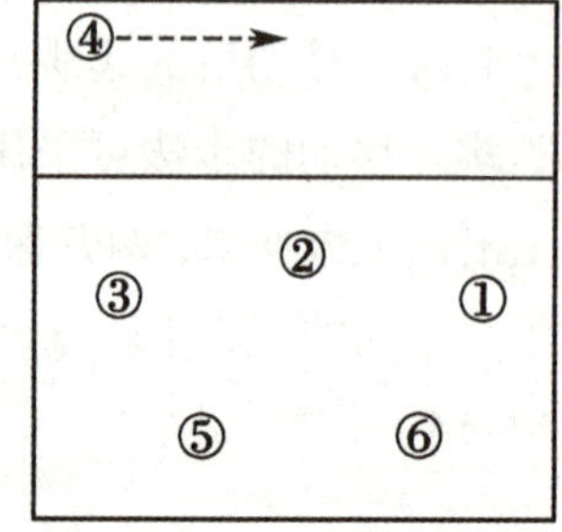

图 13-16　“边一二”进攻战术阵形

3.“后插上”进攻战术阵形

二传队员轮到后排时，“插上”到前排担任二传，2、3、4 号位队员前排进攻，其他队员参与后排进攻。

（二）集体防守战术

1. 接发球及其阵形

接发球是球队进攻的根本，如果没有扎实的一传作保证，就很难组织有效的进攻战术。接发球站位时，首先是要有利于接球，其次还要考虑球队采用的进攻战术和对方发球的特点。

从接发球的人数上来划分，接发球阵形主要可以分为 5 人接发球、4 人接发球、3 人接发球及 2 人接发球阵形。

以下具体介绍 5 人接发球阵形及变化。

（1）“W”站位阵形。这是一般初学者打比赛采用较多的进攻阵形，也称为“一三二”站位。此阵形 5 名队员站位分布均衡，前排 3 名队员接前场区的来球，后排 2 名队员接后场区的来球（图 13–17）。

（2）“M”站位阵形。“M”站位阵形也称为“一二一二”站位，前面两点负责接前场区的来球，中间负责接中区的来球，后排两点负责接后区的来球。它的优点在于队员分工明确，分布更加均匀，有利于接难度高的下沉飘球、高吊球及边线、角上的来球。缺点在于不利接后场区的平飘球、大力发球等（图 13–18）。

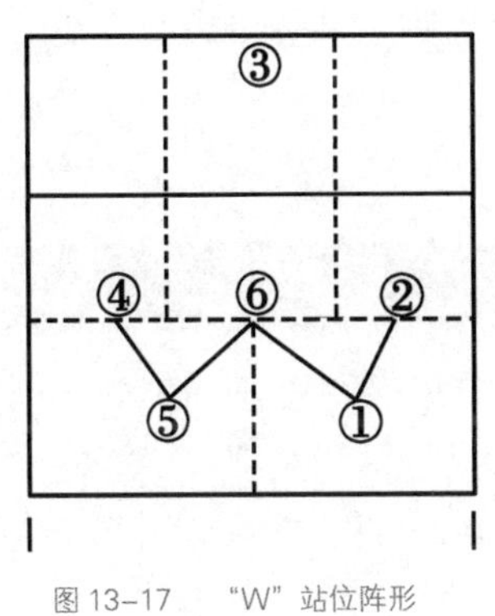

图 13–17　“W”站位阵形

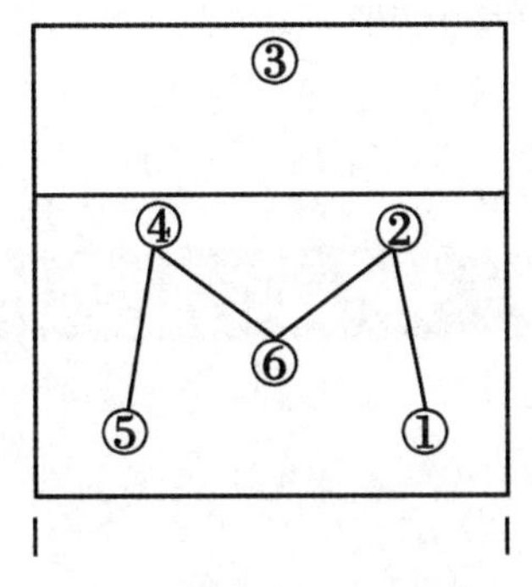

图 13–18　“M”站位阵形

（3）“一”字站位阵形。“一”字站位一般用来对付对方跳发球、大力发球及平冲飘球的积极有效的接发球站位阵形。这几种发球的落点大多集中于球场中后区域，准备接发球时，场上 5 名队员成“一”字形排开，每人各守一条线，左右间隔较近，互不影响。

2. 接扣球防守及其阵形

接扣球防守主要包括拦网和后排防守两个方面。拦网是第一道重要防线，积极有效的拦网可以遏制对手的进攻，同时还能为全队的反攻创造机会。

根据前排拦网队员的人数，可划分为单人拦网、双人拦网、三人拦网和无人拦网时的防守阵形。以下介绍单人拉网、双人拦网时的防守阵形。

（1）单人拦网时的防守阵形。一般对手进攻战术多变无法组织集体拦网或对手进攻能力较弱时，可采用单人拦网防守战术。以对手在 4 号位的进攻，本方 2 号位队员相对应地进行单人拦网，3 号位队员后撤保护防吊球，4 号位后撤至进攻线内附近盯防小斜线、吊球，后排队员组织形成弧形防守站位，进行防守。

（2）双人拦网时的防守阵形。①“边跟进”防守阵形。对手 4 号位进攻，本方 2 号位和 3 号位队员网前拦网，1 号位队员“边跟进”防吊、防直线及触手出界的球。4 号位队员后撤防小斜线和吊球。5 号位队员负责防斜线和中场的空位。6 号位队员负责防后场区域，同时补防 1 号位、5 号位的空隙。②“心跟进”防守阵形。对手 4 号位进攻扣球，本队 2、3 号位队员拦网，6 号位队员跟进成“心跟进”防吊球及在中场的来球，其余队员负责防守自己的区域。

“边跟进”防守阵形的优点在于防守对手大力扣球比较有利。其弱点则在于中场区域空隙较大，容易被吊球，同时，防守直线进攻能力相对较弱。

“心跟进”防守阵形对防吊球和拦起球较有利，也利于接应和反攻。其缺点在于后场区域空隙较大，容易形成空当。

对比两种防守阵形，各有利弊，比赛中应根据本队实际情况和临场变化，灵活运用各种防守战术阵形。

第三节　排球比赛规则简介

一、场地、器材、设备

（一）场地

比赛场地为对称的长方形，包括比赛场区和无障碍区，场地的地面必须平坦、水平、划一。场地的地面不得有任何可能伤害队员的隐患，不得在湿滑或粗糙的地面上比赛。

（二）器材与设备

器材与设备包括球网、网柱和球。

二、主要规则

（一）胜一分、胜一局和胜一场

比赛采用每球得分制，胜一球即胜一分。

比赛的前四局以先得 25 分，并同时超出对方 2 分的队为胜一局。当比分为 24 ： 24 时，比赛继续进行至某队领先 2 分为胜一局（如 26 ： 24，27 ： 25）。决胜局以先得 15 分，并同时超出对方 2 分的队获胜。

正式比赛采用五局三胜制，最多比赛 5 局，先胜 3 局的队为胜一场。

（二）发球犯规与判罚

1. 发球击球时的犯规

（1）发球次序错误。未按照登记的发球次序发球为发球次序错误。取得发球权队的 6 名场上队员必须按顺时针方向轮转一个位置，由轮转到后排右侧的队员发球。

（2）发球区外发球。未在发球区发球，判犯规队失 1 分。

（3）发球击球时，球未抛起或持球手未撤离，判犯规队失 1 分。

（4）发球 8 秒违例，判犯规队失 1 分。

2. 发球击球后的犯规

（1）发出的球触及发球队队员、球网或未能通过球网垂直面，判犯规队失 1 分。

（2）界外球，包括：①球的落点完全在场区界线以外的地面上。②球触及场外物体、天花板或比赛成员等。③球触及标志杆、网绳、网柱或球网标志杆以外部分。④发球时或进入对方场区时，球的整体或部分从过网区以外过网。判发球出界的队失 1 分。

（3）发球掩护，判犯规队失 1 分，换由对方发球。

（三）位置错误

发球击球瞬间，双方任何一名队员不在规则规定的位置上，则构成位置错误犯规。

（四）击球时的犯规

（1）四次击球。每队最多击球三次（拦网除外）将球从球网上方击回对方，超过规定次数的击球为四次击球犯规。

（2）持球。球必须击出，不得接住或抛出。

（3）连击。一名队员连续击球两次或球连续触及身体的不同部位为连击犯规。

（4）借助击球。队员在比赛场地以内借助同伴或者任何物体的支持进行击球，为借助击球犯规。

击球犯规的队均判失 1 分。

（五）队员在球网附近的犯规

（1）过网击球。依据是击球点是否在对方场区空间。

（2）过中线。比赛进行中，队员整个脚、手或者身体其他任何部分越过中线并触及对方场区时，为过中线犯规。

（3）网下穿越进入对方空间并妨碍对方比赛。

（4）触网。比赛进行中，任何队员触及 9.50 米以内的球网、标志杆、标志带为触网犯规。判断触网犯规时应注意区别主动触网与被动触网，分清先成死球还是先触网。

（5）进入对方无障碍区的球。规则规定球的整体或部分从过网区以外进入对方无障碍区，队员在不进入对方场区的情况下，将球从同侧过网区以外击回是允许的。在击球时，对方队员不得阻碍。

在球网附近犯规的队均判失 1 分。

（六）拦网犯规

（1）过网拦网。在对方进攻性击球前或击球时，在对方空间拦网触球为过网拦网犯规。

（2）后排队员拦网。必须同时具备以下三个条件：第一，后排队员在靠近球网处；第二，手在高于球网上沿处阻拦对方来球；第三，触及了球。

（3）拦发球。

（4）从标志杆外伸入对方空间并触及球。

（七）进攻性击球犯规

1. 后排队员进攻性击球犯规

判断后排队员进攻性击球犯规必须同时具备三个条件：第一，后排队员在进攻线以内或者起跳踩线；第二，击球时整个球体高于球网上沿；第三，完成进攻性击球，即击出的球整体由过网区通过球网的垂直面或触及对方拦网队员的手。

2. 在前场区对发过来的并且整体高于球网上沿的球，完成进攻性击球犯规

进攻性击球犯规，判犯规队失 1 分。

知识链接

软式排球比赛方法

- 软式排球比赛分家庭组和年龄组两种组别。
- 一个队由 3~8 名队员组成，比赛时双方各上场 6 名队员（家庭组上场 3 名队员），在一个长 13.4 米、宽 6.1 米的场区进行集体对抗。
- 比赛采用三局两胜制，前两局采用发球权得分制，以某队至少高出 2 分并赢得 15 分为该局获胜（如 15 ∶ 13、16 ∶ 14），最高限分为 17 分（如 17 ∶ 16）。
- 第三局采用每球得分制，无最高分限制。

练一练

1. 学生模仿徒手做原地垫球动作。
2. 两人一球，一人持球于腹前，另一人做垫球固定练习（着重体会手臂接触球部分和用力）。
3. 一人一球，自抛自垫（体会击球点和控制能力）。

赛一赛

1. 学生分为 a、b、c 三组进行比赛，a 组和 b 组进行比赛，c 组担任裁判，然后交换。
2. 在比赛前，了解比赛的规则，能够在明确规则指导下，感受排球赛场上的愉快的运动氛围。
3. 能够在排球垫球、传球、进攻等过程中，感受集体配合的重要性，同时加深对排球运动技能的掌握和理解。

思考题

一、填空题

1. 正式比赛时，每队最多击球（　　）次（拦网除外）必须将球从球网上方击回对方，超过规定次数则犯规。
2. 排球技术可以分为（　　）技术和（　　）技术。
3. 排球有球技术，主要由（　　）、（　　）、（　　）、（　　）、（　　）五大部分组成。

二、简答题

1. 简述排球正面垫球技术的动作要领。

2. 简述排球正式比赛基本站位及轮转法。

三、论述题

结合重庆高等学校体育教学实际，分析制约排球运动在高校推广和普及的主要因素。

第十四章

羽毛球运动

学习目标

1. 带你了解羽毛球运动。
2. 跟我学羽毛球运动技术与战术。
3. 掌握羽毛球比赛规则。

第一节　带你了解羽毛球运动

一、羽毛球运动的起源与发展

羽毛球运动起源于印度，形成于英国。印度的“普那”游戏传到英国并加以改进，逐渐演变成现代的羽毛球运动。中国羽毛球协会于 1958 年 9 月 11 日在武汉成立。从 20 世纪 80 年代中国加入国际羽联组织后，中国羽毛球队开始参加各种世界大赛，并多次获得汤姆斯杯、尤伯杯等世界大赛冠军，显示了中国羽毛球队强大的实力，为国家和民族带来无数荣耀。羽毛球运动员的体育精神和良好形象已经获得全国人民的认可，受国人的关注度较高。

思政园地

中国羽毛球事业的“拓荒者”

作为新中国球类运动中起步较晚的羽毛球项目，我国曾与世界顶尖水平有着一定差距。被誉为新中国羽毛球事业“拓荒者”的王文教在印尼期间已经取得了很好的成绩和声誉，但为了祖国的羽毛球事业，毅然放弃已有的荣誉和地位，与搭档陈福寿等华侨青年一起归国，从零开始，振兴祖国羽毛球事业。如今，我国作为世界羽毛球强国，当运动员们在国际各大赛事上为祖国奋勇争先，努力拼搏时，当他们身披国旗站上领奖台、五星红旗在赛场最高点飘扬、嘹亮的国歌响彻场馆时，自豪与荣誉感在人们心中油然而生。王文教毅然归国和运动健儿们奋勇夺金的事例让人们深刻地认知到为祖国贡献自己力量的爱国主义精神，让人们在无形中产生浓烈的爱国主义情绪，意识到不管身在什么岗位，都应该尽最大的努力为国奋斗，实现中华民族的伟大复兴。

2019 年 9 月 17 日，国家主席习近平签署主席令，授予王文教“人民楷模”国家荣誉称号。

二、羽毛球运动的育人功能

（1）羽毛球运动促进身体健康。经常练习羽毛球项目，可以发展身体的肌肉力量，提高身体的速度、灵活性、协调性，可以增强呼吸系统和心血管系统的功能，经常参加羽毛球锻炼，使人们肺活量增大、耐久力提高、心脏跳动有力，提高肌肉对乳酸的耐受性，减少肌肉酸痛的发生。而且能起到增进健康、抗病防衰、调节神经系统的兴奋性、消除紧张学习后的疲劳的作用。

（2）羽毛球运动促进心理健康。大学生开展羽毛球运动能促进情商和心理素质的培养，使学生的意志品质也得到进一步的淬炼，能使从沉重的课业负担中解脱出来，在羽毛球运动中得到情感的宣泄。可以提高观察力、注意力及动作记忆能力；羽毛球运动学习内容的多样性、复杂性可以使从运动中得到满足。锻炼心理素质，使情感体验更加深刻，使心理承受能力得到提高。

（3）羽毛球运动能增强社会适应能力。羽毛球运动的形式有单打、双打、混合双打、团体比赛，大学生参加羽毛球运动的过程就是一个和其他人沟通合作的过程。羽毛球运动的双打、团体比赛都能促进大学生与他人沟通合作能力的提高，能促进增强社会的适应能力，建立和谐的人际关系。在比赛中尊重对手、尊重裁判，比赛文明，沟通友谊，以球会友，锻炼身体都是在羽毛球运动中体育道德的体现。这样的合作交往、体育道德、规则意识都能促进大学生社会适应能力的提高。

（4）羽毛球运动促进中学生审美情趣的培养。羽毛球运动技战术的变化多端，所以其观赏价值很高。大学生开展羽毛球运动，发挥羽毛球课程育人的目的，不仅符合立德树人的理念，也契合新时代育人的精神。

第二节 跟我学羽毛球基本技术与战术

一、握拍

1. 正手握拍法

握拍及准备姿势

以右手为例，张开右手使虎口对准拍柄窄面的小棱边，拇指和食指贴在拍柄的两个宽面上，食指和中指稍分开，中指、无名指和小指并拢握住拍柄，掌心不要紧贴，拍柄端靠近手掌的小鱼际，拍面基本与地面垂直（图 14–1）。

2. 反手握拍法

在正手握拍的基础上，拇指和食指将拍柄稍向外转，拇指顶点在拍柄内侧的宽面上，中指、无名指和小指并拢握住拍柄，柄端靠近小指根部，掌心留有空隙。球拍斜侧向身体左侧，拍面稍后仰（图 14–2）。

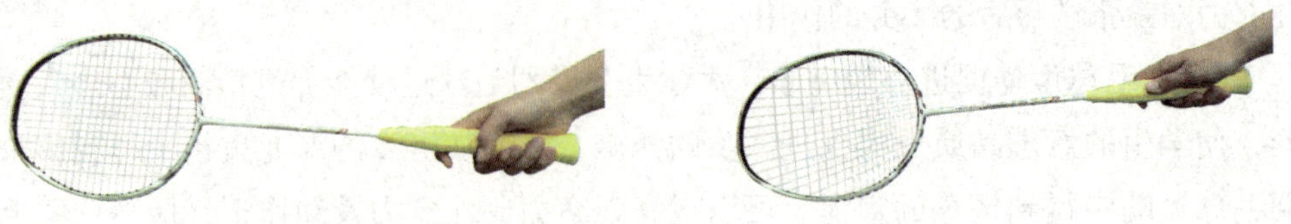

图 14–1 正手握拍法

图 14–2 反手握拍法

二、发球

发球技术

发球可分为正手发球和反手发球两种。按球在空中飞行的弧线和距离分为高远球、平高球、平快球和网前球。

1. 正手发球

（1）正手发高远球。

发高远球时，使球向对方的后场上方飞行，飞行的线路与地面形成的角度要大于45°，并在对方底线附近垂直下落。

（2）正手发平高球。

发平高球，动作大致与发高远球相同，只是在击球的一刹那，前臂加速带动手腕向前上方挥动。球发得不太高，但能迅速地越过对方场地的上空而落到底线附近。球在空中飞行时与地面大约形成 45° 角。

（3）正手发平快球。

发平快球时，要充分利用前臂和屈腕所形成的爆发力，使球在最短的时间内迅速越过对方场区到底线附近，球的飞行路线应稍高于对方肩部。平快球速度快，具有突然性，在对付反应较慢、动作迟缓的对手时，往往可以直接创造得分的机会。

（4）正手发网前球。

发网前球时，站位靠前，握拍的手放松，大臂动作幅度小，主要靠小臂带动手腕向前切送。球的弧线要贴着网面过，落点在发球区的前发球线附近，发网前球可以避免对方接球时的直接大力扣杀，限制对方的一些进攻战术。

2. 反手发球

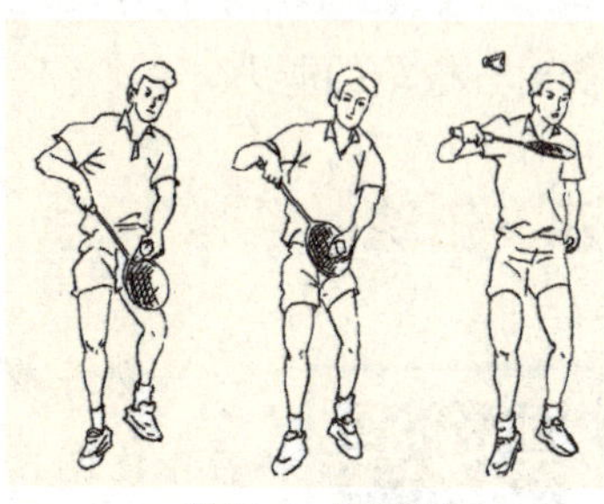
图 14-3　反手发球

反手发球主要靠挥动前臂和伸腕“闪”动发力，其特点是动作幅度小、出球快、隐蔽性强，一般在双打比赛中采用较多，主要发网前球和平快球（图 14-3）。

（1）反手发网前球。

前臂向前挥动并带动手腕，通过球拍拍面弹击球动作，使球落到对方场区的前发球线附近。球的弧线略高于网顶。发球时，重心稍前倾。

（2）反手发平快球。

发球时，动作与发网前球一样，但在击球的一刹那，手腕采用弹击的方法，将球击到双打后发球线附近。

3. 练习方法

（1）徒手做发球前的准备姿势，模仿发球的动作。

（2）站在墙边 50 厘米处，身体右侧对墙，反复进行挥拍练习，使挥拍路线尽量贴近右腿。

（3）用多球进行准确发球的练习。

（4）在场上，两人对练发球。

三、接发球

1. 接发球的站位和姿势

单打站位：在右发球区要站在靠近中线的位置，在左发球区则站在发球区中间位置，主要是防备对手直接进攻反手部位。准备姿势，一般左脚在前，右脚在后，双膝微屈，收腹含胸，身体重心放在前脚上，后脚脚跟稍抬起。身体侧身向球网，球拍举在身前，两眼注视对方。

双打站位：双打接发球时要站在靠近网前发球的地方，双打接发球准备姿势和单打接发球姿势基本相同，只是身体前倾较大，球拍举得略高些，在球来到网上最高点时击球。

2. 练习方法

（1）学习接发球时，按球路或要求定时、定量进行练习，然后交换。

（2）练习接发球时，注意观察对方球的飞行方向来提高自己的判断能力。

（3）在上述基础上，进一步研究控制好回球落点，以避免在接球后给对方较多的攻击机会。

（4）在掌握了较好的适应能力和能够较自如地控制回球落点之后，应逐步提高防御对方抢攻的能力。

四、击球

熟练掌握羽毛球的各种击球技术，有助于提高击球的质量。击球技术依据其动作特点分为高手击球、网前击球和低手击球三种。

（一）高手击球

1. 击高球技术

高球可分为高远球和平高球。平高球飞行弧度较低，球速快，故具有更大的进攻威力，是用于快速调动对方，创造进攻机会的重要手段（图 14–4）。

图 14–4 击高球技术

2. 吊球技术

吊球是指把对方击来的高球从后场区还击到对方的网前区。它是调动对方、打乱对方阵脚、组织战术配合的一种击球技术。高手吊球按球的飞行弧线和击球动作不同可分为劈吊、轻吊和拦截吊三种（图 14–5）。吊球力度大小靠手腕、前臂控制。

图 14–5 吊球技术

扣杀球时靠腰腹带动大臂、前臂、手腕的鞭打动作，全力向前下方击球，球拍触球时拍面前倾向前下方用力，手握紧球拍，击球点在右肩稍前上方。击球后球拍随惯性向左下方摆动，身体重心由右脚移至左脚（图 14–6）。

图 14–6 扣杀球技术

（二）网前击球

1. 搓球

图 14–7　搓球

搓球是网前击球中的高难击球技术，它动作细腻，击球点较高，利用“搓”“切”“挑”的动作，摩擦球托的底部，使球改变在空中的正常运行轨迹，沿横轴翻滚越过网顶，给对方回击造成较大的困难，从而创造进攻的机会（图 14–7）。

搓球动作以正手网前为例，上网步伐快，左脚蹬地，右脚网前跨步成弓箭步，侧身对网，重心在右脚，手臂向前伸出，出手要快，握拍手腕和手指自然放松。击球时，拍面与球网成斜面向前。用手指控制好拍面并发力，使搓出的球尽可能贴网而过（图 14–8）。

图 14–8　搓球动作

2. 推球

推球是在网前将球快速推到对方的底线，球飞行的弧线较低平，是羽毛球技术中的一种进攻技术。

推球动作与搓球基本相同，只是在击球的一瞬间，拍面几乎与网平行，主要靠腕部的转动及手指的力量向前快速“闪”动。

（三）低手击球

1. 正手挑高球

图 14–9　正手挑高球

判断来球，快速上网，左脚积极蹬地，右脚跨步向前成弓箭步，侧身对网，重心在右脚。正手握拍，手臂自然向右前方伸出、展腕，左臂自然后伸起平衡作用。击球时，以肘关节为轴，小臂带动手腕、手指快速由右下方向前上方成半圆形挥拍击球（图 14–9）。

2. 反手挑高球

判断来球，快速上网，左脚积极蹬地，右脚跨步向前成弓箭步，重心在右脚，侧身背对网。反手握拍，手臂向左前方伸出，屈肘、屈腕。右臂自然后伸起平衡作用。击球时，以肘关节为轴，小臂带动手腕，手指快速由左下方向前上方成半圆形挥拍击球（图 14–10）。

图 14–10 反手挑高球

（四）练习方法

（1）按技术动作要领反复进行模仿挥拍练习。

（2）移动步伐，调整重心的挥拍练习。

（3）两人一组进行定点、定位变向的对击练习。

（4）移动步伐的定点击球练习。

（5）多球进行定位定向、定位变向、变位定向及变位变定向的击球练习。

（6）利用左（右）场区进行定位的一攻一守练习，定时定量地练习。

五、步伐

（一）上网步伐

基本步法

根据上网时脚步移动方法不同，上网步伐可分为跨步上网、垫步上网和蹬步上网。

1. 跨步上网

站位于球场中心稍靠后处，两脚左右开立，右脚略前，上体稍前倾，两眼注视对方击球。当对方吊网前球时，在对方击球瞬间，脚跟提起、轻跳并迅速调整重心至后脚，以协助快速起动。左脚迈一小步，用脚掌内侧蹬地，右脚向前跨一大步，以脚跟和脚掌外侧着地滑步缓冲，脚尖外斜，右腿屈膝成弓箭步，左腿随即向前拖动，以协助右脚回蹬。击球后用并步或交叉步退回中心位置。如果对方来球较近时，可用左脚蹬地，随即右脚跨一大步上网。

2. 垫步上网

准备姿势同跨步上网，右脚先迈一小步，左脚立即垫一小步靠近右脚跟，并用脚掌内侧起蹬，右脚接着迅速向前跨一大步。击球后用并步或交叉步退回中心位置。这种步伐蹬力强、速度快，在被动情况下，有利于迅速调整重心，快速接应来球。

3. 蹬步上网

蹬步是为了提早击球时间，争取击球点在网顶上空，起到突击作用。当自己站位靠前，思想上已做扑球准备，并判定对方发（放）过来的是网前球时，右脚稍向前，刚一点地便起蹬，侧身扑向网前。当球至网顶时立即进行扑击，触球的同时右脚先着地，左脚随着身体的惯性在右脚后着地，并立即退回中心位置。

（二）后退步伐

（1）侧身并步后退步伐，在对方击球前的刹那，脚跟提起轻跳，迅速调整重心至右脚。接着右脚蹬地并快速向右后撤一小步，上体右转侧身对网，紧接着左脚并步靠近右脚，右脚再向后移至来球位置。在移动中做好手部动作准备，待来球在右肩上方下落时做正手底线原地击球或跳起击球。击球后并步或小步跑回中心位置。

（2）交叉步后退步伐，左脚撤后一小步后，左脚从体后交叉后退一步，右脚再向后移至来球位置。待来球在右肩上方下落时做正手底线原地击球或跳起击球。击球后并步或小步跑回中心位置。

（三）两侧移动步伐

（1）向右侧移动。两脚开立，脚跟稍提起。判断来球后，调整身体重心，左脚掌内侧用力起蹬，右脚同时向右侧跨一大步。若距来球较远，左脚可向右垫一小步再起蹬，右脚同时向右侧转跨一大步。

（2）向左侧移动。调整身体重心，右脚掌内侧用力起蹬，左脚同时向左侧转跨一大步。若来球较远时，左脚可向左侧移半步，上体向左转的同时右脚向左跨一大步。两侧移动步伐，最后一步是哪只脚在前，重心就在哪只脚上。

（四）练习方法

（1）进行垫步、并步、蹬步、交叉步、跨步等单个步伐的反复练习。

（2）进行上网步伐练习。中心位置—上右网前—回中心位置—上左网前—回中心位置。

（3）正手后退右后场步伐练习。从起动开始，右脚向右后侧移动，髋部带动身体转向右后场，以并步或交叉步向后移动到接近底线的位置，然后起跳击球。完成击球后回中心位置再多次重复练习。

（4）后退左后场区正手绕头顶击球步伐练习。从起动开始，右脚向左后方移动，髋部带动身体转向左后方，以并步或交叉步移动到位。右脚起跳，随即左侧髋部迅速转向左后方，带动左腿后摆到身后落地，缓冲并支撑身体重心。当右脚落地时，身体前倾，重心移向右脚，左脚开始回动。回中心位置后再多次重复练习。

六、基本战术

战术演练

1. 发球抢攻

从发球开始就争取主动攻杀而得分。它一般以发网前球结合发平快球、平高球开始，当对方接发球质量较差时第三拍就主动进攻。

2. 进攻后场

当对方技术不熟练、后场力量差、回球线路和落点盲目性大、后退步伐较慢时，多采用这种技术。

3. 攻前场

对网前技术较差者，可攻对方前场两角，乘机取胜。

4. 攻四方球

当对手移动的步伐较慢，体力较差，技术也欠全面时，可以用平高球压对方后场线两角和吊对方网前两角，以调动对方伺机进攻。

5. 杀吊上网

以杀球配合吊球，若对方还击网前球，则迅速上网搓、勾、推球，创造机会大力扣杀。

第三节　羽毛球比赛规则简介

一、场地、器材

1. 场地

比赛场地中，球场中央网高 152.4 厘米，双打边线处网高 155 厘米，羽毛球网柱高 155 厘米，室内场地空高不低于 9 米。

2. 羽毛球

羽毛球由 16 根精选鹅毛或鸭毛用线和胶水编排黏合组成，羽毛的根部围插在球托上，整个球的高度是 8.7 厘米，重量为 4.6~5.5 克。

3. 球拍

羽毛球球拍长度不超过 68 厘米，其中球拍柄与球拍杆长度不超过 40 厘米，拍框长度不超过 28 厘米，宽不超过 22 厘米。

二、比赛方法

羽毛球比赛分为男、女单打，男、女双打，混合双打和男、女团体七个项目。团体赛多采用五盘三胜制，单打和双打每场比赛采用三局二胜制，不受时间限制。

三、计分方法

除非另有规定，一场比赛应以三局二胜定胜负。率先得到 21 分的一方赢得一局比赛；如果双方比分打成 20 比 20，一方需超过对手 2 分才算取胜；如果双方比分打成 29 比 29，则率先得到第 30 分的一方取胜。首局获胜一方在接下来的一局比赛中先发球。

四、交换场区

以下情况运动员应交换场区 : 第一局结束；第二局结束（如果有第三局）；在第三局比赛中，一方先得 11 分时。如果运动员未按规则的规定交换场区，一经发现，在死球时立即交换，已得比分有效。

五、发球

发球员和接发球员应站在斜对角的发球区内,脚不触及发球区和接发球区的界线。从发球开始到球发出之前,发球员和接发球员的两脚必须都有一部分与球场地面接触,不得移动。发球员的球拍应首先击中球托。在发球员球拍击中球的瞬间，整个球应低于发球员的腰部。在击球瞬间，发球员的拍杆应指向下方，使整个拍头明显低于发球员的整个握拍手部。

下列情况应重发球：遇不能预见或意外的情况，应重发球。除发球外，球过网后挂在网上或停在网顶，应重发球。发球时，发球员和接发球员同时违例，应重发球。发球员在接发球员未做好准备时发球，应重发球。比赛中，球托与球的其他部分完全分离，应重发球。

司线员未看清，裁判员不能作出裁决时，应重发球。重发球时，最后一次发球无效，原发球员重新发球。

六、违例

以下情况视为违例：球从网孔或网下穿过；球不过网；球触及运动员的身体和衣服；球触及球场外其他物体或人。比赛中球拍与球的最初接触点不在击球者网的这一边（击球者在击中球后，球拍可以随球过网）。击球时球停滞在球拍上，紧接着被拖带抛出。同一运动员两次挥拍，连续两次击中球。比赛时，运动员的球拍、身体或衣服触及球网或球网的支撑物。运动员的球拍或身体从网上侵入对方场区。运动员的球拍或身体从网上侵入对方场区导致妨碍对方或分散对方注意力。比赛时，运动员故意分散对方注意力的任何举动，如叫喊、故作姿态等。同方两名运动员连续击中球。球触及运动员球拍后继续向其后场飞行。击球时，球挂在网上，停在网顶或过网后挂在网上。

七、死球

下列情况为死球：

球撞网并挂在网上，停顿在网顶。球撞网或网柱后开始向击球者网的这一方地面落下。球触及地面。宣报“违例”或“重发球”。

八、发球区和接发球区

每局开始首先接发球的运动员，在该局本方得分为0或双数时，都必须在右发球区发球或接发球；得分为单数时，则应在左发球区发球或接发球。

练一练

把全班学生分为两组：一组给球另一组击球

正手击高远球

1. 对准来球路线，快速挥拍击打球的后部。
2. 击球后，手臂随惯性自然回收至胸前。

反手击高远球

1. 如果对方的来球飞向左后场区，要迅速把身体转向后方，背对球网。
2. 反手握拍，沿半弧形击球，把球击向后上方。

赛一赛

1. 在练好正反手击球的基础上，学生分为 a、b、c 三个组进行比赛：a 组为男子组；b 组为女子组；c 组为男、女混合组。
2. 在比赛前，学生了解比赛的规则，能够在明确规则的引导下，感受网球赛场上的愉快运动氛围。
3. 能够在发球、接发球、进攻等过程中，感受比赛氛围，同时加深对相关运动技能的把握与理解。

思考题

一、填空题

1. 一块羽毛球场的场地线中，其长为（　　），单打场宽（　　），双打场宽（　　），各条线的宽度为（　　）。
2. 羽毛球重（　　），球拍长度不超过（　　），球拍杆长度不超过（　　），拍框长度不超过（　　），宽不超过（　　）。
3. 握拍分为（　　）和（　　）两种。

二、简答题

1. 羽毛球的基本技术是什么？
2. 羽毛球的比赛项目有哪些？

三、论述题

试论如何提高羽毛球技术水平。

第十五章

乒乓球运动

学习目标

1. 带你了解乒乓球运动。
2. 跟我学乒乓球运动技术。
3. 掌握乒乓球比赛规则。

第一节　带你了解乒乓球运动

一、乒乓球运动的起源与发展

乒乓球运动起源于19世纪后期的英国，由室内网球演变而来，也称为“桌上网球”。因击球时发出“乒乓”声而得名。乒乓球竞赛项目分为团体赛和单项比赛两大类。团体赛有男子团体和女子团体两项。单项比赛有男子单打、女子单打、男子双打、女子双打和男女混合双打五项。乒乓球运动于1904年传入中国，20世纪60年代中国乒乓球运动迅速崛起，创造了直板快攻打法，先后有100多人登上世界乒坛最高奖台，创造了国际乒坛历史上的奇迹，乒乓球也被誉为中国的“国球”。乒乓球运动在中国开展非常广泛，深受广大群众的喜爱，各级学校普遍将乒乓球运动列为体育课的教学内容之一。

二、乒乓球运动的特点

乒乓球是一项球体小、速度快、变化多、趣味性强、设备比较简单的体育运动。它不受年龄、性别和身体条件限制，具有广泛适应性和较高锻炼价值，是比较容易开展和普及的运动，深受广大群众喜爱。经常参加乒乓球运动可以发展人的灵敏性和协调性，提高动作速度和反应能力，改善心血管系统功能，还能培养机智果断、勇猛顽强、积极进取和敢于拼搏的优良品质和作风。

第二节　跟我学乒乓球基本技术与战术

一、握拍法

握拍法指运动员手握乒乓球拍的方法，有直拍握法和横拍握法两种。选用何种握法，因人而异。可根据个人身体条件、兴趣爱好、技术特点选择一种适合的握拍法。

（一）直拍握拍法

拍前以食指第二指关节和拇指第一指关节扣拍；拍柄紧贴住虎口，其余三指自然弯曲贴于拍后的 1/3 上端。直握球拍的特点是手腕灵活，处理台内球容易（图 15-1）。

图 15-1　直拍握拍法

（二）横拍握拍法

中指、无名指、小指自然弯曲握住拍柄，拇指压在球拍正面，食指自然伸直放于球拍的背面，虎口贴于拍肩。此握法适用于快攻型、弧圈型或削攻型打法（图 15-2）。

图 15-2　横拍握拍法

二、站位、基本姿势

握拍及准备姿势

（1）站位，在近台偏左，距球台 30~40 厘米；两面攻打法的基本站位在近台中间偏左，距球台 40~50 厘米；弧圈球打法的基本站位在中台偏左，距球台 50 厘米左右；两面拉弧圈打法的基本站位在中间略偏左；攻削结合打法的基本站位在中远台（图 15-3）。

（2）击球前的身体基本姿势，两脚开立，比肩稍宽，保持身体平稳，脚跟稍提起，前脚掌着地，两膝微屈，上体略前倾，略含胸收腹，重心在两脚之间。两肩放松，执拍手自然弯曲置于身体右侧，两眼注视来球（图 15-4）。

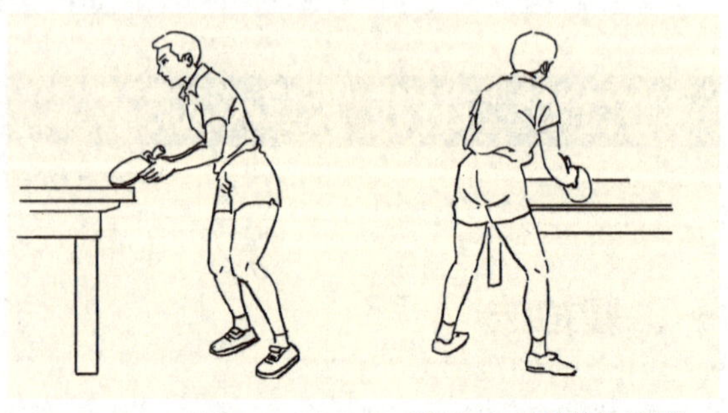

图 15-3　站位　　图 15-4　击球前基本姿势

三、步伐

基本步法

（一）单步

移动方法：以一只脚为轴，另一只脚向前或向后、左、右移动。常在打定点球、还击追身球或近网球时采用。

（二）跨步

移动方法：以一只脚向前、后、左、右不同方向跨出一大步。身体重心随即移到摆动腿上，而另一只脚再迅速跟着移动。常在扑救险球时，或正手打回头球时采用。

（三）跳步

移动方法：以来球方向的异侧脚蹬地为主，两脚发力同时离地，异侧脚先落地，另一只脚随即着地挥拍击球。一般在来球离身体较远、较急时采用。

（四）交叉步

移动方法：以靠近来球方向的脚作为支撑脚，该脚的脚尖调整指向移动方向，远离来球方向的脚在身体前方，迅速向来球方向跨出一大步，身体随之向来球方向转动，支撑脚跟着向来球方向再迈一步，这是前交叉步。后交叉步是在体后完成交叉动作。

（五）侧身步

移动方法：以左脚为轴，右脚向左后方移动，微收腹，侧身让出空隙来击球。在来球追身时，侧身就较大，开始右脚蹬地发力，左脚向球台外跨出一步，然后右脚靠腰部扭动后跟上。

四、推挡球

推挡

推挡球是我国直拍快攻打法的基本技术之一，是乒乓球初学者首先应该学习的技术，具有站位近、动作小、速度快、变化多等特点。

（一）快推

击球前上臂靠近身体适当后撤引拍，球拍略高于来球或与球同高，手臂迅速前迎，在来球的上升期触球，前臂手腕用力向前将球推出，触球的中上部，食指用力压拍（图15-5）。

图 15-5 快推

（二）加力推

加力推动作幅度比快推大，当球弹至上升后期或高点期，利用伸腕和转腰动作加大手臂向前的推击力，并用中指顶住球拍。

（三）减力推

击球前可稍屈前臂，当球弹起时，触球瞬间控制好拍型，不要用力向前撞球，略有后缩动作，借来球力将球反弹回去。

（四）练习方法

（1）徒手做推挡模仿动作，体会动作要点。

（2）在台前两人互推斜线或直线，待熟练后逐渐增加力量和速度。

（3）一人攻球另一人推挡，作定点、定线练习，然后两人轮换。

五、发球、接发球

（一）发球

发球与接发球技术

发球是乒乓球比赛中每一分的开始，是乒乓球技术中唯一不受对方制约和限制的技术。在规则允许的范围内，可以最大限度地施展自己的战术意图。发球的种类很多，根据旋转可分为转与不转和侧旋发球等（图 15-6）。

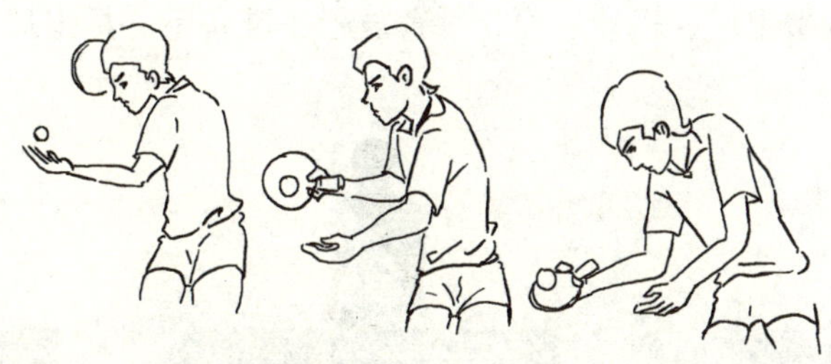

图 15-6　发球

发下旋球时，拍面稍后仰，手臂向前下方挥摆，用球拍下部靠左的位置摩擦球的底部，触球瞬间手腕有一定爆发力。

发不转球时，动作的方式与发下旋球时一致，只是减小拍面后仰角度，用球拍中下部偏右的位置触球的中下部，触球瞬间用拍推球。

（二）接发球

首先要判断好来球的旋转性能、力量大小、速度快慢和落点长短，然后决定回击方法和还击战术。接平快球和上旋球时，可用推挡和攻球来回击；接下旋球时，应将球拉起，击球的中下部，也可用搓球、削球或弧圈球等技术还击。接侧旋球（侧上、侧下）时，可采用把球回击到对方球拍移动的相反方向，用推挡、攻球等方法还击。

（三）练习方法

（1）徒手做抛球发球的模仿动作。

（2）两人一组，一个发球，一个接球，只进行发球、接球练习，要求定点、定线。

（3）结合规则对发球的要求进行练习。

（4）发球结合抢攻，提高发抢意识。

六、攻球

攻球具有力量大、速度快等特点，是比赛中争取主动、克敌制胜的重要手段。

攻球

攻球技术分为正手攻球和反手攻球。

（一）正手攻球

击球前身体稍向右转，腰带手臂横摆引扣至身体右侧，重心落于右脚，手腕自然放松。击球时右脚稍用力蹬地，腰向左转带动手臂向球上方挥动迎球，触球瞬间前臂用力收缩，触球的中上部，手腕辅以发力，身体重心由右脚移到左脚，球拍因惯性顺势挥至头左侧。球击出后，迅速还原，手臂放松，准备下一板击球（图 15-7）。

图 15-7　正手攻球

（二）反手攻球

两脚平行开立或右脚稍前，腰、髋略向左转的同时，前臂后摆引拍至腹前左侧，击球时前臂向右前上方挥动，肘部内收，食指控制好拍型，击球的中上部，手腕辅助发力（图 15-8）。

图 15-8　反手攻球

（三）练习方法

（1）原地徒手及持拍模仿动作，注意身体重心的移动和腰、臂协调一致用力。

（2）结合步伐，在移动中进行攻球模仿动作。

（3）一人发球，另一人练习攻球。打一板后再重新发球。

（4）两人一推一攻练习。要求固定落点和线路，先轻打，多打板数，随着技术提高再增加力量。

（5）两人对攻，斜线、直线力量由轻到重，多打板数，体会触球时的肌肉感觉。

（6）一点对两点或多点的连续攻，要求陪练方用推挡推至对方两点或多点，主练者攻到对方的一点。

七、搓球

搓球是一项过渡性技术，用它对付下旋来球比较稳健，常为进攻创造条件、根据击球方位的不同，分为正手搓球和反手搓球。

（一）正手搓球

近台站位，击球时，拍面后仰，屈臂后引，以前臂向前用力为主，配合手腕动作，根据来球旋转的程度调节拍面角度和用力方向。来球下旋强，拍触球的底部，向前用力大些；来球下旋弱，拍触球的中下部，向下用力大些。

（二）反手搓球

击球前的动作与正手搓球基本相同，击球时身体稍向左转，球拍向左后方稍引，前臂和手腕向下方用力，将球击出。

（三）练习方法

（1）徒手模仿动作，注意前臂、手腕的发力方法。
（2）自抛球在台上，弹起后将球搓过网，反复体会前臂、手腕发力摩擦球的动作。
（3）搓接固定旋转、落点的发球。
（4）斜线或直线对搓，在熟练的基础上结合各种搓球。

八、削球

削球是一种防御性技术，具有稳健性好、冒险性小的特点。通过旋转和落点的变化，调动对手，伺机反攻削球，使对手被动，甚至失误。削球技术分为正手削球和反手削球两种。

（一）正手削球

右脚稍后，身体略右转，双膝微屈，拍型近似垂直，引拍至肩高附近。在来球的下降期，前臂在上臂的带动下，随着身体重心的移动向下、向前、向左挥拍，触球的中下部，手腕控制好拍型并有一摩擦球的动作（图 15–9）。

图 15–9　正手削球

（二）反手削球

左脚稍后，身体略左转，拍型竖立，引拍至肩高。前臂在上臂的带动下，随着身体重心的移动向下、向前、向右挥拍，在球下降期前触球的中下部，手腕控制好拍型并有一摩擦球的动作（图 15–10）。

图 15–10　反手削球

（三）练习方法

（1）徒手模仿动作，做好引拍、挥拍等动作。

（2）用正手或反手削对方发来的平击球。

（3）斜线对斜线或直线对直线。用正手或反手削对方拉过来的球。

（4）一点削多点或多点削一点，从有规律到无规律。

九、弧圈球

弧圈球

弧圈球是一种上旋力非常强的进攻技术。它与攻球相比，在对付强烈下旋球及低网的来球时更加稳健，因此被广泛使用（图15-11）。

图 15-11　弧圈球

（一）动作要点

左脚在前，右脚稍后；身体略向右扭转，腹微收，左肩略高于右肩。击球时，右脚掌内侧蹬地，以腰髋的扭转带动手臂向左上方挥动，击球瞬间快速收缩前臂，直拍的中指（横拍的食指）应加速手腕在触球的瞬间甩动。

（二）练习方法

（1）徒手做模仿动作，认真体会动作要领。

（2）自抛自拉练习，体会腰、臂的协调用力。

（3）一人发下旋球至某一点，一人练习拉球。体会正确的击球点和触球瞬间的摩擦动作。

（4）一人推挡，一人拉球。定点、定线。要求先轻拉，随着技术的提高再增加力量和旋转。

（5）两点或三点对一点连续拉。要求拉球者在左右移动中进行练习，范围由小到大，落点从有规律到无规律。

第三节　乒乓球比赛规则简介

一、球台

球台的上层表面叫作比赛台面，应为与水平面平行的长方形。长2.74米，宽1.525米，离地面76厘米。比赛台面可用任何材料制成，应具有一定的弹性，即当标准球从台面上方30厘米处落至台面时，弹起高度约为23厘米。比赛台面应呈均匀的暗色，无光泽，沿每个2.74米的比赛台面边缘，各有一条2厘米宽的白色边线；沿每个1.525米的比赛台面边缘，各有一条2厘米宽的白色端线。比赛台面由一个与端线平行的垂直的球网划分为两个相等的台区，各台区的整个面积应是一个整体。双打时，各台区应由一条3毫米宽的白色中线划分为两个相等的"半区"。中线与边线平行，并应视为右半区的一部分。

二、球网装置

球网装置包括球网、悬网绳、网柱及将它们固定在球台上的夹钳部分。球网应悬挂在一根绳子上，绳子两端系在高15.25厘米的直立网柱上，网柱外缘离开边线外缘的距离为15.25厘米。整个球网的顶端距离比赛台面15.25厘米。整个球网的底边尽量贴近比赛台面，其两端应尽量贴近网柱。

三、球

球应为圆球体，直径为40毫米，球重2.7克。球应用赛璐珞或类似的塑料制成，呈白色或橙色，且无光泽。

四、球拍

球拍的大小、形状和重量不限，但底板应平整、坚硬。用来击球的拍面应用一层颗粒向外的普通颗粒胶覆盖，连同黏合剂，其厚度不超过2毫米；或用颗粒向内或向外的海绵胶覆盖，连同黏合剂，其厚度不超过4毫米。"海绵胶"即在一层泡沫橡胶上覆盖一层普通颗粒胶，普通颗粒胶的厚度不超过2毫米。球拍两面不论是否有覆盖物，必须无光泽，且一面为鲜红色，另一面为黑色。比赛开始前及比赛过程中，运动员需要更换球拍时，必须向对方和裁判员展示他将要使用的球拍，并允许他们检查。

五、发球

发球开始时，球自然地置于不持拍的手掌上，手掌张开，保持静止。发球员须用手将球几乎垂直地向上抛起，不得使球旋转，并使球在离开不执拍的手掌之后上升不少于16厘米，球下降到被击出前不能碰到任何物体。当球从抛起的最高点下降时，发球员方可击球，使球首先触及本方台区，然后越过或绕过球网装置，再触及接发球员的台区。在双打中，球应先后触及发球员和接发球员的右半区。

六、还击

对方发球或还击后，本方运动员必须击球，使球直接越过或绕过球网装置，或触及球网装置后，再触及对方台区。

七、重发球

回合出现下列情况应判重发球：如果发球员发出的球，在越过或绕过球网装置时，触及球网装置，此后为合法发球或被接发球员或其同伴阻挡。

八、得1分

除被判重发球的回合，下列情况运动员得1分：对方运动员未能正确发球；对方运动员未能正确还击；运动员在发球或还击后，对方运动员在击球前，球触及了除球网装置以外的任何东西；对方击球后，球没有触及本方台区而越过本方台区或端线；对方运动员不执拍手触及比赛台面；双打时，对方运动员击球次序错误。

九、一局比赛

在一局比赛中，先得11分的一方为胜方。10平后，先多得2分的一方为胜方。

十、一场比赛

一场比赛由奇数局组成。

十一、发球、接发球和方位的次序

选择发球、接发球和方位的权利应由抽签来决定。中签者可以选择先发球或先接发球，或选择先在某一方位。当一方运动员选择了先发球或先接发球，或选择了先在某一方位后，另一方运动员必须有另一个选择。在获得每 2 分之后，接发球方即成为发球方，以此类推，直至该局比赛结束，或者直至双方比分都达到 10 分而实行轮换发球法。这时，发球和接发球次序仍然不变，但每人只轮发 1 分球。在双打的第一局比赛中，先发球方确定第一发球员，再由先接发球方确定第一接发球员。在以后的各局比赛中，第一发球员确定后，第一接发球员应是前一局发球给他的运动员。一局中，首先发球的一方，在该场下一局应首先接发球。在双打决胜局中，当一方先得 5 分时，接发球方应交换接发球次序。一局中，在某一方位比赛的一方，在该场下一局应换到另一方位。在决胜局中，一方先得 5 分时，双方应交换方位。

练一练

分组练习：

1. 正手近台攻球练习。
2. 推挡球技术练习。
3. 发平击球和急球练习技术练习。
4. 左推右攻球技术练习。

赛一赛

1. 学生分组进行比赛。
2. 在比赛前，学生了解比赛的规则，能够在明确规则的引导下，感受赛场上的愉快运动氛围。
3. 能够在团体赛中，感受集体配合的重要性，同时加深对相关运动技能的把握与理解。

思考题

一、填空题

1. 比赛用台长（　　）米，宽（　　）米，离地面（　　）米。
2. 整个球网的顶端距离比赛台面为（　　）厘米。
3. 乒乓球拍一般由（　　）、（　　）、（　　）三部分组成。

二、简答题

1. 乒乓球的基本技术有哪些？
2. 如何提高自己的乒乓球技术水平？

三、论述题

试论怎样根据自身特点进行乒乓球练习。

第十六章

网球运动

学习目标

1. 带你了解网球运动。
2. 跟我学网球的基本技术和战术。
3. 掌握网球比赛规则。

第一节　带你了解网球运动

一、网球运动的起源与发展

网球是球类运动项目，网球运动孕育在法国，诞生在英国，普及和形成的高潮在美国。其最早起源于12—13世纪的法国。1896年在雅典举行的第一届现代奥运会上，网球的男子单打与双打被列为正式比赛。1984年的洛杉矶奥运会上列为奥运项目。网球最高级的组织机构为国际网球联合会，1913年在法国巴黎成立。1953年中国网球协会在北京成立。

二、网球运动的特点

网球运动是一项把力量美和艺术美，形体美、服饰美与环境美，比赛中竞争的激烈性与观众的文明性有机结合在一起，即把竞争性、文化性、观赏性和参与性有机结合在一起的极具魅力的体育项目，既有悠久历史，又不断得到普及发展深受群众喜爱的时尚健身运动。

第二节　跟我学网球基本技术与战术

一、基本技术

（一）准备姿势

面对球网，双脚开立稍宽于肩，双膝微屈，身体略向前倾，重心落在双脚的前脚上，持拍于胸腹之间，拍面与地面垂直。两眼前视，观察对手。右手持拍，左手扶拍颈部使拍头朝向前上方。击球步法包括开放式、半开放式和中间式。

（二）握拍方式

底线正手握拍

网球握拍方式分东方式、西方式、大陆式（图16–1）。目前，国内外专家一致公认东方式握拍为最好的握拍法。东方式握拍分为正手握拍和反手握拍两种。

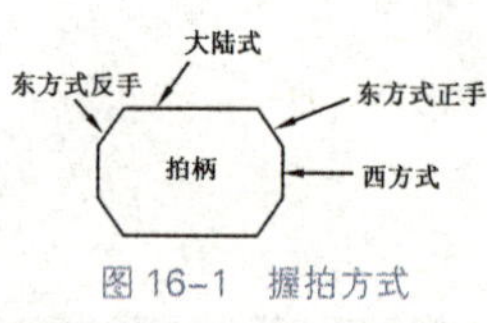

图 16–1　握拍方式

反手握拍

1. 东方式握拍法

（1）东方式正手握拍法。将大拇指与食指间所形成的“V”字形对准拍柄右上斜面，手掌和第二掌指关节紧贴右垂直面，五指包绕拍柄，食指稍离中指，掌根基本与拍柄底部平齐（图16–2）。

（2）东方式反手握拍法。大拇指与食指间所形成的“V”字形需向左移动，对准拍柄左上斜面上缘，拇指直伸紧贴左垂直面，第二掌指关节紧贴右上斜面（图16–3）。

2. 西方式握拍法

西方式握拍法俗称“一把抓”，虎口处在拍柄的右平面（图16–4）。

图 16–2　东方式正手握拍法

图 16–3　东方式反手握拍法

3. 大陆式握拍法

大陆式握拍法就是使虎口处大拇指与食指间所形成的“V”字形在拍柄上部，如果是左手，则把食指根放在第四个斜边上（图16–5）。

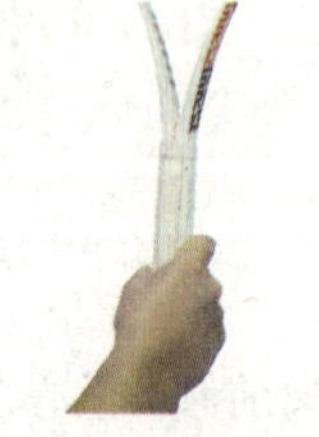
图 16–4　西方式握拍法

图 16–5　大陆式握拍法

（三）击球方法

1. 正拍击球

来球时，向右侧转体，同时带拍后引，右脚向右转与端线平行，左脚向右迈出。以肩为轴，借助转腰、髋及蹬腿的力量，挥动手臂，以拍面的中心击球的中部（图16–6）。

图 16–6　正拍击球

2. 反拍击球

来球时，向左侧转体，同时带拍后引，左脚向左转与端线平行，右脚向左前方迈出。击球时，转腰回身重心前移，肘关节外展，挥拍由下向上至肩上（图 16–7）。

图 16–7　反拍击球

3. 截击球

截击和高压握拍、击球技术

截击球是网前进行的一种攻击性击球方法，即在球落地之前，便将来球击回对方场地。它回击速度快、力量大、威力大，使对方难以应付，是迅速取胜的一种有效手段。截击球分为正手截击和反手截击两种。

截击球技术：眼睛始终盯住球；握紧球拍，绷紧手腕；在身体前面击球；保持拍头向上；用较短的撞击或推击动作击球（图 16–8）。

4. 高压球

高压球同截击球一样，属于上网击球技术，是用以对付对方挑高球的技术，其动作类似发球，在头部上空用扣杀动作还击来球。它堪称击球中的一门“重炮”，是迅速制胜的锐利武器。采用高压球，合适的步法是前提，击球时不要迟疑（图 16-9）。

图 16-8　截击球技术　　图 16-9　高压球

高压球技术：眼睛自始至终盯住球。当对方挑高球就马上后退侧身对网。调整好步法，跟进重心，在身体前面击球，要用力扣腕，充分完成好随挥动作。

5. 挑高球

挑高球技术：在高水平的网球比赛中较少见，而在一般水平的网球比赛中运用较多。当一方在比赛中处于被动地位，而对手高压球水平也不很高的情况下，用挑高球来破坏对方的进攻节奏，使自己赢得时间回到有利的位置；或者挑球过顶，迫使对方退回底线救球，自己上到网前，反守为攻。因此，业余选手掌握此技术很有必要（图 16-10）。

挑高球技术要求眼睛盯住球，边移动边向后引拍。击球时，手腕固定，加长击球时间；跟着球出去的方向，向高处做随挥动作；击球后，迅速回防。

6. 放短球

放短球就是把球刚好“吊”过网。短球放得好，可迫使疲劳的对手从底线上网，而又够不着球。放短球多采用手腕动作，带有削击的特点。在一般情况下，放短球有一定的危险性，因此，应用放短球技术时要谨慎（图 16-11）。

图 16-10　挑高球

图 16-11 放短球

基本技术：击球时侧身对网，眼睛要盯住球，拍面稍放开，轻轻削击球的下部，尽量使拍触球的时间长一些，拍头沿着前下方移动。形成下旋球，球落地后弹得低。击球后，一定要朝着球出去的方向做挥拍动作，然后面对球网，并迅速跑到有利位置准备下一次击球。

（四）发球

发球握拍（大陆式）、击球技术

发球是现代网球运动最重要的技术之一。一切比赛都是从发球开始，发球的好坏有时会影响比赛的胜负。网球发球分为平击发球、切削发球和旋转发球三类。有效的发球应具有攻击性，并在速度、力量、旋转和落点方面有所变化。切削发球带有侧旋的特点，安全率较高，是一般选手常用的发球技术，可用于第一发球或第二发球，也可用于单打或双打。平击发球几乎没有旋转，球速快、力量大，直线飞行，常用于第一发球，成功率虽然低，但一旦成功往往能直接得分。旋转发球带有侧上旋的特点，飞行弧度大，落地弹跳高，但技术难度相对较大，一般适用于高水平运动员的第二发球。

发球技术动作组成：使用大陆式或东方式反手握拍法；用指尖轻轻地拿住球，抛球到位；球拍正面置于背后并抬起肘关节；保持抬头看球；击球时，在身体前击球做扣腕动作，并使重心跟进；球拍随挥至身体的另一侧，完成随挥动作（图 16–12）。

图 16–12 发球

（五）接发球

接发球是网球运动中较难掌握的技术之一。这是因为接球员处于防守地位，球一发出，就需对发来的各种不同球速、落点和旋转的球作出快速的判断和反应，并且要选择各种适当的击球技术来完成接发球动作，而这些技术的运用，比一般回击球的难度要高。

动作由四个技术环节组成：准备姿势、准备和拉拍、向前挥拍和击球、随挥（图 16–13）。

图 16–13 接发球

二、基本战术

基本战术就是要在对抗中考虑如何发挥自己的技术，制约对方，取得局部或整体的胜利。制定基本战术的原则有两点：一是将球打到对方的空位上，使其够不到或在跑动中击球造成受迫或失误；二是给自己制造有杀伤力的击球机会，或得分或掌握主动。

（一）单打战术

一般分为发球战术、接发球战术、上网战术、底线结合上网战术和底线战术五种。

1. 发球战术

发球不受对方支配，可通过力量、速度和准确性达到得分目的；针对对方弱点，攻其薄弱环节；利用不同的发球方式，随球上网截击；运用相似手法，发不同性能的球，使对方不易捉摸；利用外界自然条件（如风向、阳光、硬地和草地等）发球，给对方接发球制造困难。

（1）发球站位。发第一区时，尽量接近中点线，发直线球逼住对方反拍；发第二区时，站位可距中点线稍远，便于以更大的斜线发到对方反拍区，扩大自己正拍防守区域。

（2）第一次发球。多用大力平击发球，使对方造成接发球失误，或用切削发球、上旋发球打落点，发至对方防守较差地区。

（3）第二次发球。重点在准确，力求凶狠，打落点，多用切削发球或上旋发球。

（4）上网的发球。大力平击发球和上旋发球后上网。但大力平击发球后，对方回球快，而且身体不易掌握平衡，常来不及上网，故利用上旋发球上网的居多。

2. 接发球战术

接发球一般处于被动地位，但处理得好可减少被动，甚至化被动为主动。

（1）接发球站位。站在对方可能把球发到的角度的角分线上。当对方发向外或向内旋转的球时，要靠近旋转方向一点。此外，应尽量站在底线内半米左右处，压制对方，自己上网。

（2）接发球击球方法。一般采用平击抽球，将球回击到对方底线两角；也可运用旋转使球旋向两边线外，造成对方左右奔跑；或运用切削球打到近网两角，或运用挑高球挑过发球上网者的头顶等。

3. 上网战术

上网战术，指在发球或接发球后，冲到离网较近的位置，不等对方回击的球落地便进行空中截击或高压的一种战术。

（1）上网时机。多用于第一次发球。发上旋球后，借球在空中飞行时间长，对方难以回击之机上网截击。若抽击球后上网，则出球要斜、要深、要重或接近中央地带。

（2）上网站位。尽可能站到距网约 2 米处。近网则进攻威胁性大，封网角度小，防守控制面积大。此时，站位应在对方可能的击球角度的分角线上。

4. 底线结合上网战术

（1）底线正反拍必须具有进攻性和较大威胁。

（2）凶狠抽击球（如上旋球）拉开对方，及时上网。

（3）具有较好的预测、判断能力，击球果断、有力，随之上网。

（4）底线抽击球在斜、深、重的情况下使对方被动，紧跟着上步作抽杀。

（5）既考虑积极上网，又要提防对方的破网打法。

（6）上网击球主要采用截击球和高压球，此时还要熟练掌握反弹球，以落点为主，应付被动情况，争取第二次截击。

5. 底线战术

底线战术以进攻型打法为前提，用快速力量、准确、凶狠取胜对方，使看来是防守性的打法具有攻击性。常用的有逼右攻左、逼左攻右、攻击对方弱点或打对方不喜欢打的球。

（二）双打战术

双打比赛，站位一般是正拍好的站右边，反拍好的站左边，理想的组合是一个人右手握拍、一个人左手握拍。双打有其特定的战术，不能用单打战术代替。

1. 发球战术

（1）发球站位。发球者站在底线后面的中线与边线之间的一半处，比单打站位稍靠边线，因为另一边有同伴防守，同时可使发出的斜线球角度更大。

（2）第一发球。要求大力、凶狠、准确，掌握上网主动权。常用大力上旋球发对方反手区，压制其进攻力量和回击角度，也可大力平击发球，迫使对方回击高球，以便上网扣杀。

（3）同伴站位。在离网 2~3 米，离边线 3 米左右处，把守半边场区，伺机截击或高压击球。

2. 接发球战术

（1）接发球站位。站在对方可能把球发到角度的分角线上。

（2）回击方法。平击、切削、旋转三种方法交替运用，使对方捉摸不定。球要过网低、角度斜、落点深。压制对方上网，利用时机自己上网。

（3）同伴站位。站在发球线附近，比发球者站得稍后一些，随时注意场上变化。

3. 网前比赛战术

当四人均上网时，短兵相接，要求击球者反应灵敏、动作迅速，有较高的技术水平。

（1）站位。上网位置在离网 2~3 米处，两人各站半场中间稍靠中线位置。这样站位，便于进退和防“中间球”。

（2）同伴之间配合原则。来球在两人之间，由正拍击球者回击；球在两人之间，又是斜线球时，由距离近的运动员迎击；挑高球在两人之间，由正拍击球者进行高压；对方接发球回击过来的是中场球，由上网运动员争取截击，发球运动员随时准备补漏；情况复杂时，通过呼叫“我的”“你的”互相照应；上网运动员左右移动时，底线同伴要移动补位。

（3）灵活机动变化战术。比赛中还要分析双方情况，制订战术，以己之长，攻彼之短，灵活机动地变化战术，出奇制胜。

4. 底线比赛战术

双打应争取机会上网，一旦被压在底线，只能考虑防守，伺机反攻，或诱使对方失误。可用挑高球，回击短而低的球，或打平直线球快速穿过对方中央场区，或运用侧旋直线球打对方两侧。

第三节　网球比赛规则简介

一、网球场地

网球场地应该是长方形，长度为 78 英尺（23.77 米），单打比赛的场地宽度为 27 英尺（8.23 米），双打比赛场地的宽度为 36 英尺（10.97 米）。

场地由一条挂在绳索或钢丝绳上的球网从中间处分隔开，所使用的绳索或钢丝绳附着或挂在 3.5 英尺（1.07 米）高的两根网柱上。球网应允许分伸展开，使之能够填满两个网柱之间的空间，其上网孔的大小以确保球不能穿过为宜。球网中心的高度应当为 3 英尺（0.914 米），并且用中心带向下绷紧固定，网绳或钢丝绳和球网的上端应当用一条网带包裹住，中心带和网带都应完全为白色。

二、发球

发球员在发球前应先站在端线后、中点和边线的假定延长线之间的区域里，用手将球向空中任何方向抛起，在球接触地面以前，用球拍击球。球拍与球接触时，就算完成球的发送。

发球员在整个发球动作中，不得通过行走或跑动改变原站的位置，两脚只准站在规定位置，不得触及其他区域。

每局开始，先从右区端线后发球，得或失 1 分后，应换到左区发球。发出的球应从网上越过，落到对角的对方发球区内，或其周围的线上。

未击中球；发出的球在落地前触及固定物（球网、中心带和网边白布除外）；违反发球站位规定。发球员第一次发球失误后，应在原发位置上进行第二次发球。

发球触网后仍然落到对方发球区内或接球员未作好接球准备时均应重发球。

每局比赛终了，均依次互相交换发球权，直至比赛结束。

三、交换场地

双方应在每盘的第 1、3、5 等单数局结束后，以及每盘结束双方局数之和为单数时，交换场地。

四、网球比赛规则

网球比赛分为单打和双打两种形式。球员用网球拍将球击过网，落入对方的场地。每位球员的目的都是尽力将球打到对方的场地上去。就这样一来一回，直到有一方将球打出界或没接到球为止。

在正式比赛前，需要确定比赛由谁先发球。整个比赛中，双方球员轮流发球。发球员在发球前应先站在端线后，中点和边线的假定延长线之间的区域里。发出的球应从网上越过，落在对角的对方发球区内。每局第 1 分球记为 15，第 2 分球为 30，接下来为 40。每局比赛中，至少要比对手多 2 分球才能结束该局比赛。双打新规则内只多一分就可以赢。

以下几种情况发生时，均判失分。①在球第二次着地前，未能还击过网。②还击的球触及对方场区界线以外的地面、固定物或其他物件。③还击空中球失败。④故意用球拍触球超过一次。⑤运动员的身体、球拍，在发球期间触及球网。⑥过网击球。⑦抛拍击球。

五、网球比赛记分规则

（一）胜一分

（1）发球员连续两次发球失误或脚误时。

（2）接球员在发来的球没有着地前用球拍击球，或球触及自己的身体及所穿戴的衣物时。

（3）在球第二次落地前未能还击过网时。

（4）还击球触及对方场区界线以外的地面、固定物或其他物件时。

（5）还击空中球失败时。

（6）在比赛中，击球员故意用球拍拖带或接住球，或故意用球拍触球超过一次时。

（7）“活球”期间运动员的身体、球拍（不论是否握在手中）或穿戴的其他物件触及球网、网柱、单打支柱、绳或钢丝绳、中心带、网边白布或对方场区以内的场地地面。

（8）还击尚未过网的空中球（过网击球）。

（9）除握在手中（不论单手还是双手）的球拍外，运动员的身体或穿戴的物体触球。

（10）抛拍击球时。

（11）比赛进行中，运动员故意改变其球拍形状。

（二）胜一局

运动员每胜一球得 1 分，先胜 4 分者胜一局。但遇双方各得 3 分时，则为“平分”（duece）。“平分”后，一方先得 1 分时，为“接球占先”（advantage serve）或“发球占先”（advantage）。占先后再得 1 分，才算胜一局。（其中得 1 分为 fifteen，2 分为 thirty，3 分为 forty。）

（三）胜一盘

一方先胜 6 局为胜一盘，但遇双方各得 5 局时，一方必须净胜两局才算胜一盘。

（四）决胜局

决胜局，也称抢七局，在每盘的局数为 6 平时，进行决胜局，先得 7 分为胜该局及该盘，当分数为 6 平时，一方须净胜 2 分。

练一练

把全班学生分为两组：一组给球另一组击球

正手击球技术

1. 准备姿势，双手握拍，腿微屈。
2. 后摆引拍，紧盯来球。
3. 挥拍击球，以肘部为支点向前上方挥拍。
4. 随挥跟进，沿着击球方向继续挥拍。

反手击球技术

1. 准备姿势同正手击球。
2. 肩膀充分向后转，重心移至左脚，扶在拍颈上的手将拍拉至左后方。
3. 让拍面沿着线的回圈从低往高挥动，脚步跟进后向右后上方随挥跟进。
4. 拍面自然向上，完成反手挥拍击球动作。

赛一赛

1. 在练好正反手击球的基础上，学生分为 a、b、c 三个组进行比赛：a 组为男子组 ;b 组为女子组 ;c 组为男、女混合组。
2. 在比赛前，学生了解比赛的规则，能够在明确规则的引导下，感受网球赛场上的愉快运动氛围。
3. 能够在发球、接发球、进攻等过程中，感受比赛氛围，同时加深对相关运动技能的把握与理解。

思考题

一、填空题

1. 网球比赛四大公开赛是（　　）、（　　）、（　　）、（　　）。
2. 网球握拍的四种方式是（　　）、（　　）、（　　）、（　　）。
3. 发球的动作组成是（　　）、（　　）、（　　）、（　　）、（　　）。

二、简答题

1. 正反拍击球动作的要点有哪些？
2. 影响网球战术的因素有哪些？

三、论述题

试论运动员良好的心理状态表现在哪些方面。

第十七章

游泳运动

学习目标

1. 带你了解游泳运动。
2. 跟我学游泳运动的基本技术、技能——蛙泳。
3. 掌握游泳比赛规则。

第一节　带你了解游泳运动

一、游泳运动的起源与发展

人类在五千多年前就已经有了游泳活动，这是人类生产劳动和生存的必然产物。近代游泳出现在 11 世纪末。1896 年，在希腊举行的第 1 届奥林匹克运动会上就把游泳列为竞赛项目之一。当时只有男子 100 米、150 米、1 000 米自由泳 3 个项目，以后又陆续增加了仰泳、蛙泳、蝶泳和自由泳接力等项目。1908 年在英国举行第 4 届奥运会时，成立了国际业余游泳联合会，审定了各项游泳世界纪录，并确定了国际游泳规则。1912 年，在瑞典举行的第 5 届奥运会上，女子游泳被列为正式比赛项目。

思政园地

我国游泳运动的发展

中华人民共和国成立后，党和人民政府十分重视游泳运动的发展，将游泳列入全国重点群众性游泳运动。游泳运动蓬勃发展，类似广东东莞市、浙江温州市之类的“游泳之乡”不断涌现。随着群众性游泳活动的广泛开展，各级各类的训练网点不断建立，竞赛制度逐渐完善，我国游泳运动水平迅速得到了提高。1953 年在罗马尼亚布加勒斯特举行的第 1 届世界青少年友谊运动会的游泳比赛中，吴传玉获得男子 100 米仰泳冠军，这是中华人民共和国获得的第一个国际游泳比赛冠军。1957—1960 年，我国著名运动员戚烈云、穆祥雄、莫国雄 3 人，先后 5 次打破男子 100 米蛙泳世界纪录。20 世纪 80 年代后，我国的游泳水平显著提高，尤其是女子短距离项目，多次在世界大赛夺得冠军 :1992 年在巴塞罗那奥运会上，庄泳、钱红、林莉、杨文意分别获得女子 100 米自由泳、100 米蝶泳、200 米混合泳、50 米自由泳冠军；乐靖宜在 1996 年亚特兰大奥运会上获女子 100 米自由泳冠军；罗雪娟在 2004 年第 28 届奥运会上摘得女子 100 米蛙泳金牌。

二、游泳运动的分类

游泳运动是人类在长期与大自然的斗争中逐步形成的，具有广泛的实用性。随着现代竞技体育的发展，游泳运动也逐步向竞技游泳这种高级形式发展和转化。根据游泳活动的直接目的，可以将游泳分为竞技游泳、适用游泳和大众游泳。

竞技游泳是指具有特定的技术规格，并按游泳竞赛规则进行比赛的游泳运动项目。

适用游泳是指直接为生活、生产或军事服务的游泳技术。它是一类专门技能，包括踩水、反蛙泳、侧泳、潜泳和救生等。

大众游泳是指以游泳动作为基本手段，以增进身心健康、丰富业余生活为直接目的的各种游泳活动。大众游泳包括健身游泳、健康游泳等。

第二节　跟我学蛙泳

蛙泳是模仿青蛙游泳动作的一种姿势。蛙泳的时候，头露出水面或浸在水里，抬头就呼气，呼吸方便，省力持久，而且在游进中声音小、易观察、可负重，是实用性较强的技能。

一、蛙泳技术

（一）身体姿势

俯卧水中，两臂前伸并拢，稍抬头，前额齐水面，稍挺胸，略收腹，腿伸直呈流线型。身体纵轴与前进方向成 5 度至 10 度角（图 17–1）。

图 17–1　身体姿势

（二）腿部动作

蛙泳腿部动作包括收腿、翻脚、蹬夹水和滑行 4 个连贯动作。

1. 收腿

收腿是指把腿收至能为翻脚、蹬夹水创造有利条件的位置。收腿是从滑行结束而自然下沉开始，两腿边收边分，在收腿结束时，小腿与躯干之间为 130 度至 140 度角，小腿和脚跟靠近臀部并与水面成垂直姿势，两膝距与肩同宽。收腿的要求：腿要放松、收腿的力量要小；速度与蹬腿相比要慢，截面要小。

2. 翻脚

翻脚是为了创造有利于蹬夹水的动作，直接影响蹬夹水效果。实际上翻脚是收腿的继续、蹬夹水的开始。在收腿靠近臀部时，两膝内压，小腿外移，紧接着两脚外翻，使脚和小腿内侧对好蹬夹水方向。要求在收腿未结束之前开始翻脚，在蹬腿开始时完成。

3. 蹬夹水

蹬夹水的要点是以髋和大腿的肌肉发力，以先伸髋，再伸膝、伸踝的顺序，以大腿内旋做快速有力的鞭状蹬夹水动作。蹬夹水结束时两腿并拢。

4. 滑行

鞭状蹬夹水动作完成后，两腿并拢伸直借助惯性向前滑行，身体成俯卧姿势，腿部放松为收腿做准备。

（三）臂部动作

蛙泳臂部动作不仅是游泳前进的动力之一，而且对维持身体平衡、配合呼吸有重要作用。蛙泳臂的划水动作可分为抓水、划水、收手、伸臂几个阶段。

1. 抓水

抓水是划水的准备阶段，抓水动作紧接滑行，肩前伸，两臂内旋滑下，稍勾手，两臂分开向侧下方压水。抓水结束时，两臂成 30 度至 40 度角，两臂与水平面的夹角为 15 度至 20 度。

2. 划水

紧接着做划水动作，两臂积极地做向侧、向下、向后方向屈臂划水。整个划水过程应保持快速有力。划水时前臂与上臂的角度是不断变化的，在主要划水阶段约为90度。

3. 收手

划水结束时，随着惯性手臂向内、向上收到头的前下方，这时前臂与手几乎同时做动作，但不能强调两肘向内夹。

4. 伸臂

伸臂是由伸直肘关节和肩前伸来完成的，掌心由收手时的向内逐渐向下，两臂同时向前伸出，两拇指并拢。

（四）臂与呼吸的配合

蛙泳的呼吸方法有两种：一种是抬头吸气时下颌前伸，口露出水面呼气，肩的上下起伏不大；另一种是随着手臂的有力划水动作，头和肩上升时吸气，没有明显的抬头动作。

划水动作阶段，头、口露出水面吸气，伸臂时低头闭气，臂下滑时逐渐呼气。其配合又有两种类型：一是晚吸气，即在两臂划水快结束时吸气；二是早吸气，即在两臂下划和内划的过程中吸气。初学蛙泳的人以早吸气为好。

（五）臂、腿和呼吸的完整配合

臂、腿配合一般是：臂划水时，腿伸直放松，吸气后臂前伸做收腿和蹬夹水动作。

腿和呼吸的完整配合一般是：腿蹬夹水一次，臂划水一次，呼吸一次。蛙泳技术的重点、难点是腿部动作，而腿部动作的关键又是翻腿和鞭状蹬夹水动作。腿部动作的技术要求是慢收快蹬，翻脚充分，鞭状蹬腿，放松滑行。臂部技术主要注意屈臂划水和划水路线不超过肩，在完整配合技术中注意动作的节奏性和连贯性。

二、练习方法

（一）熟悉水性练习

1. 水中憋气

熟悉水性

先将气吸足，然后憋气将头浸入水中，坚持一段时间再将头抬出水面呼吸换气。

2. 呼吸练习

用鼻子和嘴巴在水中慢慢呼气，在抬头将嘴露出水面的一瞬间，把最后的气用力呼出，嘴出水面后立即用口快速地吸足气。

（二）腿部动作练习

1. 坐姿蹬水

坐在池边，上体稍后仰，双手体后撑，做蛙泳收腿、翻脚、蹬夹等动作。

2. 卧姿蹬水

俯卧岸边做收、翻、蹬夹等动作。

（三）手臂和呼吸配合练习

陆上站立姿势，上体前倾，两臂前伸，做划水动作。划水时抬头吸气，伸臂时低头呼气，体会臂的动作与呼吸的配合。

两脚开立站在齐胸深的水中，上体前倾，两臂前伸做划臂的动作。划臂时不要用力，体会水对手的压力及划水路线。

（四）臂、腿和呼吸的完整配合练习

陆上原地站立，两臂上举并拢伸直。两手抓水分向两侧，抬头吸气划水时收肘、收手，此时，一腿做收腿、翻脚动作。手臂向上将伸直时，低头呼气，翻脚的腿向下做蹬夹动作，还原成开始姿势。

水中臂、腿的间断配合练习。在蹬臂滑行中，先做一次划臂动作，再做一次腿的收、翻、蹬夹的动作。手臂和腿交替进行，以建立臂先腿后的技术概念。

—知识链接—

游泳入门小技巧

- 换气动作越小越好。
- 游泳动作越协调越好。
- 游泳速度越均匀越好。
- 对前进有效的动作都是加速的。
- 做对前进无效的动作时应放松肌肉。
- 掌握良好的初速度有利于泳速的增进。
- 前进阻水横断面积越小越好。

第三节 游泳比赛规则简介

一、比赛的出发

（1）自由泳、蛙泳、蝶泳的各项比赛必须从出发台起跳出发，仰泳项目在水中出发。当听到总裁判发出长哨声信号后，运动员应站到出发台上，两脚距出发台前缘相同距离；仰泳各项运动员下水。在总裁判发出第二声长哨时，仰泳运动员应迅速游回池端做好出发准备；仰泳运动员在水中做好出发准备。当所有运动员都处于静止状态时，发令员应发出“出发信号”（鸣枪、鸣哨、电笛或口令）。运动员在听到“出发信号”后才能做出发动作。

（2）运动员如在“出发信号”发出之前出发，应判出发抢码犯规。第一次出发抢码犯规，发令员就应召回运动员并组织重新出发。第一次出发抢码犯规以后，无论哪个运动员抢码犯规（不论该运动员是第几次犯规），均庆取消其比赛资格或录取资格。如果在“出发信号”发出之后发现运动员抢码犯规，应继续比赛，在该组比赛结束后取消犯规运动员的录取资格。如果在“出发信号”发出前发现运动员抢码犯规，则不再发“出发信号”，取消抢码犯规运动员的比赛资格后，再次组织出发。

（3）发令员发现运动员抢码犯规或总裁判判定运动员抢码犯规鸣哨后，发令员应连续不断地发出召回信号直至将运动员召回。

如因裁判员的失误或器材失灵而导致运动员抢码犯规，发令员应将运动员召回重新出发，不作为一次抢码犯规。

二、比赛和犯规

（一）单人

（1）运动员必须在自己的泳道内比赛完毕，否则即算犯规。

（2）游出本泳道，或用其他方式干扰、阻碍其他运动员者应取消其录取资格。

（3）由于某运动员犯规而影响了被干扰、阻碍的运动员获得优良成绩时，则应准许受干扰、阻碍的运动员补测成绩，或直接参加决赛。如在决赛中发生上述情况，应令该组重新决赛（犯规运动员除外）。

（4）比赛中运动员转身时必须使身体某一部分触及池壁。转身必须从池壁完成，否则即算犯规。

（5）在比赛中除自由泳可在池底站立外，其他泳式（包括自由泳）均不得跨越或行走，否则即算犯规。

（6）在比赛中，运动员不得使用或穿戴任何有利于其速度、浮力的器具（如手、脚蹼等，但可戴护目镜），否则即算犯规。

（二）接力

（1）每一个接力队应有四名队员，接力比赛中任何一名队员犯规即算该队犯规。任何接力队员在一次接力比赛中只能参加一棒比赛。

（2）接力比赛时，如本队的前一名运动员尚未触及池壁，而后一名运动员即离台出发，应算犯规。如该运动员重新返回并以身体任何部分触及池壁再行游出时，不作犯规论。

（3）接力比赛前三棒运动员游完后，在不影响其他运动员比赛的情况下尽快离池，并不得触停其他泳道自动计时装置，否则即判犯规。运动员全部到达终点要尽快离池，否则即判犯规。

（4）在一项比赛进行过程中，当所有比赛的运动员还未游完全程时，未参加比赛的运动员如果下水，应取消其原定的下一次比赛资格。在接力比赛中，当各队的所有运动员还未游完时，除了应游该棒的运动员外，任何其他接力队员如果进入水中，该接力队员将被取消录取资格。

（三）预赛

预赛结束后，有两名以上运动员成绩相等而超过了原定的参加决赛人数时，确定参加决赛人选的办法如下：

（1）如采用自动计时装置，预赛后，同组或不同组的运动员成绩相同者，都必须重赛，按重赛后的名次确定参加决赛的人选。

（2）如采用的是人工计时，预赛后，同组的运动员成绩相同者，不重赛，按预赛的名次确定参加决赛人选。不同组的运动员成绩相同者，按下列三例精神确定重赛的运动员，根据重赛后的名次确定参加决赛人选。

①在某项预赛后，两组或两组以上的运动员成绩相同，需要确定一名参加决赛，应按各组终点名次最前的一名参加重赛。重赛后名次最前的一名运动员参加决赛。

②在某项预赛后，A 组甲、乙、丙（按终点名次排列顺序）运动员与 B 组甲运动员成绩相同，需要确定二名参加决赛。A 组丙应淘汰，由 A 组乙和 B 组甲重赛，重赛后优胜者与 A 组甲参加决赛。

③在某项预赛后，A 组甲、乙运动员与 B 组甲、乙运动员成绩相同，需要确定两名参加决赛：应由这四名运动员一起重赛，重赛后名次列前的两名运动员参加决赛。

（3）重赛应在所有有关运动员游完预赛至少一小时后（或经有关方面协商确定时间）进行，以抽签方法安排泳道。

三、竞赛场地

标准游泳池长 50 米，宽 21 米，奥运会世界锦标赛要求宽 25 米。另外，还有长度只有一半（即 25 米）的游泳池，称为短池。水深大于 1.8 米。有 8 个泳道，每道宽 2.5 米，边道另加 0.5 米，两泳道间有分道线，分道线用浮标线分挂在池壁两端，池壁内设挂线钩，池底和池端壁应设泳道中心线，为深色标志线。出发台应居中设在每泳道中心线上，台面为 50 厘米 ×50 厘米。台面临水面前缘应高出水面 50 至 70 厘米，台面倾向水面不应超过 10 度。游泳池的池岸宽一般出发台端不小于 5 米，其余池岸不小于 3 米。正式比赛池，出发台池岸宽不小于 10 米，其他岸宽不小于 5 米。

练一练

1. 在岸上做好徒手模仿练习。
2. 学生依次进入游泳池持筏板练习。
3. 做换气练习。
4. 学生自己蛙泳练习，老师帮助与保护

（1）向前出发：入水后，游泳者向上耸肩，肘部向外，手向外，使两臂前臂夹角成 30° ~ 45°

（2）开始划水：推水，先用掌，再向后、向下画圈，然后将头部浮出水面呼吸。

（3）结束划水：面部再次入水，两臂向前平伸，屈膝，从身后向上翻脚，两脚再做圆弧形运动蹬水。

赛一赛

1. 学生分为 6 人组进行比赛。
2. 在比赛前，学生了解比赛的规则，能够在明确规则的引导下进行比赛。
3. 让学生在浅水区游 50 米，感受比赛氛围，同时加深对相关运动技能的把握与理解。

思考题

一、填空题

1. 必须在（　　）带领下去游泳，单身一人去游泳最容易出问题。如果你的同伴不是（　　），在出现险情时，很难保证能够得到妥善的救助。
2. 身体（　　）不要去游泳。最容易发生（　　）、（　　），危及生命。
3. 参加强体力劳动或剧烈运动后，不能立即跳进水中游泳，尤其是在(　　)、(　　)的情况下，不可以立即下水，否则容易引起（　　）、（　　）等。

二、简答题

1. 什么是“游泳”？
2. 当代竞技游泳包括哪些项目？

三、论述题

游泳是怎样的运动项目？

第十八章

武术运动

学习目标

1. 带你了解武术运动。
2. 跟我学武术基础与套路。
3. 掌握武术比赛规则。

第一节　带你了解武术运动

武术是中华民族传统文化的瑰宝，是一项内涵丰富、形式多样，具有独立体系和多种社会功能的运动项目。武术也是东方文化中一颗璀璨的明珠。目前，中国武术在全球范围内得到广泛的传播，已成为世界体育文化的一个重要组成部分。

一、中国武术运动的发展情况

武术在我国有悠久的历史，它的产生，源于我国远古祖先的生产劳动。人们在狩猎的生产活动中，逐渐积累了劈、砍、刺的技能。这些原始形态的攻防技能是低级的，还没有脱离生产技能的范畴，却是武术技术形成的基础。武术作为独立的社会文化现象，是同中华民族文明的产生同步的。

中华人民共和国成立后，武术得到了蓬勃发展。1956 年中国武术协会建立了武术协会、武术队等，形成了空前广泛的群众性武术活动网，为武术的发展开拓了广阔的道路。1985 年，西安举行了首届国际武术邀请赛，并成立了国际武术联合会筹委会，这是武术发展中历史性的突破。1987 年在日本横滨举行了第一届亚洲武术锦标赛。1990 年武术首次被列入第十一届亚运会竞赛项目。1994 年，国际武联被吸收为国际奥委会的正式国际单项体育联合成员，这是武术发展中的又一历史性突破。

二、世界武术运动的发展情况

作为一种特有的身体文化，武术的发展符合一般民族文化传播的规律。作为中国人创造的体育文化，武术具有不同于许多西方体育文化的独特文化意蕴，中国传统文化的黏附性、独特的身体技巧、审美情趣和技击表现力使它在许多方面超越了西方的体育文化。1936 年中国武术队赴德国柏林参加奥运会表演，奥运会以后，这支由 6 男 3 女共 9 名运动员为核心组成的中国武术队，在德国进行了巡回表演，并取得了轰动性的效果。武术全方位展示在世界舞台上的同时，也形成了世界范围内的发展态势。

进入 20 世纪 80 年代，随着改革开放的进程加快，武术国际化也成为中国武术发展的一项重要任务。中国武术已经进行了大量的武术改革与尝试，积累了丰富的经验教训，推进了武术的国际化。目前，已经举办了十五届世界武术锦标赛，武术在 1990 年第十一届亚运会上成为亚运会比赛项目，亚洲武术锦标赛和欧洲武术锦标赛也不断举办。

1990 年国际武术联合会的成立和 1994 年国际武术联合会加入国际单项体育联合会，都使武术成为国际体育的一支生力军。经过多届世界武术锦标赛的发展壮大，截至 2020 年，根据国际武术联合会官网显示，国际武术联合会目前拥有来自五大洲 155 个国家和地区的会员协会。“武术源于中国，属于世界”的观念逐步深入人心。

第二节　武术基础与套路练习

一、武术的基本功练习

通过练习基本功，不仅可以掌握武术的基本动作、基本技术、基本方法，还能全面有效地提高身体素质，减少损伤，为学习拳术和器械套路、提高武术的技术水平打下良好的基础。

（一）肩臂练习

肩臂练习主要是增进肩关节的柔韧和灵活性，加大肩关节的活动范围，发展肩部力量，提高上肢的敏捷、松长、环转等能力。

1. 压肩

练习者面对肋木或一定高度的物体两脚开立。双手抓住肋木，手臂伸直，上体前俯并做下振动作；背对肋木，两臂内旋后伸，手心向上抓握肋木，然后屈膝向下，向前拉压。

要点：挺胸，塌腰，直臂。压点集中在肩部，力量适中。

2. 握棍转肩

双脚开立，两手上握，相距与肩同宽或稍宽。

要点：两臂伸直，双手横向距离根据自己情况而定。

3. 绕环

（1）单臂绕环。右（左）臂向前、向上、向后、向前连续立圆绕环。

要点：臂要直，肩要松，绕环要立圆如轮转。

（2）双肩顺向绕环。左右双臂依次向前、向上、向后、向前环绕。

要点：臂要直，肩要松，抡臂时上臂贴耳朵，下臂贴裤腿，要成立圆。

（3）双臂反向绕环。右肩向前，左肩向后同时于体侧划立圆绕环。数次后，再做反方向练习。

4. 俯卧撑

双腿并拢伸直，双手与肩同宽，手指朝前撑地成俯卧；上体向后移动，臀部凸起，随即双臂屈肘，上体从后向下、向前移动，再向后移动还原。

要点：双腿伸直，双手与肩同宽撑地，上体贴地向前移。

5. 倒立

双臂伸直，双手与肩同宽撑地，靠墙做手倒立。

要点：抬头挺胸，立腰，双腿并拢伸直。

（二）腰部练习

腰部练习主要是增强脊柱和腰部各肌肉群的力量与柔韧性。腰是贯通上下肢的枢纽，又是集中反映武术身法技巧的关键。

1. 俯腰

双手手指交叉，上体前俯，双手抱住脚踝处，逐渐使胸部贴近腿部。

要点：双腿伸直，上体下俯。

2. 甩腰

双腿开步站立，双臂上举，以腰、髋关节为轴，上体向前，向后做屈伸动作，双臂随上体屈伸摆动。

要点：双腿伸直，上体前后屈伸要富有弹性。

3. 晃腰

双脚开步站立，双臂侧平举，上体后仰向左、右转动，双臂跟随摆动。

要点：腰要放松，上体尽量后仰，转动幅度要大。

4. 涮腰

双脚开立与肩同宽，以髋关节为轴，上体前俯，然后向左、向后、向右、向前翻转环绕，双臂随腰摆动。左、右交替进行。

要点：松腰活体，尽量增大上体环绕幅度，速度由慢到快。

5. 下腰

双脚开立与肩同宽，双臂伸直上举，上体后倒，双手向后下撑地成“桥”形。

要点：抬头、挺胸、挺髋，桥弓要大，脚跟不得离地。

（三）腿部练习

长拳对腿部柔韧、灵活、力量等素质的要求较高。主要练习方法有压腿、搬腿、劈腿、踢腿等。

1. 压腿

（1）正压腿。面对肋木或有一定高度的物体，并步站立，左腿提起，脚跟放在肋木上，脚尖勾紧，双手按在膝上；上体前屈，向前，向下做压振动作。

要点：先耗腿，再压腿，双手抱紧脚尖，挺胸立腰，头部向脚尖方向伸出，逐渐由鼻过渡到下颌触及脚尖。练习时一定要循序渐进，由轻到重，左右反复练习。

（2）侧压腿。身体侧向肋木，右脚跟搁在肋木上，上体侧压。左右腿交替练习。

要点：同上。

（3）后压腿。身体侧向肋木，右腿后举，脚背搁在肋木上，脚面绷直，上体向后做压振动作。

要点：双腿伸直，要抬头、挺胸、展髋，上体后仰。

（4）仆步压腿。右（左）腿屈膝全蹲，左（右）腿伸直平铺成仆步。

要点：全蹲，膝关节外展，左（右）腿伸直贴地，充分展宽。

2. 搬腿

（1）正搬腿。右腿伸直站立，左腿屈膝提起，右手抱住踝关节，左手抱住膝关节，然后将左腿向上方搬起，脚勾紧；也可由同伴帮助向上搬。

要点：由轻到重，循序渐进。

（2）侧搬腿。右腿提起，右手经小腿内侧托住脚跟，然后将右腿向右侧上方搬起，也可由同伴帮助向侧上方搬起。

要点：支撑腿挺直，挺胸、收腹、开髋。

（3）后搬腿。手扶肋木，由同伴托起左腿从身后向上搬起。

要点：双腿均伸直，上体前屈，搬腿时力量不可太猛。

3. 劈腿

竖劈腿：双腿前、后成直线，前脚勾脚尖，脚后跟着地，后脚跟或内侧着地。

要点：双腿伸直与地平行，上体要正。

4. 踢腿

（1）正踢腿。右手扶肋木，左手叉腰或侧平举，身体侧向站立，一腿支撑，另一腿向前额上方踢起，左右腿交替练习。

要点：踢腿时要做到三直一勾，即上体直，支撑腿直，摆动腿直；摆动腿脚尖勾紧。

（2）侧踢腿。面对肋木，双手抓住肋木。一腿支撑，另一腿由体侧向耳上方踢起。

要点：上体、支撑腿、摆动腿要挺直，摆动腿脚尖勾紧。

（3）里合腿。支撑腿自然伸直，全脚着地，另一腿由体侧踢起，向异侧做扇面摆动落下。

要点：做到三直一勾。摆动腿的幅度要大，速度要快。

（4）外摆腿。同上，唯摆动腿方向相反。

要点：同上。

（5）后踢腿。面对肋木，双手扶握肋木，一腿伸直站立，另一腿绷脚挺膝向后踢起；也可以屈膝，用脚掌触头部。

要点：挺胸，展髋，上体前屈，伸直腿挺直，后踢腿脚尖绷展。

（6）弹腿。两腿并立，一腿屈膝提起，当大腿接近水平时，小腿迅速踢起，力达脚尖。

要点：小腿弹击要快速，膝部要挺直，脚面要绷紧。

（7）蹬腿。动作与弹腿相同，唯脚尖勾起，力达脚跟。

要点：同上。

（8）侧踹。一腿伸直支撑，另一腿屈膝提起，脚尖勾紧，脚跟用力向侧上方踹出。

要点：膝部挺直，脚尖勾紧，踹出的一瞬间展髋。

（四）手形、手法的练习

1. 手形

（1）拳。四指并拢握紧，拇指扣在食指和中指的第二指关节上。

要点：拳要握紧，拳面要平。

（2）掌。四指并拢伸直，拇指弯曲紧扣于虎口处。

要点：掌心要外撑。

（3）勾。五指第一指关节撮拢、屈腕。

要点：五指撮拢，尽量勾腕。

2. 手法

（1）冲拳。两拳收抱于腰间，右（左）拳由屈到伸，迅速向前冲出，高与肩平，拳眼朝上为立拳，拳背朝上为俯拳。

要点：冲拳一瞬间要拧腰、送肩、急旋肩。两臂一冲一拉形成合力。

（2）架拳。右拳向左经体前向头上方架起，拳轮朝上，臂成弧形。

要点：送肩、屈肘、旋臂，力达前臂外侧。

（3）劈拳。右拳向左、向上经头前向右下快速劈击，臂伸直与肩同高。

要点：肩要放松，拳要握紧，力达拳轮。

（4）推掌。右掌变拳，向前猛力推击，高与肩平，成侧立掌，同时左肘向右拉紧。

要点：拧腰，送肩，沉腕，侧立掌，快速有力，力达掌外沿。

（5）亮掌。右拳变掌，经体侧向右、向上划弧，至头部右前上方时，抖腕亮掌。

要点：臂微展，掌心斜向上。

（6）格肘。右臂弯曲，从右腰间向左斜上方横格，前臂外旋。力达小臂外沿。

要点：手臂外旋时，上体可同时稍向左转，拧腰送肩。

（五）步伐练习

1. 弓步

前脚微内扣，全脚着地，屈膝使大腿接近水平；后腿挺膝伸直，脚跟后蹬，脚尖内扣，挺胸立腰。

要点：前腿弓平，后腿蹬直。

2. 马步

两脚左右开立为脚长的 3~3.5 倍，脚尖正对前方，屈膝使大腿接近水平。

要点：顶平、肩平、腿平；挺腰、立腰、裹膝、扣足。

3. 仆步

一腿全蹲，全脚着地，膝和脚尖向外展；另一腿伸直，全脚着地，脚尖内扣。

要点：挺胸、立腰、开髋、全蹲。

4. 虚步

后腿屈膝半蹲，大腿接近水平，脚尖外展；前腿微曲，脚面绷直，用脚尖虚点地面。

要点：挺胸、立腰，两脚虚实分明。

5. 歇步

两腿交叉屈膝全蹲，前脚全脚着地，脚尖外展；后脚跟离地，臀部坐于小腿。

要点：两腿交叉叠紧，挺胸立腰。

（六）平衡练习

1. 提膝平衡

右腿伸直支撑，左腿屈膝提膝，脚面绷直，并垂扣于右腿前侧。右臂上举于头上亮掌，左臂反臂后举成勾手。

要点：挺胸、塌腰、收腰。平衡要站稳，提膝过腰，脚内扣。

2. 扣腿平衡

右腿屈膝全蹲，左腿屈膝勾脚贴于右膝窝处，脚背朝里。左臂上举于头上架掌，右手向侧立拳冲出。

要点：挺胸、塌腰、扣腿、平稳。

3. 燕式平衡

左腿屈膝提起，两掌在身前交叉，掌心向内。然后，两掌向两侧直臂分开平举，上体前俯，左脚绷平向后蹬伸。

要点：挺胸、抬头、弓腰、两腿伸直、静止。

（七）跳跃练习

1. 腾空飞脚

右腿向前上摆腿，左脚蹬地跃起，身体腾空，左腿向前上方弹踢，脚面绷直，右手迎击右脚面。同时左腿屈膝收控于右腿侧。

要点：①右腿在空中摆腿时，脚必须过腰，在击响的一瞬间，左腿屈膝收控于右腿侧。②在腾空最高点完成击响动作。拍击动作必须连续、准确、响亮。

2. 旋风腿

左脚向左上步，同时左掌前推。右脚随即上步，脚尖内扣，准备蹬地踏跳。左臂随上步向下摆动并屈肘收至右胸前，同时右臂向上、向前轮摆，上体向右旋转前俯。重心右移，右腿屈膝蹬地跳起，左腿提起向左上方摆动，上体向左上方翻转，同时两臂向下、向左上方轮摆。身体旋转一周，右腿做里合腿，左手在面前迎击右脚掌，左腿自然下垂。

要点：右腿做里合腿，要贴近身体；摆动时，膝挺直，由外向里成扇形。

少林武术

—知识链接—

少林武术作为一种人文文化现象，作为一种人体形态文化或是作为健身、御敌、竞技专案，在中国早已家喻户晓、妇孺皆知，已成为中华文化的宝贵遗产。少林功夫是一项综合的武术体系，其中“禅”字是提高功夫的重要依据，因为“禅”是“外不着想，内不动心”。禅乃梵文音译“禅那”，其意译为“弃恶”“功德丛林”“思维修”“静虑”。它的基本含义就是息心静寂地参悟。所以，少林功夫和其他派别不同，讲究的是“禅武合一”。少林武功又是武术极具代表性、极具文化内涵、极具宗教文化底蕴、极具完整的体系、极具权威性、极具神秘感的中国武功流派，它无疑已成为汉族武术的主流学派。相传著名的达摩祖师在“少林寺”面壁修炼十年的漫长岁月中，言传身教创造了少林武功流派，而且使少林武功一开始就具备了深厚的人文文化内涵，具有修身养性、善化人性、清静无为的武德。使佛教文化哲理的“禅”等与武功相辅相成，达到二者“你中有我，我中有你”的至高境界。

二、武术套路

武术套路是武术锻炼项目的主要内容，套路运动分为以下部分：

（1）拳术。拳术包括长拳、南拳、形意拳、八卦掌、太极拳、八极拳、通臂掌、劈挂掌、戳脚、翻子拳、象形拳、地躺拳等百余种拳术。现代长拳吸取查、华、炮、洪等传统拳术的精髓，把具有长拳特点的手形、手法、步型、步法、腿法、平衡、跳跃等基本动作规范化，编排成包括蹿蹦跳跃、闪展腾挪和起伏转折在内的各种套路，舒展大方，刚柔相济，进疾退速，节奏明快。

（2）器械。器械包括短器械，如刀、剑等；长器械，如棍、枪等；双器械，如双刀、双剑等；软器械，如九节鞭、三节棍等。

（3）刀术。刀术是以缠头裹脑的招数为基本动作，加上劈、砍、挂、撩、扎、点、云、崩等刀法所组成的套路练习。刀以劈砍为主，“刀之利，利在砍”，另外还有撩、刺、截、拦、崩、斩、抹、带、缠裹等刀法。其特点是勇猛快速、气势逼人、刚劲有力，如猛虎一般，并要求进退闪转和纵跳翻腾都要刀随身换，身械协调一致。

（4）剑术。剑术套路包含各种花法、平衡、翻腾、造型等动作，其技法有劈、刺、点、撩、崩、截、抹、穿、挑、提、绞、扫等。剑术的特点是轻快敏捷、潇洒飘逸，极其讲究身形步法的配合。

（5）棍术。棍术是以打、揭、劈、盖、压、云、扫、穿、托、挑、撩、拨等技法为基础动作的长器械项目。练习棍术要求手臂圆热，梢把兼用，身棍合一，力透棍梢，表现勇猛、快速。

（6）枪术。俗语称“棍打一大片，枪扎一条线”，枪作为武术常用长器械之一，被称为长兵之帅。主要动作为拦、拿、扎，演练风格动若雷霆、势若游龙，且节奏明畅、气势磅礴。枪术除单练之外，也可与其他武器对练，如大刀进枪、剑进枪、三节棍进枪等。

（7）对练。对练包括徒手对练、器械对练和徒手与器械对练。演练是两人或三人以徒手或器械的形式按动作特点编排成对抗式的套路。演练以对打逼真、节奏鲜明为佳。

（8）集体项目。集体项目是指各种六人或六人以上的徒手或持器械的套路项目，如集体基本功、集体剑、集体鞭等。演练以配合默契、整齐划一为佳。

下面就以长拳和太极推手为例，分别简述武术套路和对抗项目的锻炼方法。

（一）长拳类

1. 姿势

姿势主要是指静止的定势，如虚步亮掌等，同时也包括空中短暂相对的静止姿势，如腾空飞脚中击拍瞬间的造型等。身体姿势的基本要求是头正、颈直、沉肩、挺胸、塌腰、敛臀。另外对上、下肢也各有要求，上肢动作要舒展、挺拔。如做架掌时，肘微屈，臂撑圆，肩下沉。下肢动作要轮廓清楚。整个形体动作的姿势要匀称。如做“马步架冲拳”，上肢动作冲拳后顺肩，架拳时肩部尽力拉开，臂部撑圆，马步的位置高低、宽度要合适。从姿势和精神状态上要体现攻防含义。

2. 技术动作

技术动作是指套路里出现的踢、打、摔、拿等技击动作。动作的起止路线、力点都要清晰，把动作的攻或防的技击特点表达出来。如推掌时要用掌外沿或掌心向前立掌推出，而不是用掌指向前推；弹踢是力达脚尖，蹬踢是力达脚跟。这样才能区别各种手法和腿法的不同技击方法。

3. 身法

身法是指活动性的、以躯干为主结合攻防的变化方法。身法在长拳套路运动里有“吞、吐、闪、展、冲、撞、挤、靠”等。身法不是独立的上体活动，要做到步随身行、身到步到，才能使整个动作表现出刚柔相济、协调自如的效果。所以拳谚中常讲“练拳容易身法难”。

4. 眼法

在武术中眼神与各种动作配合的方法称为眼法。它是体现精神的重要环节，眼法有注视、随视两种。注视是眼神盯住一定的目标，把伺机而动的内在精神表达出来。随视是指眼神追随运动着的身体某一部位运转，讲究手眼相随，手到眼到。

5. 精神

在练习武术套路时，首先要全神贯注。要有攻防格斗意识，表现出勇敢、机敏、无所畏惧的气概。

6. 劲力

劲力是指做动作时的用劲。劲力要有刚有柔。发力要求顺达而有爆发力，要刚而不僵、柔而不松、刚柔相济、配合呼吸、内外合一。

7. 呼吸

长拳套路的结构复杂、动作快速、运动量大，练习时对氧的需要量很大，因而呼吸得法与否关系技术水平的发挥和劲力的表达与持久。长拳的呼吸有提、托、聚、沉四种：在做跳跃动作或由低势进入高位动作时，应用“提”法；在高势或低势的静止性动作时，则用“托”法；在刚脆的发力性动作时，该用“聚”法；在由高动作进入低动作时，又该做“沉”法。这些呼吸方法随着动作进行变化的时候却始终不变更“气宜沉”的基本要求。

8. 节奏

在练习套路时处理好动静快慢等节奏问题是很重要的。长拳传统的富于想象思维的规范化的格式有：动如涛、静如岳、起如猿、落如雀、立如鸡、站如松、转如轮、折如弓、轻如叶、重如铁、快如风、缓如鹰，总称为十二型。以上姿势、手法、身法、眼法、精神、劲力、呼吸、节奏是相互联系、紧密配合、协调一致的，以此构成了长拳套路技术的八个要素，它影响和决定着长拳技术水平的高低。必须全面掌握，才能得心应手，内外合一。

（二）太极推手

太极拳推手是太极拳对练形式。以双人锻炼为主。运用太极拳的劲力、技法，遵循太极拳的原则如“以静制动”“以柔克刚”进行的运动。在过程中综合运用太极拳的各种身法、步法和招式，是太极拳体系中训练技击能力和劲力感悟性的重要手段。现代武术比赛中设立了太极推手项目，分级别进行，并对场地、服装、参赛年龄、局数等作出了相应的规定。开展较为广泛的太极拳推手大致为三大流派，其风格特点各异：陈式太极拳推手，主要是管脚、拿关节；杨式太极拳推手，主要是绷劲大，以发劲为主；吴式太极拳推手，主要是柔化为主。练习太极推手时应注意以下三点：

1. 太极拳法的含义和内容

太极推手不能掺杂外家拳对打的手法，要虚心向前辈及取得进展的同辈或后辈请教，反复练习。切忌从拳谱中摘取与自己想法相近的几句话，一意孤行地下功夫傻练，这样做必出偏差。应该正确理解太极拳的拳理和内涵，以正确的技击技能进行对抗。

2. 练好拳架

拳架是太极拳套路演练的架势。推手是拳架的应用，拳架是推手的基础。在拳架中的一招一式都是养生和技击之法。推手的奥妙不仅在于技击方面，其中还包含着养生之道。只有练好拳架才能保证推手时动作正确，行而有效。

3. 用劲得当

练习推手是为了“懂劲”，为了真正了解太极功夫的用劲，而不是为了争强好胜。推手时要找到对方的破绽后乘机发劲，使对方心服口服。这样才能有利于互相切磋、共同提高。这需要同僚间和师生间多加练习，娴熟掌握劲力运用，才能在正式的推手竞赛中做到收放自如。

第三节　简化太极拳（二十四式）

“简化太极拳”是以杨式太极拳为基础简化改编的，是一项松紧自然、正稳细绵的武术运动。它易学易练，圆活轻柔，舒展大方，适合于初学者练习和用于健身治病。在校学生中，有些同学因各种疾病处在恢复期，不适合参加过于剧烈的运动项目，选学太极拳是非常适宜的。

简化太极拳动作名称如下：

第一组　（一）起势
（二）左右野马分鬃
（三）白鹤亮翅

第二组　（四）左右搂膝拗步
（五）手挥琵琶
（六）左右倒卷肱

第三组　（七）左揽雀尾
（八）右揽雀尾
（十七）右下势独立

第七组　（十八）左右穿梭
（十九）海底针
（二十）闪通臂

第四组　（九）单鞭
（十）云手
（十一）单鞭

第五组　（十二）高探马
（十三）右蹬腿
（十四）双峰贯耳
（十五）转身左蹬腿

第六组　（十六）左下势独立

第八组　（二十一）转身搬拦捶
（二十二）如封似闭
（二十三）十字手
（二十四）收势

一、第一组

（一）起势

第一组动作示范

（1）身体自然直立，两脚开立，与肩同宽，脚尖向前；两臂自然下垂，两手放在大腿外侧；眼向前平看。

要点：头颈正直，下巴微向后收，不要故意挺胸或收腹，精神要集中（起势由立正姿势开始，然后左脚向左分开，成开立步）。

（2）两臂慢慢向前平举，两手高与肩平，与肩同宽，手心向下。

（3）上体保持正直，两腿屈膝下蹲；同时两掌轻轻下按，两肘下垂与两膝相对；眼平看前方。

（二）左右野马分鬃

（1）上体微向右转，身体重心移至右腿上，同时右臂收在胸前平屈，手心向下，左手经体前向右下划弧放在右手下，手心向上，两手心相对成抱球状，左脚随即收到右脚内侧，脚尖点地，眼看右手。

（2）上体微向左转，左脚向左前方迈出，右脚跟后蹬，右腿自然伸直，呈左弓步；同时上体继续向左转，左右手随转体慢慢分别向左下、右下分开，左手高，与眼平（手心斜向上），肘微屈；右手落在右胯旁，肘也微屈，手心向下，指尖向前；眼看左手。

（3）上体渐渐后坐，身体重心移至右腿，左脚尖翘起，微向外撇（45度至60度），随后脚掌慢慢踏实，左腿慢慢前弓，身体左转，身体重心再移至左腿；同时左手翻转向下，左臂收在胸前平屈，右手向左上划弧放在左手下，两手心相对成抱球状；右脚随即收到左脚内侧，脚尖点地；眼看左手。

（4）右腿向右前方迈出，左腿自然伸直，成右弓步，同时上体右转，左右手随转体分别慢慢向左下、右上分开，右手高，与眼平（手心斜向上），肘微屈；左手落在左胯旁，肘也微屈，手心向下，指尖向前；眼看右手。

（5）与（3）同，只是左右相反。

（6）与（4）同，只是左右相反。

（三）白鹤亮翅

（1）上体微向左转，左手翻掌向下，左臂平屈胸前，右手向左上划弧，手心转向上，与左手成抱球状，眼看左手。

（2）右脚跟进半步，上体后坐，身体重心移至右腿，上体先向右转。面向右前方，眼看右手，然后左脚稍向前移，脚尖点地，成左虚步，同时上体再微向左转，面向前方，两手随转体慢慢向右上、左下分开，右手上提停于右额前，手心向左后方，左手落于左胯前，手心向下，指尖向前，眼平看前方。

图 18–1　第一组动作

二、第二组

第二组动作示范

（一）左右搂膝拗步

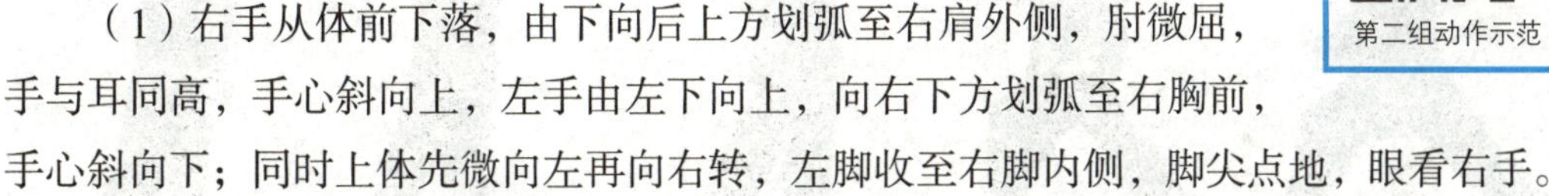

（1）右手从体前下落，由下向后上方划弧至右肩外侧，肘微屈，手与耳同高，手心斜向上，左手由左下向上，向右下方划弧至右胸前，手心斜向下；同时上体先微向左再向右转，左脚收至右脚内侧，脚尖点地，眼看右手。

（2）上体左转，左脚向前（偏左）迈出成左弓步，同时右手屈回由耳侧向前推出，高与鼻尖平，左手向下由左膝前搂落于左胯旁，指尖向前，眼看右手手指。

（3）右腿慢慢屈膝，上体后坐，身体移至右腿，左脚尖翘起微向外撇，随后脚掌慢慢踏实，左腿前弓，身体左转，身体重心移至左腿，右脚收到左脚内侧，脚尖点地；同时左手向外翻掌由左后向上划弧至左肩外侧，肘微屈，手与耳同高，手心斜向上；右手随转体向上、向左下划弧落于左胸前，手心斜向下；眼看左手。

（4）与（2）同，只是左右方向相反。

（5）与（3）同，只是左右方向相反。

（6）与（2）同。

（二）手挥琵琶

右脚跟进半步，上体后坐，身体重心转至右腿上，上体半面向右转，左脚略提起稍向前移，变成左虚步，脚跟着地，脚尖翘起，膝部微屈；同时左手由左下向上挑举，高与鼻尖平，掌心向右，臂微屈，右手收回放在左臂肘部里侧，掌心向左；眼看左手食指。

（三）左右倒卷肱

（1）上体右转，右手翻掌（手心向上）经腹前由下向后上方划弧平举，臂微屈，左手随即翻掌向上；眼的视线随着向右转体先向右看，再转向前方看左手。

（2）右臂屈肘折向前，右手由耳侧向前推出，手心向前，左臂屈肘后撤，手心向上，撤至左肋外侧；同时左腿轻轻提起向后（偏左）退一步，脚掌先着地，然后全脚慢慢踏实，身体重心移至左腿上，成右虚步，右脚随转体以脚掌为轴扭正；眼看右手。

（3）上体微向左转，同时左手随转体向右上方划弧平举，手心向上，右手随即翻掌，掌心向上；眼随转体先向左看，再转向前方看右手。

（4）与（2）同，只是左右相反。

（5）与（3）同，只是左右相反。

（6）与（2）同。

（7）与（3）同。

（8）与（2）同，只是左右相反。

图 18–2　第二组动作

三、第三组

（一）左揽雀尾

（1）上体微向右转，同时右手随转体向后上方划弧平举，手心向上，左手放松，手心向下，眼看左手。

（2）身体继续向右转，左手自然下落逐渐翻掌经腹前划弧至右肋前，手心向上；右臂屈肘，手心转向下，收至右胸前，两手相对成抱球状；同时身体重心落在右腿上，左脚收到右脚内侧，脚尖点地；眼看右手。

（3）上体微向左转，左脚向左前方迈出，上体继续向左转，右腿自然蹬直，左腿屈膝，成左弓步；同时左臂向左前方绷出（即左臂平屈成弓形，用前臂外侧和手背向前方推出），高与肩平，手心向后；右手向右下落放于右胯旁，手心向下，指尖向前；眼看左前臂。

（4）身体微向左转，左手随即前伸翻掌向下，右手翻掌向上，经腹前向上、向前伸至左前臂下方；然后两手下捋，即上体向右转，两手经腹前向右后上方划弧，直至右手手心向上，高与肩齐，左臂平屈于胸前，手心向后；同时身体重心移至右腿；眼看右手。

（5）上体微向左转，右臂屈肘折回，右手附于左手腕里侧（相距约5厘米），上体继续向左转，双手同时向前慢慢挤出，左手心向后，右手心向前，左前臂要保持半圆；同时身体重心逐渐前移变成左弓步；眼看左手腕部。

（6）左手翻掌，手心向下，右手经左腕上方向前、向后伸出，高与左手齐，手心向下，两手左右分开，宽与肩同，然后右腿屈膝，上体慢慢后坐，身体重心移至右腿上，左脚尖翘起；同时两手屈肘回收至腹前，手心均向前下方；眼向前平看。

（7）上式不停，身体重心慢慢前移，同时两手向前、向上按出，掌心向前；左腿前弓成左弓步；眼平看前方。

（二）右揽雀尾

（1）上体后坐并向右转，身体重心移至右腿，左脚尖内扣；右手向右平行划弧至右侧，然后由下经腹前向左上划弧至左肋前，手心向上；左臂平屈胸前，左上掌向下与右手呈抱球状；同时身体重心再移至左腿上，右脚收至左脚内侧，脚尖点地；眼看左手。

（2）与“左揽雀尾”（3）同，只是左右相反。

（3）与“左揽雀尾”（4）同，只是左右相反。

（4）与“左揽雀尾”（5）同，只是左右相反。

（5）与“左揽雀尾”（6）同，只是左右相反。

（6）与“左揽雀尾”（7）同，只是左右相反。

图18-3　第三组动作

四、第四组

第四组动作示范

（一）单鞭

（1）上体后坐，身体重心逐渐移至左脚，右脚尖内扣；同时上体左转，两手（左高右低）向左弧形运转，直至左臂平举，伸于身体左侧，手心向左，右手经腹前运至左肋前，手心向后上方；眼看左手。

（2）身体重心再渐渐移至右腿，上体右转，左脚向右脚靠拢，脚尖点地；同时右手向右上方划弧（手心由里转向外），至右侧方时变勾手，臂与肩平；左手向下经腹前向右上划弧停于右肩前，手心向里；眼看左手。

（3）上体微向左转，左脚向左前侧方迈出，右脚跟后蹬，成左弓步；在身体重心移向左腿的同时，左掌随上体的继续左转慢慢翻转向前推出，手心向前，手指与眼齐平，臂微屈，眼看左手。

（二）云手

（1）身体重心移至右腿，身体渐向右转，左脚尖内扣；左手经腹前向右上划弧至右肩前，手心斜向后，同时右手变掌，手心向右前；眼看左手。

（2）上体慢慢左转，身体重心随之逐渐左移，左手由脸前向左侧运转，手心渐渐转向左方，右手由右下经腹前向左上划弧，至左肩前，手心斜向后；同时右脚靠近左脚，成小开立步（两脚距离 10~20 厘米）；眼看右手。

（3）上体再向左转，同时左手经腹前向右上划弧至右肩前，手心斜向后，右手向右侧运转，手心翻转向右；随之左腿向左横跨一步；眼看左手。

（4）与（2）同。

（5）与（3）同。

（6）与（2）同。

（三）单鞭

（1）上体向右转，右手随之向右运转，至右侧方时变成勾手；左手经腹前向右上划弧至右肩前，手心向内；身体重心落在右腿上，左脚尖点地；眼看左手。

（2）上体微向左转，左脚向左前侧迈出，右脚后蹬，成左弓步；在身体重心移向左腿的同时，上体继续左转，左掌慢慢翻掌向前推出，成“单鞭”式。

图 18-4　第四组动作

五、第五组

第五组动作示范

（一）高探马

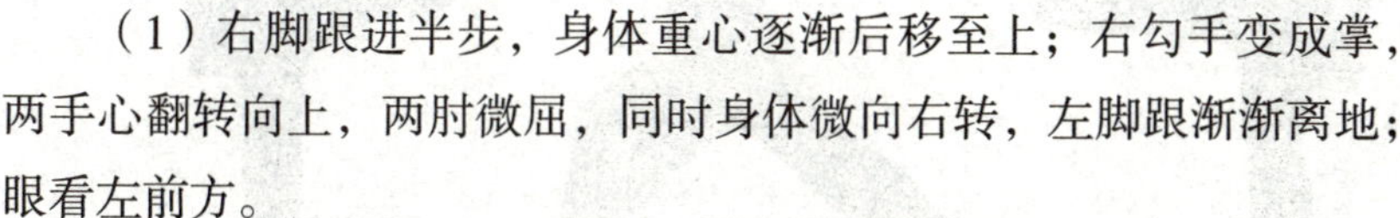

（1）右脚跟进半步，身体重心逐渐后移至上；右勾手变成掌，两手心翻转向上，两肘微屈，同时身体微向右转，左脚跟渐渐离地；眼看左前方。

（2）上体微向左转，面向前方；右掌经右耳旁向前推出，手心向前，手指与眼同高；左手收至左侧腰前，手心向上；同时左脚微向前移，脚尖点地，成左虚步，眼看右手。

（二）右蹬腿

（1）左手手心向上，前伸至右手腕背面，两手相互交叉，随即向两侧分开并向下划弧，手心斜向下；同时左脚提起向左前侧方进步（脚尖略外撇）。

（2）身体重心前移，右腿自然蹬直，成左弓步，眼看前方；两手从外圈向里圈划弧，两手交叉合抱于胸前，右手在外，手心均向后；同时右脚向左脚靠拢，脚尖点地，眼平看右前方。

（3）两臂左右划弧分开平举，肘部微屈，手心均向外；同时右腿屈膝提起，右脚向右前方慢慢蹬出；眼看右手。

（三）双峰贯耳

（1）右腿收回，屈膝平举，左手由后向上、向前下落至体前，两手心均翻转向上，两手同时向下划弧落于右膝盖两侧，眼看前方。

（2）右脚向右前方落下，身体重心渐渐前移，成右弓步，面向右前方；同时两手下落，慢慢变拳，分别从两侧向上、向前划弧至面部前方，成钳形状，两拳相对，高与耳齐，拳眼都斜向内下（两拳中间距离为10~20 cm），眼看右拳。

（四）转身左蹬脚

（1）左腿屈膝后坐，身体重心移至左腿，上体左转，右脚尖内扣；同时两拳变掌，由上向左右划弧分开平举，手心向前；眼看左手。

（2）身体重心再移至右腿，左脚收到右脚内侧，脚尖点地；同时两手由外圈向内圈划弧合抱于胸前，左手在外，手心均向后；眼平看左方。

（3）两臂左右划弧分开平举，肘部微屈，手心均向外；同时左腿屈膝提起，左脚向左前方慢慢蹬出；眼看左手。

图 18-5 第五组动作

六、第六组

（一）左下势独立

第六组动作示范

（1）左腿收回平屈，上体右转；右掌变成勾手，左掌向上、向右划弧下落，立于右肩前，掌心斜向后；眼看右手。

（2）右腿慢慢屈膝下蹲，左腿由内向左侧（偏右）伸出，成左仆步，左手下落（掌心向外）向左下顺左腿内侧向前穿出；眼看左手。

（3）身体左下前移，左脚跟为轴，脚尖尽量向外撇，左腿前弓，右腿后蹬，右脚尖内扣，上体微向左转并向前起身；同时左臂继续向前伸出（立掌），掌心向右，右勾手下落，钩尖向后，眼看左手。

（4）右腿慢慢提起平屈，成左独立式；同时右勾手变掌，并由后下方顺右腿外侧向前弧形摆出，屈臂立于右腿上方，肘与膝相对，手心向左；左手落于左胯旁，手心向下，指尖向前；眼看右手。

（二）右下势独立

（1）右脚位于左脚前，脚掌着地，然后以左脚前掌为轴脚跟转动，身体随之左转；同时左手向后平举变成勾手，右掌随着转体向左侧划弧，立于左肩前，掌心斜向后；眼看左手。

（2）与“左下势独立”（2）同，只是方向相反。

（3）与“左下势独立”（3）同，只是方向相反。

（4）与“左下势独立”（4）同，只是方向相反。

图 18-6　第六组动作

七、第七组

第七组动作示范

（一）左右穿梭

（1）身体微向左转，左脚向前落地，脚尖外撇，右脚跟离地，两腿屈膝成半坐盘式；同时两手在左胸前呈抱球状（左上右下）；然后右脚收到左脚的内侧，脚尖点地；眼看左前臂。

（2）身体右转，右脚向右前方迈出，屈膝弓腿，成右弓步；同时右手由脸前向上举并翻掌停在右额前，手心斜向上；左手先向左下再经体前推出，高与鼻尖平，手心向前；眼看左手。

（3）身体重心略向右移，右脚尖稍向外撇，随即身体重心再移至右腿，左脚跟进，停于右腿内侧，脚尖点地，同时两手在右胸前呈抱球状（右上左下），眼看右前臂。

（4）与（2）同，只是左右相反。

（二）海底针

右脚向前跟进半步，身体重心移至右腿，左脚稍向前移，脚尖点地，成左虚步；同时身体稍向右转，右手下落经体前向后、向上提抽至肩上耳旁，再随身体左转，由右耳旁斜向前下方插出，掌心向左，指尖斜向下；与此同时，左手向前、向下划弧落于左胯旁，手心向下，指尖向前；眼看前下方。

（三）闪通臂

上体稍向右转，左脚向前迈出，屈膝弓腿成左弓步；同时右手由体前上提，屈臂上举，停于右额前上方，掌心翻转斜向上，拇指朝下；左手上起经胸前向前推出，高与鼻尖平，手心向前；眼看左手。

图 18-7 第七组动作

八、第八组

（一）转身搬拦捶

（1）上体后坐，身体重心移至右腿上，左脚尖内扣，身体向右转，然后身体重心再移至左腿；与此同时，右手随着转体向右、向下（变拳）经腹前划弧至左肋旁，拳心向下；左掌上举于头前，掌心斜向上；眼看前方。

（2）向右转体，右拳经胸前向前翻转撇出，拳心向上；左手落于左胯旁，掌心向下，指尖向前；同时右脚收回后（不要停顿或脚尖点地）即向前迈出，脚尖外撇；眼看右拳。

（3）身体重心移至右腿，左脚向前迈一步；左手上经左侧向前上划弧拦出，掌心向前下方；同时右拳向右划弧收到右腰旁，拳心向上；眼看左手。

（4）左腿前弓成左弓步，同时右拳向前打出，拳眼向上，高与胸平，左手附于右前臂内侧；眼看右拳。

（二）如封似闭

（1）左手由右腕下向前伸出，右拳变掌，两手手心逐渐翻转向上并慢慢分开回收；同时身体后坐，左脚尖翘起，身体重心移至右腿；眼看前方。

（2）两手在胸前翻掌，向下经腹前再向上、向前推出，腕部与肩平，手心向前；同时左腿前弓成左弓步；眼看前方。

（三）十字手

（1）屈膝后坐，身体重心移至右腿，左脚尖里扣，向右转体；右手随着转体动作向右平摆划弧，与左手成两臂侧平举，掌心向前，肘部微屈；同时右脚尖随着转体稍向外撇，成右侧弓步；眼看右手。

（2）身体重心慢慢移至左腿，右脚尖里扣，随即向左收回，两脚距离与肩同宽，两腿逐渐蹬直，成开立步；同时两手向下经腹前向上划弧交叉合抱于胸前，两臂撑圆，腕高与肩平，右手在外，成十字手，手心均向后；眼看前方。

（四）收势

两手向外翻掌，手心向下，两臂慢慢下落，停于身体两侧，眼看前方。

图 18-8　第八组动作

第四节　武术竞赛规则

一、武术比赛通则

（一）竞赛性质

团体比赛、个人比赛。

（二）竞赛办法

（1）循环赛、单败淘汰赛、双败淘汰赛。
（2）每场比赛采用三局两胜制，每局净打 3 分钟，局间休息 1 分钟。

（三）资格审查

（1）运动员必须携带《运动员注册证》及本人 15 天以内县级以上医院出具的包

括脑电图、心电图、血压、脉博等指标在内的体格检查证明。

（2）运动员的年龄限在 18~35 周岁。

（3）运动员必须有参加比赛的人身保险证明。

（四）体重分级

（1）48 公斤级（<48 公斤）

（2）52 公斤级（>48 公斤≤ 52 公斤）

（3）56 公斤级（>52 公斤≤ 56 公斤）

（4）60 公斤级（>56 公斤≤ 60 公斤）

（5）65 公斤级（>60 公斤≤ 65 公斤）

（6）70 公斤级（>65 公斤≤ 70 公斤）

（7）75 公斤级（>70 公斤≤ 75 公斤）

（8）80 公斤级（>75 公斤≤ 80 公斤）

（9）85 公斤级（>80 公斤≤ 85 公斤）

（10）90 公斤级（>85 公斤≤ 90 公斤）

（11）90 公斤以上级（>90 公斤）

（五）称量体重

（1）经资格审查合格后，方可参加称量体重。

（2）称量体重时必须携带《运动员注册证》。

（3）称量体重须在仲裁委员的监督下，由检录长负责，编排记录员配合完成。

（4）运动员必须按照大会规定的时间到指定地点称量体重。称量体重时裸体或只穿短裤，并在 1 小时内称完，逾期取消全部比赛资格。

（5）称量体重先从轻的级别开始，如体重不符，在规定的称量时间内不到报名级别时，则不准参加以后所有场次的比赛。

（6）每天参赛的运动员统一称量一次体重。

（六）抽签

（1）称量体重后进行抽签。抽签由小级别开始，如本级别只有一人，则不能参加比赛。

（2）抽签由编排记录组负责，有仲裁委员会主任、总裁判长及参赛队的教练或领队参加。

（3）由各队教练员或领队为本队运动员抽签。

（七）服装护具

（1）运动员必须穿戴大会指定的拳套、护头、护齿、护胸、护裆、护腿、赤脚穿护脚背。穿与比赛护具颜色相同的背心和短裤，护裆必须穿在短裤内。

（2）比赛的护具分红、黑两种。

（3）拳套的重量，65 公斤级及以下级别的拳套为 230 克，70 公斤级及以上级别的拳套为 280 克。

（八）竞赛中的礼节

（1）介绍运动员时，运动员向观众行抱拳礼。

（2）每场比赛开始前，运动员相互行抱拳礼。

（3）宣布结果时，运动员交换站位，宣布结果后，运动员先相互行抱拳礼，再同时向台上裁判员行抱拳礼，裁判员回礼，然后向对方教练员行抱拳礼，教练员回礼。

（九）竞赛中的有关规定

（1）运动队必须遵守规则，尊重和服从裁判，在场上不准有吵闹、谩骂、甩护具等任何表示不满的行为。

（2）教练员和本队医生坐在指定位置，但不得在场下呼喊或暗示。局间休息时，允许给运动员按摩和指导。

（3）运动严禁使用兴奋剂，局间休息时不能输氧。

（十）弃权

（1）比赛期间，运动员因伤病或体重超出不能参加比赛者，作弃权论，不再参加以后的比赛，但已进入名次的成绩有效。

（2）比赛时，运动员实力悬殊，为保护本方运动员的安全，教练员可举弃权牌表示弃权，运动员也可举手要求弃权。

（3）赛前 3 次点名未到，或点名后擅自离开，不能按时上场者，作无故弃权论。

（4）比赛期间，运动员无故弃权，取消本人全部成绩。

二、武术比赛裁判人员及其职责

（一）裁判人员的组成

（1）总裁判长 1 人，副总裁判长 1~2 人。

（2）裁判长、副裁判长、台上裁判员、记录员、计时员各 1 人。边裁判员 5 人。
（3）编排记录长 1 人。
（4）检录长 1 人。

（二）辅助裁判人员的组成

（1）编排记录员 2~3 人。
（2）检录员 4~5 人。
（3）医务人员 3~5 人。
（4）宣告人员 1~2 人。

思考题

一、填空题

1. 武术套路分为四个部分：（　　）、（　　）、（　　）、（　　）。
2. 武术是中华民族（　　）的瑰宝，是一项（　　）、（　　），具有独立体系和多种社会功能的运动项目。
3. 练习太极推手主要应注意（　　）、（　　）、（　　）三点。

二、简答题

1. 武术有哪些内容？如何分类？
2. 武术的基本特点有哪些？

三、论述题

请论述中国武术的起源与发展。

第十九章

形体运动

学习目标

带你了解形体运动的基本姿势。

第一节 健美操

健美操源于英文“aerobics”，意为“有氧运动”，或称“有氧健美操”，是一项在音乐伴奏下，以操化身体练习为基本手段，以有氧运动为基础，以追求身心健康、塑造形体和娱乐为目的的新兴体育运动。

一、健美操运动在中国的发展

健美操传入我国是在20世纪80年代初。随着我国教育制度改革的不断深入，美育教育逐渐在学校教育中占有一席之地；而健美操的引进与兴起，则为我国美育教育提供了一个重要手段。

20世纪80年代初，世界健美操热传入我国：

1987年，我国第一家健美操健身中心“北京利生健康城”向社会开放。

1992年，中国健美操协会、中国大学生体协健美操分会成立。

1995年，推出《健美操运动员技术等级制度》，首次派队参加世锦赛。

1998年，推出《健美操指导员技术等级制度》和《全国健美操大众锻炼标准》。

2000年，推出健美操协会会员制。

2004年，举办首届北京国际健身大会。

二、健美操的特性

健美操是一种追求时尚的运动，具有鲜明时代性、高度艺术性、便于推广性和锻炼实效性。

三、健美操常见术语

（一）场地基本方位术语

为了表示人在场地上运动的方向，健美操借鉴舞蹈术语，把开始确定的某一边（主席台等）定为基本方位第“1 点”，按顺时针方向，每 45 度为一个基本方位，将场地划分为 8 个基本方位，即 1、2、3、4、5、6、7、8 点（图 19–1）。

```
4   5   6
 \  |  /
3 — * — 7
 /  |  \
2   1   8
```

图 19–1 基本方位

（二）动作方向术语

1. 基本方向

分前、后、左、右、上、下 6 个基本方向。

除了基本方向外，还有一些派生的方向：左侧、内。

2. 中间方向和斜方向

中间方向：与基本方向呈 45 度的方向。

斜方向：三个呈 90 度的基本方向之间的方向。

3. 四肢相对运动的方向

同向：不同肢体向同一方向运动。

反向：两个肢体向相反方向运动。

四、健美操基本动作

健美操基本动作是指动作中最主要、最稳定的部分，各种动作都是在它的基础上产生和发展的。健美操基本动作包括下肢动作、上肢动作和躯干动作。

基本步法

（一）下肢动作

（1）无冲击力动作。

①半蹲：两腿并拢或分开稍大于肩，脚尖稍外开，两腿同时屈伸。②弓步：一腿屈膝，一腿伸直。

（2）低冲击力动作。

①踏步：两脚依次抬起，依次落地。②走步：向前踏步时，脚跟先落地，然后过渡到全脚掌；向后踏步时相反。③一字步：向前一步，后脚并前脚，然后向后一步，前脚并后脚。④ V 字步：一脚向斜前方迈一步，另一脚随之向另一斜前方迈一步，两脚开立，然后再依次退回到原位。⑤漫步：一脚向前迈出，重心随之前移，另一脚稍抬起后落下，重心后移，前脚随之后撤落地，重心继续后移，另一脚又稍抬起后落下。⑥并步：一脚向侧迈一步移重心，另一脚随之并拢屈膝点地。⑦交叉步：一脚向侧迈

一步，另一脚在其后交叉，随之一脚再向侧迈一步，另一脚并拢。⑧点地：一腿伸出，脚尖或脚跟着地，另一腿稍屈膝站立。⑨迈步移重心：一脚向侧迈一步，落地时两膝弯曲，随之身体重心移至这一腿，两膝伸直，另一脚尖点地。⑩后屈腿：一腿站立，另一腿后屈，然后还原。 吸腿：一腿屈膝上抬，另一腿稍屈膝站立。 踢腿：一腿站立，另一腿加速上摆。

（3）高冲击力动作。

①弹踢腿跳：一腿跳起，另一腿经屈膝向前下方伸直。②后踢腿跑：两腿依次经过腾空，一腿落地缓冲，另一腿后屈或上抬，两臂前后自然摆动。③开合跳：由并腿跳成左右分腿落地，再由分腿跳起成并腿落地。④点跳：一腿向侧小跳一次，另一脚随之并拢，两腿垫步跳一次。⑤并步跳：一脚向前侧迈出，随之蹬地跳起，另一腿并拢成双脚落地。

（二）上肢动作

基本手型

1. 手形

并掌：五指伸直并拢，大拇指微屈（图 19–2）。

开掌：五指用力伸直张开（图 19–3）。

立掌：五指伸直并拢，手掌用力上翘（图 19–4）。

屈掌：五指自然弯曲张开，手掌用力上翘。

拳型：握拳，大拇指在外，指关节弯曲并紧贴食指和中指（图 19–5）。

芭蕾舞手形：五指并拢，自然伸长，大拇指和中指稍向里合（图 19–6）。

西班牙舞手形：五指用力张开，小指、无名指、中指自掌指关节处依次屈，大拇指稍内扣（图 19–7）。

图 19–2　并掌

图 19–3　开掌

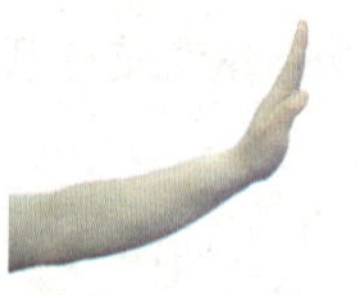
图 19–4　立掌

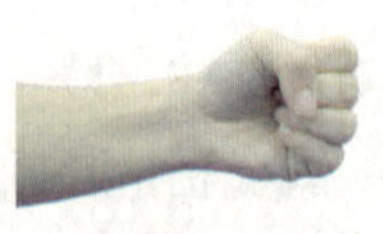
图 19–5　拳型

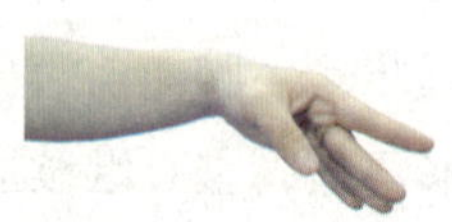
图 19–6　芭蕾舞手形

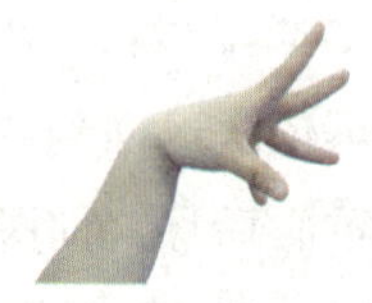
图 19–7　西班牙舞手形

2. 上肢动作

自然摆动：屈肘前后摆动。

臂屈伸：上臂固定，肘屈伸。

屈臂提拉：臂由下提至胸前平屈。

直臂提拉：臂由下提至前平举或侧平举。

胸推：屈臂由胸部向前、侧推成直臂。

肩上推：屈臂由肩侧向上推成直臂。

冲拳：屈臂握拳由腰间向前或向上用力伸臂。

第二节　瑜　伽

一、瑜伽概述

瑜伽从广义上讲是哲学，是古印度六大哲学派别的一派；从狭义上讲，它是一种健身方法，能让我们的身体、精神和心智都得到锻炼。

对瑜伽的解释有很多种。比如，瑜伽作为东方最古老的健身术之一，传说是 8 000 年前，冥想的修行者在圣母峰上师法自然万物形成的强身体系；又传说是印度先贤在深层次的静定和观想状态下，从直觉了悟生命的认知；又传说是印度苦行者获得神通力的一种方式。瑜伽古老的经典上也有不同的说法。《瑜伽经》上说："瑜伽是学会控制意识的转变。"《薄伽梵歌》上克尔史那对阿周那说："你要沉着地去履行责任，放弃对成败的一切执着，这样的心意平衡就叫作瑜伽，瑜伽是一切活动的艺术。"

瑜伽的主要流派有以下几种：

（1）王瑜伽——又称八支分法瑜伽。此为冥想之道。透过瑜伽八支，把整个心灵的力量凝聚起来，此瑜伽也是制心之道。

（2）哈他瑜伽——又称传统瑜伽。此为强身之道。利用瑜伽中的体位、呼吸法强化身体、增强气能。因身心是互相影响的，欲要强心，先要强身，这是瑜伽的基础。

（3）智瑜伽——又称吉纳瑜伽。此为启悟之道。提倡培养知识理念，从无明中解脱出来，达到神圣知识，以期待与梵合一。

（4）业瑜伽——又称实践瑜伽。此为静心之道。利用强健的身体去工作，无私心地、不求回报地去服务一切众生，把世间的工作转化为服务精神，摒除一切私心。

（5）巴克提瑜伽——又称奉爱瑜伽。此为爱心之道。

二、瑜伽练习说明及注意事项

所有的运动在开始之前都会有一些说明及注意事项，瑜伽也不例外。在这里，我们将详细地讲述瑜伽练习的一些注意事项。

（1）宜保持空腹状态练习瑜伽。饭后3~4小时，饮用流体后半个小时左右练习为佳，练习中另有规定的不依此例。

（2）做各种瑜伽练习时一定要在极限边缘温和地伸展身体，千万不要用力推拉牵扯。做超出自己极限边缘的动作是错误的练习方式。

（3）如果在练习过程中出现体力不支或身体颤抖，请即刻收功还原，不要过于坚持。

（4）任何运动都有可能出现迟发性的肌肉酸痛。如在练习后出现肌肉绷紧、酸痛，请给予适当的按摩和冰敷。

（5）在做瑜伽练习时请把注意力放在动作使自己的身体产生的感觉上，并在每个姿势上定型停留不少于4秒。

（6）除非另有说明，在练习当中，自始至终要用鼻子呼吸。

（7）时刻要记住，每一次练习都要缓慢而步骤分明，不要使身体出现失控的惯性动作。

（8）如果在做某一姿势时，身体某一部位发生剧痛，请立即停下来，在教练指导后方可再做同一姿势。如疼痛继续，请在短时间内不要再做这个动作。

（9）瑜伽练习场所，宜安静优雅、空气流通，且有足够的空间伸展肢体。

（10）瑜伽练习前应去除身体的一切束缚，如腰带、领带、手表、大的饰物等。

（11）瑜伽练习前请穿宽松的衣服，并以赤脚练习为佳，坐、卧、跪的姿势，一定要在瑜伽的专用垫子上进行，切记在地上一定不要滑动。

（12）瑜伽练习前请先如厕。

（13）虽然练习瑜伽极为有益，但并不是说瑜伽的修习者就可以忽视有效的医疗治疗。瑜伽的练习者应该将瑜伽视为有效的保健或者预防措施。

（14）瑜伽练习结束一小时后方可进食，练习后不宜马上开始进餐。

（15）女生在生理期可以根据自己的体能做适当的练习，但是要避免倒立、伸展腹部的动作和翻转性的动作。

（16）在练习过程中请随时关注自身的状况，不要盲目和其他同学攀比。

（17）对于任何一种瑜伽练习，练习者都应该在知道它的注意事项之后方可开始。

（18）练习瑜伽并不妨碍从事原有的任何运动。

（19）每一种瑜伽体位的开始和结束都要让自己完全放松，有节律地呼吸。

三、瑜伽体位

（一）瑜伽中的常用基本坐姿

瑜伽里所有的坐姿均要求要背挺直且坐骨充分着地，这可以让身体更稳，更好地伸展脊柱，纠正驼背和含胸等不良体态。

1. 简易坐

简易坐又称安逸式，这是初学者最理想的一种坐姿。

坐在地上，两腿向前伸直，弯起左小腿，把左脚放在右膝下或右大腿下，弯起右小腿，把右脚放在左膝或左大腿下，如果可以，请尽量将脚心向上，双手十指向下，掌心轻放在两膝之上。

2. 雷电坐

两膝跪地，将两小腿胫骨和两脚脚背平放在地面上，靠拢两个膝盖，将两个大脚趾互相交叉在一起，使两脚跟向外支出来，伸直背部，坐下去，将臀部放在两脚内侧，放在分离的脚跟之间。

3. 平常坐

挺直腰背坐着，屈左膝，让左脚的脚跟抵靠在会阴处，屈右膝，让右脚的脚跟自然地放在左脚跟上面。

4. 武士坐

武士坐又称神人坐。双腿并拢，挺直腰背坐着，屈双膝，左脚自右膝下穿出，脚跟放落在右臂外，右脚跨过左膝，将脚跟放在左臀外。尽量将双脚放在一条直线上，但要注意双臀稳稳地坐在垫子上，不要出现重心偏向一侧臀部或一侧臀部离开垫子的现象。保持双膝和鼻子在一条直线上，双手置于膝盖。

5. 至善坐

双腿并拢向前伸直，挺直腰背坐着。屈左膝，左脚跟抵会阴，脚底抵右大腿，屈右膝，让右脚的四个脚趾插入左大腿和小腿间，右脚跟和左脚跟在一条直线上，右脚跟尽量抵着耻骨，双手自然置于膝上。

6. 半莲花坐

双腿并拢，挺直腰背，向前伸直双腿，屈左膝，外旋左髋，让左脚的脚跟抵放在会阴处；屈右膝，借助双手的帮助，尽量让右脚跟抵在脐下，脚心向上，放在左大腿上。尽量使双膝贴放在地面上，这就是半莲花坐。

7. 全莲花坐

双腿并拢伸直，挺直腰背坐着。将左脚脚心向上，尽量放在右大腿根部，脚跟抵右侧小腹；右脚脚心向上，尽量放在左大腿根部，脚跟抵左侧小腹。尽量将双膝贴向地面，并在极限边缘尽量长时间保持姿势。

（二）瑜伽的体式套路练习

1. 瑜伽练习顺序

完整练习欣赏

瑜伽练习通常有两种顺序。一种是遵循仰卧→俯卧→坐→跪→蹲→站立的顺序。首尾用热身和大放松连接。这种练习顺序完全遵循人体发展的基本规律：出生时只能躺着，逐渐学会翻身，脊椎长硬了就能坐起来，然后学会爬，接着学会把力量放在两只脚上直至直立行走。另一种则是完全倒过来，遵循站立→蹲→跪→坐→俯卧→仰卧的顺序。首尾同样用热身和大放松连接。这种练习顺序能让人体会到时空逆转的感觉。

2. 体式套路

体式套路练习过程中若无法将一些体式做到位，也无须强迫自己。循序渐进，身体的柔韧度会得到提高。如果一些体式让你感到舒服，可以多练习几次。

向太阳致敬：瑜伽的向太阳致敬式包括 12 个连续的体式。

（1）山式站立：双脚并拢站立，收腹挺胸，双肩向后展开并放松下沉，双手放于体侧。

（2）后弯式：吸气，双臂上举。呼气，上身自腰部起向后伸展。

（3）双腿背部伸展：呼气，身体前屈，双手支撑地面。先将腹部与大腿紧贴，再将头部靠近双腿。

（4）奔马式：吸气，双手撑地；右腿后撤一步，拉长后背；抬头，眼睛看向上方。

（5）板式：左腿后撤一步，双腿并拢，身体保持一条直线。

（6）八支式：吸气，双膝着地。呼气，弯曲两肘，胸部和下颌着地，抬高臀部。

（7）眼镜蛇式：吸气身体向前滑动，伸直双臂，胸部后展；拉长颈部向后伸展，眼睛看着上方，双腿和臀部尽量收紧。

（8）下犬式：呼气，双臂双腿伸直；骶骨向上延展，同时充分地展开腋窝，脚跟压向地面。

（9）奔马式：吸气，右腿穿过双手；拉长后背，抬头，眼睛看向上方。

（10）双腿背部伸展：左腿向前一步；吸气，伸直双膝。呼气，身体贴靠双腿。

（11）后弯式：吸气，慢慢将身体抬起。呼气，向后伸展，双腿用力收紧，形成强有力的支撑。

（12）山式站立：回到山式站立，双手合十胸前。

第三节　体育舞蹈

一、体育舞蹈的含义与分类

（一）含义

体育舞蹈一般有两种含义，一是专指国际标准交谊舞，二是泛指用来健身、健美的舞蹈。

国际标准交谊舞分为摩登舞、拉丁舞两类。摩登舞起源于欧洲，拉丁舞起源于拉丁美洲。它最初用于社交和宫廷享乐，现在已发展成体育竞技中的比赛项目。所以，国际标准交谊舞又称为体育舞蹈。

（二）分类

摩登舞由华尔兹、狐步、探戈、快步、维也纳华尔兹等舞蹈组成。

拉丁舞由伦巴、恰恰、桑巴、斗牛、牛仔等舞蹈组成。

二、华尔兹的握抱姿势与体位

（一）男士握姿

（1）直立：两脚并拢，挺胸立腰，收腹微提臀，两膝自然放松。

（2）左手与女士右手掌心相对互握，虎口向上，前臂与大臂的夹角为135度左右，高度在女士右耳峰水平位置。

（3）右手五指并拢，轻轻置于女士左肩胛骨下端，前臂与大臂夹角为75度左右。

（4）头部自然挺立，目光从女士右肩看出。

（5）身体稍向女士右侧偏移约1/2距离。

（二）女士握姿

（1）直立：两脚并拢，膝关节放松，收腹提臀，紧腰，上体向后微屈。

（2）右手轻轻挂在男士左手虎口上，与男士左手掌心相对互握。

（3）左手轻轻搁置在男士右肩峰处，虎口位于男士三角肌上端。

（4）头部略向左倾斜，目光从男士右肩方向看出。

（5）身体稍向男士右侧偏移约 1/2 距离。

三、基本舞步及套路学习

（一）华尔兹基本舞步

华尔兹舞的基本知识

1. 前进直步

（1）男士动作：

第 1 拍：左脚前进，面向舞程线，结尾重心开始上升。

第 2 拍：右脚前进，面向舞程线，重心继续上升。

第 3 拍：左脚并于右脚旁，面向舞程线，重心继续上升，结尾下降。

第 4 拍：右脚前进，面向舞程线，结尾重心开始上升。

第 5 拍：左脚前进，面向舞程线，重心继续上升。

第 6 拍：右脚并于左脚旁，面向舞程线，重心继续上升，结尾下降。

（2）女士动作：

第 1 拍：右脚后进，背向舞程线，结尾重心开始上升。

第 2 拍：左脚后进，背向舞程线，重心继续上升。

第 3 拍：右脚并于左脚旁，背向舞程线，重心继续上升，结尾下降。

第 4 拍：左脚后进，背向舞程线，结尾重心开始上升。

第 5 拍：右脚后进，背向舞程线，重心继续上升。

第 6 拍：左脚并于右脚旁，背向舞程线，重心继续上升，结尾下降。

2. 左转步（90 度）

（1）男士动作：

第 1 拍：左脚前进，面向舞程线，重心结尾开始上升，开始左转。

第 2 拍：右脚经左脚旁横移，背向斜墙壁，重心继续上升，转至 90 度，身体向左倾斜。

第 3 拍：左脚并于右脚，背向斜墙壁，重心继续上升，结尾下降，身体向左倾斜。

第 4 拍：右脚后退，背向斜墙壁，重心结尾开始上升，继续左转。

第 5 拍：左脚经右脚旁横移，面向斜中央，重心继续上升，转至 180 度，身体向右倾斜。

第 6 拍：右脚并于左脚，面向斜中央，重心继续上升，结尾下降，身体向右倾斜。

（2）女士动作：

第 1 拍：右脚后退，背向舞程线，重心结尾开始上升，开始左转。

第 2 拍：左脚经右脚旁横移，面向斜墙壁，重心继续上升，转至 90 度，身体向右倾斜。

第 3 拍：右脚并于左脚，面向斜墙壁，重心继续上升，结尾下降，身体向右倾斜。

第 4 拍：左脚前进，面向斜墙壁，重心结尾开始上升，继续左转。

第 5 拍：右脚经左脚旁横移，背向斜中央，重心继续上升，转至 180 度，身体向左倾斜。

第 6 拍：左脚并于右脚，背向斜中央，重心继续上升，结尾下降，身体向左倾斜。

3. 右转步（90 度）

男士、女士动作同左转步（90 度），方向相反。

4. 并进步

（1）男士动作：

第 1 拍：左脚前进，面向斜墙壁，重心结尾开始上升，不转。

第 2 拍：右脚向前侧横步，面向斜墙壁，重心继续上升。

第 3 拍：左脚并于右脚后（锁步），面向舞程线，重心继续上升，结尾下降，左转 45 度。

第 4 拍：右脚在左脚前交叉，面向舞程线，重心结尾开始上升。

第 5 拍：左脚前进，面向舞程线，重心继续上升，右脚并于左脚后（锁步）。

第 6 拍：左脚前进，面向舞程线，重心继续上升，结尾下降。

第 7 拍：右脚前进，面向墙壁，重心结尾开始上升，右转 90 度。

第 8 拍：左脚经右脚旁横步，背向斜中央，重心继续上升，续转 45 度，身体向右倾斜。

第 9 拍：右脚并于左脚，背向斜中央，重心继续上升，结尾下降，身体向右倾斜。

（2）女士动作：

第 1 拍：右脚后退，背向斜墙壁，重心结尾开始上升，不转。

第 2 拍：左脚向后侧横步，背向斜墙壁，重心继续上升。

第 3 拍：右脚并于左脚后（锁步），背向舞程线，重心继续上升，结尾下降，右转 45 度。

第 4 拍：左脚在右脚前交叉，背向舞程线，重心结尾开始上升。转至 180 度。

第 5 拍：右脚后退，背向舞程线，重心继续上升，左脚并于右脚前（锁步）。

第 6 拍：右脚后退，背向舞程线，重心继续上升，结尾下降。

第 7 拍：左脚后退，背向墙壁，重心结尾开始上升，右转 90 度。

第 8 拍：右脚经左脚旁横步，面向斜中央，重心继续上升，续转 45 度，身体向左倾斜。

第 9 拍：左脚并于右脚，面向斜中央，重心继续上升，结尾下降，身体向左倾斜。

5. 左转步（180 度）

（1）男士动作：

第 1 拍：左脚前进，面向斜墙壁，重心结尾开始上升，开始左转。

第 2 拍：右脚经左脚旁横移，背向斜中央，重心继续上升，转至 180 度，身体向左倾斜。

第 3 拍：左脚并于右脚，背向斜中央，重心继续上升，结尾下降，身体向左倾斜。

第 4 拍：右脚后退（稍向外侧），背向舞程线，重心结尾开始上升，开始左转。

第 5 拍：左脚经右脚旁横移，面向斜中央，重心继续上升，转至 180 度，身体向左倾斜。

第 6 拍：右脚并于左脚，面向斜中央，重心继续上升，结尾下降，身体向右倾斜。

（2）女士动作：

第 1 拍：右脚后退，背向斜墙壁，重心结尾开始上升，开始左转。

第 2 拍：左脚经右脚旁横移，面向斜中央，重心继续上升，转至 180 度，身体向右倾斜。

第 3 拍：右脚并于左脚，面向斜中央，重心继续上升，结尾下降，身体向右倾斜。

第 4 拍：左脚前进，面向舞程线，重心结尾开始上升，开始左转。

第 5 拍：右脚经左脚旁横移，背向斜中央，重心继续上升，转至 180 度，身体向左倾斜。

第 6 拍：左脚并于右脚，背向斜中央，重心继续上升，结尾下降，身体向左倾斜。

6. 右转步（180 度）

男士、女士动作同左转步（180 度），方向相反。

（二）华尔兹（铜牌 Bronze）套路

华尔兹自编练习组合

面向舞程线：

（1）左足并换步	123	L.F.Closed Change
（2）右转步	123 456	Natural Turn
（3）右足并换步	123	R.F. Closed Change
（4）左转步	123 456	Reverse Turn
（5）叉形步	123	Whisk
（6）侧行追步	12&3	Chasse from P.P.

(7) 右转步　123　Natural Turn
(8) 踌躇换步　123　Hesitation Change
(9) 左转步的前三步　123　Reverse Turn 123
(10) 华尔兹式迂回步　123 456　Weave In Waltz Time
(11) 右旋转步　123 456　Natural Spin Turn
(12) 左转后三步　123　Reverse Turn 456

(三) 恰恰舞基本舞步

恰恰舞的基本知识

1. 横移步(合并步)

预备时双脚脚踝并拢，腿部肌肉自然收紧，双手打开见表 19–1。

表 19–1　横移步

步数	脚　位	节奏
1	左脚向左侧迈出一小步，同时左腿弯曲，左脚尖落地，膝盖和脚踝均关闭向内扣，胯向右侧打开，右侧身体直立拉起，重心在右脚上，右脚跟落地时将左腿迅速用力伸直	2
2	右脚贴地向左拉动，右脚脚踝与左脚脚踝紧贴，并右腿弯曲，关闭内扣，右侧胯骨下压，左侧胯骨向上顶起，呈现恰恰中并脚站立的基本形态，髋骨不存在向左或者向右的移动，此时左侧肩部、肋骨、髋部、腿部为直线	3
3	同第 1 步	4
4	同第 2 步，右脚与地面作用，将身体左推，同时左脚左移，并将重心转移到左脚，此时右腿绷直，右脚脚尖向外，脚后跟不落地，右侧线条拉长	1

2. 原地基本步(时间步)

预备动作：左脚重心，右脚打开，也可以将右脚放后，脚掌着地，脚背绷直。见表 19–2。

表 19–2　原地基本步

步数	脚　位	节奏
1	将右脚收回到左脚，脚掌着地换重心到全脚掌，左腿弯曲，膝盖关闭，右腿重心	2
2	左腿弯曲，膝盖向内关闭，右腿重心。在这两部过程中，脚均踩住地面，和地面有相互的作用力，胯的位置只是水平面上的顺时针和逆时针转动，并没有左右移动	3
3	左脚向右侧迈出，左腿弯曲，膝盖关闭，重心依然在右脚	4
4	左腿为重心，右腿跟随右移，弯曲膝盖关闭	&
5	右脚对地面的反作用力使左脚左移一小步，重心到达左腿，身体直立，中段肌肉不能松懈，右脚收回贴住左脚脚踝	1
6	右腿弯曲时左腿弯曲，重心在右脚	2

续表

步数	脚　位	节奏
7	左腿向右移一小步，膝盖弯曲关闭，重心在左脚	3
8	左腿右移贴在右脚的右侧，并且换重心	4
9	将作为承重腿的右腿向右侧推出	&
10	继续延伸身体	1

3. 前进后退锁步

（1）前进锁步。见表 19–3。

表 19–3　前进锁步

步数	脚　位	节奏
1	出左脚经过右脚前迈，这里的经过右脚指左脚前迈过程中和右脚平行时，左脚脚踝贴着右脚脚踝前移。出脚过程要快，到位后身体重心一定要在前脚，并且稍有前倾	2
2	右脚经过左脚前迈	3
3	左脚经过右脚前迈	4
4	右脚从后方向左脚贴近，此时右腿膝盖贴在左腿膝盖后方，双腿均弯曲，右脚半脚掌着地，左脚全脚掌着地，这时髋关节面向正前方，并不因为双腿的移动而左右摆动	&
5	右脚向下踩，并推动重心前移，左腿顺势向前迈一小步，右腿伸直，重心到达左腿，此时髋关节也朝向正前方	1
6	迈右腿	2
7	迈左腿	3
8	迈右腿	4
9	左腿贴在右腿后	&
10	退出右腿	1
11	继续延伸身体	

（2）后退锁步。右脚在前，脚尖着地，左脚在后，全脚掌着地，重心在左脚的前脚掌位置，不可前倾或后仰。见表 19–4。

表 19–4　后退锁步

步数	脚　位	节奏
1	右脚经过左脚后退，并迅速将重心跟随右脚到达右脚掌，左脚脚尖着地	2
2	左脚经过右脚后退，并转移重心	3
3	右脚继续经过左脚后退一步，但是重心却不跟随右脚转移，右脚半脚掌着地，重心仍然在前面的左腿上，左腿稍微后撤，至右腿膝盖贴上左腿膝盖后窝，重心跟随左腿在两腿之间，此时两腿自然，左腿直立	4
4	右腿略弯曲，左脚踩地得到一个向后的力量，右腿向后，重心到达后方的右脚	&
5	后退左脚	1
6	后退右脚	2
7	后退左脚，重心不后退	3
8	右腿后撤贴在左腿前方	4
9	后退左脚	&
10	继续延伸身体	1

（四）恰恰舞套路

面向舞程线：

（1）1—5 闭式基本步	1—5 Close Basic
（2）扇形步	Fan
（3）阿力玛娜	Alemena
（4）曲棍步	Hockey Stick
（5）2 前进锁步	Forward Lock × 2
（6）3 后退锁步	Backward Lock × 3
（7）臂下右转步	Under Arm Turn To Right
（8）手拉手 ×3	Hand to hand × 3
（9）原地左转步	Spot Turn Left

思考题

一、填空题

1. 瑜伽的主要流派分为（　　）、（　　）、（　　）、（　　）、（　　）等。
2. 国际标准交谊舞分为（　　）和（　　）两类。
3. 拉丁舞分别由（　　）、（　　）、（　　）、（　　）、（　　）组成。

二、简答题

1. 健美操基本步法中低冲击类动作和高冲击类动作对人体的健身作用有什么不同？就此问题谈谈你在练习中的体会。
2. 瑜伽练习的注意事项有哪些？

三、论述题

试论体育舞蹈的含义与分类。

第四编

特色体育项目篇

第二十章
舞　龙

学习目标

1. 带你了解舞龙运动。
2. 跟我学舞龙运动基本技术。
3. 了解舞龙竞赛规则。

第一节　带你了解舞龙运动

一、舞龙的起源与发展

舞龙运动历史悠久，源远流长，其内容丰富、形式多样，已经走过了漫长的岁月。每逢中国的传统佳节、盛会，人们都会在广场、街头、湾边、小巷等地舞起龙灯，为节日增添欢乐喜庆的气氛。同时，舞龙也是中华民族民间传统体育文化的重要组成部分。

在殷商的甲骨文中曾发现有记载向龙卜雨的甲片，在当时，作为求雨的祭祀舞蹈是十分普遍的。按照中国古人的认识，龙常与风雨同在，龙的出现必然伴有风雨的迎送，这即为古人“舞龙”求雨的根据。西汉前期有舞龙求雨的记载，在汉代求雨活动的记载中，出现了“舞龙”一语。《春秋繁露·求雨》（董仲舒）中甚至记载了在祭祀时人们会根据不同日子选择不同的“龙”的颜色及舞龙的人数。凡甲乙日必用青色之龙，用“小童八人，皆斋三日，服青衣而舞之”；丙刃日必舞赤色之龙，“壮者七人，皆斋三日，服赤衣而舞”；戊己日则用“丈夫五人”，舞者穿黄衣而舞黄色之龙；庚辛日用“鳏者九人”，即采用丧偶独存的鳏夫，穿白衣而舞白色之龙；壬癸日则舞黑色之龙，舞龙者为年迈的老者六人，“衣黑衣而舞之”。虽然当时的文献资料未对舞龙的细节作出详细的描述，但我们能够清楚地知道，舞龙者的衣服与所舞的龙颜色一致，舞者 5~9 人，人数与龙的长度成正比。

“舞龙”自汉代被明确命名和产生以来，在民间得到了快速的发展。汉代人多用“土龙”祈雨，经过多年演变逐渐扎制龙形而舞，舞龙运动得以产生。随着社会的发展，人类文明的进步，“舞龙”这一形式也逐步从祭祀活动中走出来。汉代舞龙运动的种类开始向多样化发展，“龙”的制作工艺更加精细。这一时期舞龙的规模较大，种类较多，制作工艺也具有相当高的水平。但不可否认的是，“舞龙”运动在当时的社会发展阶段，其在求雨的祭祀活动中还是占有很重要的地位，并且逐渐演变得更细致、更具体。

汉代的舞龙运动不仅在白天十分热闹，在夜晚也常常举办，遂逐渐产生了在龙身扎制灯火以照明（即龙灯的产生），这样舞龙运动就由本为祈雨的祭祀活动发展演变成了以消灾免难、求得吉祥平安、娱乐身心而进行的表演活动。这一演变过程可以从《汉书》《西京赋》（东汉张衡）和《平乐观赋》（东汉李尤）等文献记载中看出，在当时，舞龙运动的娱乐和观赏的功能已大大加强，并受到了越来越多人的喜爱。

魏晋后，北朝的统治者在一定程度上限制了“舞龙”的发展。《隋书》记载：“及宣帝即位，而广召杂伎，增修百戏。鱼龙漫衍之伎，常陈殿前，累日继夜，不知休息。”“始齐武平中，有鱼龙烂漫、俳优、硃儒、山车、巨象、拔井、种瓜、杀马、剥驴等，奇怪异端，百有余物，名为百戏。”

隋代舞龙运动的发展盛况空前，据《隋书》记载：“大业二年，突厥染干来朝，炀帝欲夸之，总追四方散乐，大集东都。初于芳华苑积翠池侧，帝帷宫女观之。有舍利先来，戏于场内，须臾跳跃，激水满衢，鼋鼍龟鳌，水人虫鱼，遍覆于地。又有大鲸鱼，喷雾翳日，倏忽化成黄龙，长七八丈，耸踊而出，名曰《黄龙变》。又以绳系两柱，相去十丈，遣二倡女对舞绳上，相逢切肩而过，歌舞不辍。”从文献中所描绘的内容来看，隋代的舞龙与汉代的“鱼龙漫衍”之戏极为相似，均是先由舍利兽的戏舞开场，激水、鱼嗽水或喷雾，然后化为八九丈长的黄龙，黄龙起舞，舞龙过程中配以音乐。虽然皇家举办的规模盛大的舞龙演出缺乏比较形象的资料记载，但一般官僚、贵族所观赏的“鱼龙漫衍”之戏可见于山东沂南画像石墓。此墓室东壁横额上有乐舞百戏，其中一组“鱼龙漫衍”之戏有装龙、装鱼、装豹、装大雀、绳技、乐队等，形象、生动地再现了一场颇具规模的舞龙演出，与《隋书》所描绘的场景相似。

唐代舞龙运动进入鼎盛时期。这一时期的舞龙运动已基本摆脱了最初用于祭祀的宗教活动，并与民间传统节日的庆典活动密切结合起来，成为中华民族节日文化的重要组成部分。如元宵佳节的灯会中，舞龙是必不可少的，当时元宵佳节的舞龙运动形式多样、制作精美，场面和规模都十分壮观。

宋元明清时期，舞龙运动一直是中国民间百姓节庆的重要娱乐活动，长盛不衰。清代的舞龙运动在祭祀和娱乐两个方面都得到了极大的发展，其中娱乐性质的舞龙运动越来越多地见于史料。清代是我国舞龙运动发展史上的高峰。在表演上十分追求形神兼备，强调舞龙的回旋婉转之态，讲究舞龙的飞腾冲天之象，这一时期的舞龙运动具有娱乐、审美的双重特征。

20 世纪 80 年代以后，“龙的传人”的观念深入人心，全国各地的民间舞龙运动再度活跃起来。

为了推广舞龙运动及其他传统民族体育的发展，1994 年 5 月，国家体委将舞龙运动列入体育竞技项目;1995 年，中国龙狮运动协会在北京成立;1995 年 2 月，国际龙狮总会（后更名为“国际龙狮运动联合会”在香港地区成立，总部设在北京。目前，舞龙运动的竞赛已形成规模，国际舞龙比赛和表演经常在世界各地举行。这些舞龙运动的比赛和表演活动一方面传播了中国的传统文化，另一方面使传统的舞龙运动向着规范化、科学化、竞技化、国际化的方向发展。

经过长期发展，现在的舞龙运动已经成为造型和舞姿各具风格的舞龙表演和健身运动。按照民间传统的风俗习惯，在新春和元宵佳节，各地人们多以舞龙欢庆。也有的民族在不同的节日举行舞龙活动，如二月二要舞宝龙，三月三舞草龙，广东浦北县在中秋节盛行舞“蕉叶龙”，香港铜锣湾在中秋节舞火龙等。除了这些传统的节日，其他的喜庆日子或庆典，也常常以舞龙活动来庆贺，以增添喜庆的气氛。与其他中国传统表演项目相比，舞龙运动以其象征意义和恢宏气势，更适于盛大的节日或场合演出，有着更为激动人心的效果。因此，舞龙运动深受广大人民的喜爱。

目前，舞龙运动随着华人的迁移广泛地传播到世界各地。在当今世界，凡是有华人居住的地方，就有舞龙运动。各种舞龙竞赛的举办也使得舞龙运动得到推广，舞龙技术水平也不断提高。2012年2月，亚洲舞龙公开赛暨亚洲青年舞龙锦标赛在台北举行，该次赛事有效地加强了国际舞龙团队的经验交流，为国际舞龙团队的技术切磋提供了一个良好的平台。

二、舞龙的特点与价值

（一）舞龙的特点

1. 历史性

舞龙运动历史悠久，源远流长。自古以来，由于对大自然的认识有限，中华民族的祖先以其丰富的想象力，把“龙”描绘得有声有色，龙被视为吉祥之物，是吉祥喜庆的象征。古人称龙为“龙鳞凤龟”四灵之首、“龙龟象鹤”四寿之头。龙被膜拜为神兽之冠，古人认为，龙是入水能游、陆地能走、腾空能飞的三栖动物，能掌管风雨、福祸。这些认识都源于人们在特定的历史发展背景下认识的局限性，舞龙祭祀表达了人们祈求风调雨顺的美好愿望。

2. 文化传承性

在封建时代，龙是皇权的象征，皇帝被称为真龙天子，皇权是神圣不可侵犯的。在现代，龙更多的是代表一种吉祥，是人们美好愿望的化身，龙文化已融入平常百姓的生活。自古以来，神话传说都与民族起源难以分割，可以说，龙是中华民族的象征，是中华儿女的图腾，每一个中华儿女都是“龙的传人”。也正是在这样一种龙文化的背景下，舞龙运动得以产生和发展，并一直流传至今。因此，舞龙运动具有文化传承的特点。

3. 民族性

舞龙运动在讲究动作形体规范的同时，还要求舞龙者做到精、气、神的统一。舞龙运动具有内外合一的整体运动观，是中华民族传统体育项目的特色之一。另外，舞龙运动承载着中华民族优秀的传统龙文化的内涵，它集民俗、风情、健身、娱乐等为一体的特性，使得舞龙运动更加具有传统的民族风格和特色。

4. 群众性

舞龙运动具有广泛的群众性特点。首先，舞龙运动不受场地、性别、人数的限制；其次，舞龙运动不受时间、季节的限制；最后，舞龙运动不受地域特色的限制。近代以来，中华民族传统的舞龙运动已经随着华人的迁移而传播到世界各地。可以说，只要有华人聚居的地方，就有舞龙运动的开展。舞龙运动已经发展成为一项具有广泛群众基础的娱乐和健身活动。不仅在中国、在全世界，舞龙运动都具有广泛的群众基础。

5. 观赏性

中国传统的舞龙运动是一项集竞争性、技巧表演性、游戏娱乐性、艺术观赏、趣味性等为一体的综合运动。舞龙运动的形式虽然多样，具有不同的种类划分，但均以强身健体、表演娱乐为目的，具有较高的观赏性。

6. 适应性

随着传统的舞龙运动的不断发展，舞龙者可以根据场地的大小灵活的变化练习内容与练习方式。即使一时没有器械，也可以徒手练习，与一些其他的传统体育运动项目相比，舞龙运动具有更广泛的适应性。

（二）舞龙运动的价值

1. 促进民族团结，弘扬民族文化

龙文化起源、发展于中华民族，中华子孙都是“龙的传人”，中华儿女有着相同的信仰，舞龙运动把全国各族人民团结起来，增强了中华民族的凝聚力。

舞龙运动是中华民族的传统体育项目，舞龙运动不仅促进了各民族的团结，凝聚了各族人民之间的感情和友谊，而且对外也弘扬了中国优秀的“龙文化”。随着社会的发展和人民生活水平的提高，以弘扬龙文化为主题的各种民俗节、艺术节、文化节遍布全国各地，龙文化通过各种庙会、花会、文化广场等文化艺术场合走进了更多百姓的生活。

传统龙文化活动注入了新思维方式和价值观念，舞龙运动不但积淀和弘扬了中国优秀的传统文化，增强了民族凝聚力，而且在一定程度上丰富了人民群众的文化生活。

2. 健身健心价值

舞龙运动是一种集武术、舞蹈、民族鼓乐等元素为一体的传统体育项目。通过中国传统鼓乐的击打节奏的配合，舞龙运动将武术和舞蹈艺术有机结合起来，在节奏变化中，舞龙者利用人体的多种姿态，在动态行进和静态造型中将力度、幅度、速度、耐力等糅合于舞龙技巧，完成各种高难度的优美的舞龙动作。

（1）对生理健康的促进作用。舞龙运动是一种全身性肌肉活动，舞龙头能有效地发展肌肉的力量；舞龙尾能有效地提高灵敏性与速度素质。舞龙运动能有效地增强人体的心肺功能，提高机体有氧工作的能力，具有良好的健身价值。

（2）对心理健康的促进作用。龙是中华民族精神的象征，舞龙运动是集体项目，具有气势磅礴、雄浑壮观的特点。龙象征着吉祥、欢乐和幸福，通过传统节日中的舞龙运动，可以激发中华儿女的民族精神，增强人民群众的生活情趣。舞龙运动是多人协作的集体运动项目，既需要龙头富有情趣的表演，又需要龙身、龙尾的支持和配合。舞龙运动高昂的锣鼓音乐还可以激发人的情趣和斗志。

3. 产业发展价值

随着科技的进步和社会的发展，在当今社会，舞龙运动逐步形成为一种产业。舞龙产业的产生、发展始终与市场结伴而行，一方面舞龙产业的兴旺能促进市场繁荣，另一方面市场繁荣又可以促进舞龙产业的发展。

—知识链接—

舞草龙

舞草龙又称舞稻草龙或舞香龙，在江西农村很盛行。舞草龙通常在元宵舞龙时，其他龙都要给草龙让道，如果冲撞了“稻草灯”，小孩子就会用稻草上的香火向它们乱戳，大人也奈何不得，可见草龙享有很高的地位。

春节过罢，人们在河边将草龙烧掉，意为送龙回龙宫。如果村子里遇到久旱或其他灾害，也扎草龙焚烧，祈求“龙王”消灾、降福。

第二节　跟我学舞龙基本技术

一、舞龙的基本方法

（一）舞龙的基本动作

1. “8”字舞龙动作

动作内容：舞龙者将龙体在人体左右两侧交替作“8”字环绕，包括原地和行进间的“8”字舞龙，而且其动作可以结合伴奏锣鼓的节奏作快慢变化。同时，充分利用舞龙者的身体姿势变化，如在单跪、靠背、跳步、抱腰、绕身等身体姿势下，做各种不同的“8”字舞。

动作要点：作“8”字舞龙时，龙体的运动轨迹要顺畅、圆润，人体的各种造型姿势要优美，快速舞龙要突出速度、力量，并保持龙体运动轨迹流畅。动作要圆顺，队员的速度应一致，龙体运动与人体要协调、统一，以免造成人龙脱节、龙体触地。

动作形式：原地“8”字舞龙、抱腰舞龙、挂腰舞龙、绕身舞龙、单跪舞龙、K 式舞龙、跳龙接一蹲一躺快舞龙等。

2. 游龙动作

动作内容：舞龙者在快速奔跑游走过程中，通过龙体运动的高低、左右、快慢的起伏行进，充分展现龙的婉转回旋、左右盘翻、屈伸绵延等动态特征。

动作要点：龙体在行进中应遵循圆、弧、曲线的运动规律，舞龙者应随龙体协调地起伏行进。

动作形式：直线行进、起伏行进、走（跑）圆场、站肩平盘起伏、快速跑斜圆场、快速矮步跑圆场、越障碍等。

3. 穿腾动作

动作内容：穿腾包括穿越和腾越两种方式。龙体动作线路呈交叉形式，龙珠、龙头、龙身依次从龙身下穿过称为“穿越”。龙珠、龙头、龙身依次从龙身上越过称为“腾越”。

动作要点：做穿越和腾越动作时，龙形应保持饱满，速度均匀，轻松利索，不拖地，不停顿，不碰踩龙身。

动作形式：穿龙尾、龙穿身、越龙尾、穿尾越龙身、龙脱衣、龙戏尾、首尾穿肚、腾身穿尾等动作。

4. 翻滚动作

内容：当龙身运动到舞龙者脚下时，舞龙者用滚翻、手翻等动作从龙身越过，称为“翻滚动作”。

要点：做翻滚动作时，必须在不影响龙身运动的速度、幅度、美感的前提下及时完成，滚翻动作应干净利索，规范准确，保持龙身运动轨迹流畅圆顺，龙形饱满。

形式：龙翻身、连续游龙跳龙、大立圆螺旋行进、快速连续螺旋跳龙、快速逆（顺）向跳龙行进、快速连续螺旋跳龙磨转等。

5. 组图造型动作

内容：龙体在运动中组成活动的图案以及相对静止的龙体造型。

要点：要求活动图案画面清晰，静止造型形象逼真，以形传神，以形传意，与龙珠配合协调，组图造型连接要紧凑，解脱要利索。

形式：龙尾高翘、龙门造型、塔盘造型、龙出宫造型、蝴蝶盘花造型、上肩高塔造型、大横“8”字花慢行进等。

（二）舞龙部位的基本方法

1. 舞龙珠

内容：持龙珠者，即龙队指挥者，在鼓乐伴奏下，引导舞龙者完成龙的游、腾、跃、穿、翻、滚、缠、戏、组图造型和套式动作。

目的：引导出场，认清出场方向；了解比赛场地的大小，熟悉表演动作的方位，避免出现方位不正或场地利用不充分；熟悉本队的套式中的各种队形的变化以及场上的应变能力。

要点：持龙珠者双眼随时注视龙珠，并环视整队及周边环境的情况变化；与龙头保持 1 米左右的距离；与龙头协调配合；龙珠应保持不停地旋转。整个舞龙过程要生动、顺畅、协调。

2. 持龙头

方法内容：持龙头者舞动龙头时，动作紧随龙珠移动，龙嘴与龙珠相距 1 米左右，协调配合，似吞吐之势，龙头应不停地摆动，以展现龙的生机勃勃、威武环视之势。

方法目的：在龙珠引导下，带动龙身摆动；龙头左右摆动显示追珠之势。

方法要点：龙头替换时，不能影响动作的发挥；龙头左右摆动时，不得碰擦龙身或舞龙者，应与龙珠保持 1 米左右的距离。

3. 舞龙身

方法内容：舞龙身者随时与前后保持一定的距离。眼观四方，紧跟前者，走定位，空中换手时尽量将龙身抬高（可跳起）；舞低时，尽量放低，但不要将龙身触地。还应注意柄的握法，柄下端不可多出，以免剐伤别人。

方法目的：舞龙身者将龙身舞动起来，在高低左右舞动中，展现龙翻腾之势；保持龙身蠕动，形成生龙活虎之势。

方法要点：龙身运动轨迹要圆滑、顺畅；龙身不可触地、脱节；龙体不可出现不合理的打结。

4. 持龙尾

方法内容：持龙尾者舞动龙尾时翻尾要轻巧生动、不拖泥带水，否则容易将龙尾打地。持龙尾在穿和跳的动作里，应注意尾部勿被碰撞或碰撞别人，随时保持龙身的摆动。

方法目的：随龙身的带动时刻摆动，体现出龙的轻巧生动。

方法要点：龙尾舞动时，不可触地，以免损坏器材；龙尾在舞动过程中始终保持左右晃动，与龙身配合；控制龙尾左右舞动弧度的大小。

二、舞龙的基本握法

（一）正常位

握法内容：双手持把，左（或右）臂肘微微弯曲。手握把位的末端，与胸同高，右（或左）臂伸直，手握把的上端。

握法要点：挺胸，塌腰，握把平稳，把位距胸距离为一拳。

（二）滑把

握法内容：一手握把端不动，另一手握把上下滑动。

握法要点：滑把动作要连贯均匀。

（三）换把

握法内容：结合滑把动作，在滑动手接近固定手手位时，双手转换，滑动手握把变成固定手位，固定手位变成滑动手位。

握法要点：换把手位时，保持平稳，并随龙体轨迹运行。

三、舞龙运动的步形步法

（一）舞龙运动的步形

（1）正步：两脚靠拢，脚尖正对前方，重心在双脚上。

（2）丁字步：右（左）脚跟靠拢于左（右）脚足弓处，脚尖分开，对左、右两侧的前角方向。

（3）虚丁步：（前点步）站丁字步，右（或左）脚顺着脚尖方向向前伸出，绷脚点地，大腿外旋。

（4）虚步：站虚丁字步，左（或右）腿呈半蹲状。

（5）横弓步：站呈左（右）弓步，上身左（或右）转，与左（或右）脚尖方向一致。

（6）弓箭步：右脚（或左脚）向前迈出，屈膝，小腿垂直，脚尖朝前，左腿（或右腿）挺直，脚尖稍内扣。重心放在两腿中间，上身与右（或左）脚尖方向一致。

（7）小八字步：两脚跟靠拢，脚尖分开，分别对左、右两侧的前角方向。

（8）大八字步：两脚跟间相距一脚半，脚尖分开，分别对左、右两侧的前角方向。

（二）舞龙运动的步法

1. 圆场步

步法内容：沿圆线行进，以左脚为例，左脚上前一步，脚跟靠在右脚尖前，脚跟先着地，再移至前脚掌，同时右脚跟提起。右脚做法同左脚。两脚的动作保持在一条线上。

步法要点：上腿部分相互靠拢，膝部微屈放松，快与慢走时都要求身体平稳。

2. 弧形步

步法内容：两腿微屈，两脚迅速、连续向前行进。每步大小略比肩宽，走弧形路线。眼睛始终注视龙体。

步法要点：挺胸、塌腰，身体重心保持平稳，并随龙体上下运行起伏行进。落步时，应由脚跟着地并迅速过渡到全脚掌，行进中注意方向转换、转腰。

3. 矮步

步法内容：两腿半屈，勾脚尖，迅速连续地以脚跟到脚尖滚动向前行进。每步大小约为自身的一个脚长。

步法要点：挺胸、塌腰、身正直，重心平稳，不要上下起伏。落步时，由脚跟迅速过渡到全脚掌，并注意步幅。

4. 单碾步

步法内容：预备姿势，脚站成小八字步，手握把位呈上举姿势，右脚以脚掌为轴，脚跟微提起，左脚以脚跟为轴，脚掌微提起，两脚同时向右碾动，由正小八字步碾呈反小八字步；然后右脚以脚跟为轴，左脚以脚掌为轴，两脚同时向右旁碾动，呈正小八字步。

步法要点：两脚同时碾动，步调保持一致。

5. 双碾步

步法内容：预备姿势呈正步，以双脚跟为轴，双脚尖同时向右（或左）碾动，然后再以双脚脚尖为轴，双脚跟同时向右（或左）碾动。

步法要点：重心放在双脚上，必须同时碾动，膝部放松，动作要连贯，碾动时注意保持身体平稳。

四、舞龙运动的跳跃翻腾

（一）腾空箭弹

动作内容：右脚向前上步，膝关节伸直，用脚后跟着地；左臂前摆，持龙珠后摆；目视前方。然后，右脚踏实蹬地向上跳起，左脚随之向前、向上摆起，同时右脚蹬地向上跳起，使身体腾起；右腿迅速挺膝向前上方弹踢，脚面绷平，左腿屈膝收回。

动作要点：起跳时，腿要充分蹬伸，上体后倾时要伴随向前送髋，同时注意提气、立腰，向上顶头；在空中时，要收髋、收腹、上体稍前倾；落地时，要用前脚掌先着地，然后过渡到全脚，并注意屈膝、屈髋加以缓冲。

（二）踺子

动作内容：经助跑、趋步后，上体侧转前压，两手体前依次撑地，随即两腿依次向后上蹬、摆。经倒立后，推地，并腿后踹。当前脚掌蹬地后，急速带臂，梗头向外转体 90 度跳起。

动作要点：两脚摆过倒立部位后，用力推地；两腿快速向后下压，使身体与地面成 45 度至 55 度夹角；跳起时急速立腰，同时梗头、含胸、提气，两臂配合向前上方带起。

（三）旋子

动作内容：两脚并步站立。身体右转，左脚向左迈步；两手向右平摆。随后上体前俯并向左后上方拧转，左腿屈膝，两臂随身体平摆；同时，右腿向后上方摆起，左腿蹬地伸直相继向后上方摆起，带动身体在空中平旋一周。随后，右脚、左脚依次落地。

动作要点：蹬地、转头、甩腰、摆臂、摆腿协调配合，身体在空中俯身时保持水平旋转。

（四）抢背

动作内容：右脚在前，左脚在后，两脚交错站立。左脚从后向上摆起，右脚蹬地跳起，两腿屈膝，团身向前滚翻。

动作要点：滚翻要圆、快，立起要迅速；肩、背、腰、臀依次着地。

（五）后手翻

动作内容：由两臂前举站立开始，体稍前屈，直膝，臀部后移，当失去重心时两脚蹬地，倒肩，两臂后甩，抬头挺胸，做体后屈翻转；撑地经手倒立后，顶肩，推手，屈髋，插腿，立腰，起立，连续接做后手翻。“绷跳小翻”开始时，两腿弯曲，向后甩臂的同时，两脚蹬跳。经过手倒立后，迅速顶肩，推手，提腰，屈髋，两腿迅速下压。落地后，领臂跳起，连接空翻。

动作要点：甩臂，上体后倒，用力蹬地，挑腰，顶髋，后屈翻转；手前伸撑地，经倒立顶肩、推手、提腰、屈髋至站立抬上体。

（六）后空翻

动作内容：由站立开始，两臂预先后摆，经下向前上方摆，配合两腿屈膝后蹬跳起。腾空后提膝团身，抱腿向后翻转，至 3/4 周时，两臂上举，展体落地呈站立姿势。

动作要点：两臂积极向上带领起身，提肩，梗头，含胸，立腰；身体跳起接近最高点时，两臂及时制动，迅速提膝，勒紧小腿，团身翻臀；至胸朝下时，迅速撤腿伸展并抬上体。

（七）旋风脚

动作内容：左脚向左上步，左手向前、向上摆起，右臂持龙珠伸直向下、向侧摆动。右腿随即上步，脚尖内扣，蹬地踏跳；左臂向下摆动并屈肘收至右胸前，同时左臂向上、向前抡摆，上体左转前俯。重心右移，右腿屈膝蹲地跳起，左腿提起，向左上方摆体旋转 180 度，右腿做里合腿，左手胸前迎击右掌，左腿自然下垂。

动作要点：右腿做里合腿时要贴近身体。摆动时，膝挺直，由外向里成扇形；击响点靠前；左腿外摆要舒展，并在击响的同时离地腾空。初学时，左腿可自然下垂。待动作熟练后，左腿可逐渐高摆，屈膝或直腿收控于身体左侧；抡臂、踏跳、转体、里合右腿等动作要协调一致，身体旋转不少于 270 度。

（八）侧空翻

动作内容：左脚向前上步蹬地，依次伸展髋、膝、踝关节，右腿向后上方摆起。上体向左侧倾，利用摆腿的惯力使身体在空中向左侧翻转，右脚、左脚相继落地。

动作要点：两腿伸直，翻转快，落地轻。

（九）鲤鱼打挺

动作内容：身体仰卧，两腿伸直向上举起；两掌分别扶于两大腿上。然后借助两手推力，两腿向前上方快速摆动，同时挺胸、挺腹、头顶地。随两腿摆动的惯性使身体腾空跃起；随后两脚同时落地站立。

动作要点：两腿摆动与挺腹协调一致，两腿分开不超过两肩宽。

第三节 舞龙竞赛规则

一、竞赛办法

（一）竞赛类别

（1）按类型可分为单项赛、全能赛。

（2）按性别可分为男子组、女子组。

（3）按年龄可分为成年组（18 周岁以上，含 18 周岁）、少年组（12 周岁至 17 周岁，含 12 周岁）、儿童组（不满 12 周岁）。

（4）按竞赛成绩可分为等级赛。

（5）竞赛项目可分为：规定套路（单龙，9 把 1 珠，10 人上场）、自选套路（单龙，9 把 1 珠）、传统套路（形式不限）、技能舞龙（单龙，9 把 1 珠）

（二）竞赛时间

舞龙比赛套路的时间为 8~9 分钟。

二、竞赛顺序

在竞赛委员会的监督下，赛前由各运动队派代表抽签决定比赛顺序。对于未参加抽签队，由组委会的人员代替抽签。

三、服饰、布置与音乐

（一）服饰

（1）比赛时，运动员应穿具有特色的表演服装。要求穿戴整洁，服饰款式色彩须与舞龙器材相协调。

（2）执龙珠队员的服饰与其他队员应有明显区别。

（3）运动员上场比赛须佩戴号码，执龙珠者为“0”号，执龙头者为“1”号，其余依次顺延，替换队员、伴奏队员均须佩戴号码。

（二）布置

（1）比赛时，允许运动队在鼓乐区装饰布置，以增强现场气氛。装饰物须运用得当，装拆方便，必须与竞赛内容相吻合；

（2）装饰物不能阻挡评分裁判员视线，不使用烟幕、烟火、闪光灯等饰物（传统套路除外），不得张挂与比赛无关的内容。

（3）布置时间不超过 10 分钟，拆除时间不超过 5 分钟。

（三）音乐

舞龙音乐伴奏是烘托气氛、转换节奏、激励队员情绪不可分割的重要部分。音乐旋律、乐曲快慢、强弱转换等均要与舞龙动作成为一个协调、和谐、完美的整体。伴奏可选用鼓乐、吹打乐等多种形式。也可使用符合舞龙特点的音乐带进行伴奏。

四、计时与弃权

（一）计时

（1）第一位运动员踏入赛场，开表计时；如在赛内静止造型候场，以第一位运动员开始动作开表计时。

（2）运动员完成套路动作后，最后一位队员离开赛场停表；如在赛场内静止造型结束，则以全体运动员完成静止造型停止动作停表。

（3）计时以临场裁判组计时表为准。用两块表计时，按接近规定时间的表计算时间。

（二）弃权

（1）运动员须在赛前 30 分钟参加检录（查验参赛证件、检验器材、服饰等），三次检录不到作弃权处理。

（2）超过规定时间 10 分钟，运动队不参加比赛即视为弃权。

五、 比赛名次评定

（一）评分的确定

舞龙比赛属技能类、表现性，由裁判员评分的总分性集体竞赛项目。裁判员临场评分有 5 人评分制、7 人评分制、9 人评分制三种方法（均设 1 名值班裁判）。评分裁判员根据运动队现场发挥的技术水平。按舞龙规则评分标准，在各类错误中减去相应扣分，所剩部分即为该队得分。

（二）应得分的确定

（1）5 名裁判员评分时，取中间 3 个有效分的平均值为运动队的应得分；

（2）7 名或 9 名裁判员评分时，取中间 5 个有效分的平均值为运动队的应得分；

（3）应得分只取小数点后两位（小数点后第三位数不作四舍五入）。

（三）有效分之间的差数规定

（1）当应得分在 9.5 分以上时，差数不得超过 0.2 分；

（2）当应得分在 9 分以上和 9.5 分以下时，差数不得超过 0.3 分。

（3）当应得分在 9 分以下，差数不得超过 0.5 分。

（四）基准分的使用

当评分裁判员有效分之间的差数出现不符合规定差距时，裁判长所示的分数为基准分，将基准分与其最接近的两个有效分相加除以 3，即为该队应得分。

（五）最后得分

裁判长依据规则，从运动队应得分数中扣除第三十条“裁判长扣分”所规定的扣分，即为该队最后得分。

六、场地与器材的规定

（一）比赛场地

竞赛场地为边长 20 米正方形平整场地（特殊情况，最小面积不得少于边长 18 米正方形），要求地面平整、清洁，场地边线宽 0.05 米，边线内沿为比赛场地。边线周围至少有 1 米宽的无障碍区。

（二）比赛器材

（1）龙珠：球体直径 0.33~0.35 米，杆高（含珠）不低于 1.7 米。

（2）龙头：龙头重量不得少于 3 千克。龙头外形尺寸，宽不少于 0.36 米；高不少于 0.6 米；长不少于 0.9 米；杆高不低于 1.25 米。龙头（含杆高）不低于 1.85 米。

（3）龙身：以九节布龙参赛，龙身为封闭式圆筒型，直径 0.33~0.35 米，全长不少于 18 米，龙身杆高（含龙身直径）不低于 1.6 米，两杆之间距离大致相等。

（4）龙体、龙尾、龙珠的重量不限制。

（5）凡器材不符合规定者，不准参加比赛。

（6）传统套路竞赛的参赛人数，少年组、儿童组竞赛器材，技能舞龙竞赛方式等有关事宜，由主办竞赛规程明确。

七、裁判员

裁判人员的组成：

（1）总裁判长 1 人，副总裁判长 2~3 人。

（2）裁判组设裁判长 1 人，评分裁判 5~9 人、值班裁判 1 人，套路检查裁判 1~2 人，记分员 1 人、计时员 1 人。

（3）记录长 1 人，记录员 1~2 人。

（4）检录长 1 人，检录员 3~5 人。

（5）宣告员 1~2 人。

思考题

一、填空题

1. 舞龙运动的特点主要有（　　）、（　　）、（　　）、（　　）、（　　）、（　　）。

2. 舞龙运动的步伐主要有（　　）、（　　）、（　　）、（　　）、（　　）。

3. 舞龙运动的跳跃翻腾主要有（　　）、（　　）、（　　）、（　　）、（　　）、（　　）、（　　）、（　　）、（　　）。

二、简答题

1. 舞龙的基本动作有哪些？

2. 舞龙的基本握法有哪些？简要分析其技术。

三、论述题

结合我国舞龙的起源与发展，简要分析舞龙运动文化。

第二十一章

跆拳道

学习目标

1. 带你了解跆拳道。
2. 跟我学跆拳道的基本技术。
3. 了解跆拳道竞赛规则。

第一节　带你了解跆拳道

一、跆拳道运动的起源与发展

跆拳道古称跆跟、花郎道，是起源于古代朝鲜的民间武艺。据韩国历史记载，早在公元688年，新罗王国统一了朝鲜，经济繁荣，百业兴旺，建立了一种“花郎制度”。到真兴王时，便创立了“花郎道”。在一本描写新罗风俗习惯的书《帝王韵记》中，记载着跆拳道活动。

公元935年，勇敢善战的高句丽军队推翻了新罗王朝，建立了高句丽王朝。士兵的战斗力来自平日的训练和对跆拳道的喜爱。十分喜爱徒手搏斗的忠惠王曾专门邀请臂力过人、武功超众的士兵金振都（亦有称金扼郁的）到宫廷表演手搏技艺，使跆拳道声望大震，并日渐被广大民众所接受。

1955年正式称朝鲜的自卫术为“跆拳道”。1961年9月韩国成立了唐手道协会，后更名为跆拳道协会，并成为全国运动会正式竞赛项目。1966年第一个国际组织——国际跆拳道联盟成立。1973年5月在汉城成立了世界跆拳道联合会。1975年“世界跆拳道联合会”（简称世界跆联）被国际体育联合会接纳为正式会员。1980年国际奥委会正式承认世界跆联。

思政园地

我国跆拳道的发展

1992年10月7日，中国跆拳道协会筹备小组的成立，标志着中国跆拳道运动的正式开始。1997年11月，在中国香港举办的世界跆拳道锦标赛上，我国运动员获得女子43公斤级银牌和男子58公斤级铜牌，这是中国跆拳道首次获得国际大赛的奖牌。1998年，贺璐敏为我国赢得了第一枚亚洲跆拳道比赛金牌；在1999年6月第7届世界女子跆拳道锦标赛上，王朔获得了55公斤级冠军；2000年4月，法国里昂跆拳道世界杯比赛中，贺璐敏、孔凡桃分别摘取67公斤级和47公斤级桂冠，中国女队获得了团体总分第二名；2000年9月30日悉尼奥运会上，陈中第一次在奥运跆拳道冠军榜上留下了中国人的名字。2004年雅典奥运会，陈中与罗薇顽强拼搏，最终获得女子67公斤级和67公斤以上级两枚金牌。在北京奥运会上，吴静钰获得了女子跆拳道49公斤级金牌。2005年东亚运动会，刘哮波成为中国第一个男子跆拳道亚洲冠军。

二、跆拳道的健身作用

跆拳道运动不同于显示力量的重量运动，不是调节大而突出的肌肉，而是使无力的脂肪组织变成肌肉，使身体变得轻盈敏捷。通过重量运动发达的肌肉使血管之间的间隙拉开，由于血管数不变，因此无法在扩张的血管之间补充新的血管。其结果是通过吸氧和血流来排除人体内的排泄物。所以，医学博士布朗先生提出应把不必要的大肌肉锻炼成长为柔韧的肌肉，使身体得到更多血液，提高最大的持久力和健康。练跆拳道是通过踢腿、闪腰、单手攻击或防御将另一只手向反方向拉的动作使下腹的肌肉更加强健，而且通过抬腿、踢腿的动作，锻炼侧腰部和大腿内侧肌肉。

第二节　跟我学跆拳道基本技术

一、基本姿势

（1）标准姿势。左脚在前称为左势，右脚在前称为右势（以下以左势为例）。动作规格：两脚前后开立与肩同宽，前脚尖45度斜向右前方，后脚跟抬起，膝关节微屈，重心落在两脚中间；上身自然直立，45度斜向右前方，双手握拳、拳心相对，两臂弯曲置于胸前；头部直立向前，目视正前方。

（2）侧向姿势。动作规格：身体完全侧向，前后脚在一条直线上，其他部位同标准姿势。

二、基本站位

（1）开式站位。开式站位指和对方体前相对应的站位，即自己的身体前面相对对方的身体前面。包括左势对右势和右势对左势两种形式。

（2）闭式站位。闭式站位指和对方的体前侧不相对应的站位，即自己的体前对应对方的体后。闭式站位包括左势对左势和右势对右势两种站位形式。

三、立

跆拳道中的“立”就是实战架势。这里主要介绍8种站立方法：

（1）自然体立。自然体立本是平时站立的姿势，这是最轻松自由的姿势，不可用其来实战。身体正直，两足合拢。然后两足缓缓分开，距离约同肩宽，足尖向前。两手下垂，全身放松，身体自然，目视前方（图 21–1）。

（2）并足立。两腿并拢站立，身体与头部保持正直，此为行礼时的站立姿势（图 21–2）。

图 21–1　自然体立

图 21–2　并足立

（3）单足立。一足直立，另一足提起。足背勾贴在站立足的膝关节后方，如“金鸡独立”，头部正直。

（4）前屈立。两足前后分开，宽度约 70 厘米。前足尖内扣，屈膝。后足蹬地，身体向前转体，成半侧面状，重心大部分落在前足。两手成拳，一手置于腰侧，另一手置于前方。头部正直。左、右屈立要求相同。

（5）后屈立。与前屈立前后相反。两足前后分开，宽度约 70 厘米，前足蹬直，后足屈膝，身体向后转体，成半侧面状。重心大部分落在后足。

（6）骑马立。两足分开，宽度约 80 厘米，屈膝像骑马一样站立。足尖稍向内扣，头部正直，两手成拳自然伸直，置于身体两侧。

（7）猫足立。两足前后分开，宽度约 40 厘米。前足尖点地，两腿微屈。后足全着地，身体向前转体，成半侧面状，重心落在后足。两手成拳，一手置于腰侧，另一手置于前方。头部正直。

（8）中段立。中段立是跆拳道实战中用得最多的基本姿势。两足前后分开，宽度同肩，两足尖内扣、稍屈膝，身体向前，成侧面状，重心落在两足中间。两手成拳，一手置于胸前，一手置于眼前。眼睛注视前方目标。

四、步法

跆拳道练习腿法，首先要掌握步法。跆拳道的步法有上步、退步、前进步、后退步、侧闪步、弹跳步和换跳步等。

（1）上步。左足在前，右足在后，为左中段立。保持中段立不变，后足上一步，成右中段立。

（2）退步。与上步相反，后退一步，其他动作方法一样。

（3）前进步。保持左中段立，右足上半步，并列。向前纵跳，约三步距离，仍为中段立，左右前进步动作方法一样。

（4）后退步。与前进步方向相反，向后纵跳，动作方法一样。

（5）左侧闪步。身体向左侧变换方向的步法。保持左中段立，左足尖内扣，扭转45度，右足后退转动45度，左足几乎没移动，仅改变方向，右足则大幅度移动。

（6）右侧闪步。与左侧闪步方向相反，动作方法一样。

（7）弹跳步。原地轻松跳动，两足前后位置不变，以跳动幅度小、离地高度低为宜，方便出腿攻击对方。

（8）换跳步。换跳步主要用于变换出腿的方位。原地轻微跳动，在跳动中，两足前后变换，变换幅度宜小，变换时两手与身体需要协调配合。

五、拳法

跆拳道手法攻击技术受空手道影响，有正拳、里拳、平拳、一本拳、拳槌、手刀、背刀、熊掌、贯手、二本贯手和猿肘等。但在目前跆拳道运动中使用的手法只有三种拳法。

（1）前拳。双手握拳，由腰部向前方打出。出拳时后足蹬，身体扭转，发声。以左足前屈立为例：打出左前拳，为顺前拳；打出右前拳，为逆前拳。

（2）勾拳。从右中段立开始，双手握拳，上左步，左拳由腰部向前上方勾拳打出。勾拳时右足蹬，发声。

（3）横拳。从右中段立开始，双手握拳，右拳由腰部向前方划弧线打出，横拳时左足蹬，身体扭转成骑马立，发声。

六、腿法

腿法①

腿法②

跆拳道运动中腿法的运用是其他格斗武术中少有的。这里介绍同侧10种腿法，运用时左右腿法动作方法相同。

（1）前踢。从中段立开始，两手屈肘，自然上举。右腿屈膝提起，到达腰高时弹出。用足尖对准对方的身体或头部。

（2）横踢。从中段立开始，右腿向右侧屈膝提起到腰，身体向左侧倾斜。利用身体向左倾的惯性，右足横向上方弹出，向左侧前方横踢对方肋部，力点在脚背。

（3）侧踢。从中段立开始，身体向左后方移动，右胯连带右腿屈膝提起。右脚掌翻起，足底朝上到达腰的高度，身体向左下方倾斜，利用身体向下的惯性，右足向前方踹踢，对准对方的身体正面，力点在足跟。

（4）劈打腿。从中段立开始，身体向后移动，重心落在右足，左腿屈膝提起，左脚掌勾起，足底朝前，到对方的头部上方，伸展小腿，然后左脚掌往前下方“劈打”，对准对方的面部或身体正面劈打，力点在脚掌。

（5）后踢。从中段立开始，身体向左后方快速转动，右胯带动右腿屈膝提起，随身体旋转惯性划弧转到前方，右脚掌翻起，足底朝前蹬出，对准对方的头部或身体蹬踢，力点在足跟。

（6）推踢。从中段立开始，身体重心移到左足，右腿屈膝上提，右脚板勾起，足底朝前，对准对方将要出腿的空隙，向其腿部推顶，迫使对方停止进攻。进而用力向前蹬，反击对方。

（7）旋转踢。半圆形扫堂腿法。从中段立开始，身体向左后方快速转动，带动伸直的右腿旋转。由于身体惯性作用，整体动量直达右足，对准对方的头部或身体迅速横扫，力点在脚掌。

（8）勾剪踢。向上横踢加小腿勾回的腿法。从中段立开始，身体向左后方转动，右胯带动右腿，伸直向前方旋转横扫，右脚板绷平，当右足扫踢对方的头部时，立即将小腿收回勾剪对方头部或身体，力点在脚掌。

（9）旋风踢。旋转跳跃、身体腾空转一周的腿法。从中段立开始，右足蹬地跳起，同时身体向左后方快速转动，带动左腿旋转，左足落地，右腿在身体旋转惯性作用下向前旋转，扫踢对方头部。

（10）双飞踢。直线跳起，空中左右连续向前踢击的方法。从中段立开始，右足蹬地跳起，左腿屈膝提起，向对方身体踢腿。紧接着左腿收回，右腿对准对方头部踢击。两足踢击的力点都在脚背。

—知识链接—

跆拳道黑带

黑带是跆拳道高手的象征，是实力的体现，更是一种荣誉和责任。黑带段位分一段至九段。一段至三段是黑带新手的段位，四段至六段是高水平的段位，七段至九段只能授予具有很高学识造诣和对跆拳道的发展做出重大贡献的杰出人物。黑带一段以上选手有资格参加国际比赛。一段至三段称为“副师范”，四段至六段称为“师范”，七段至八段以上称为“师贤”，九段称为“师圣”。四段以上有资格申报国际教练、国际裁判，并有资格担任道馆馆长或总教练。一段至三段的段位，由中国跆拳道协会或其注册认可的团体分会考核颁发。晋升四段至六段，须由世界跆联（国技院）或国际跆联（ITF）晋级委员会考核。晋升七段至九段，须由 WTF 或 ITF 特别委员会进行评审。

第三节 跆拳道技术提高

一、组合进攻

（1）连续左后踢。从自然体开始，提左足向上方后踢，左足下地。立即两足蹬跳推动身体向前，左足再向上方做后踢动作。

（2）左推踢接左侧踢。从自然体开始，左足屈膝提起，向前推踢；下地过程中身体向后倾移，左胯上提，带动左足向前方侧踢。

（3）推踢接空中侧踢腿。从自然体开始，提右足向前推踢，下地即蹬地跳起，空中将左足向正前方侧踢。

（4）推踢、旋风踢接后踢。从自然体开始，提右足向前方头部高度推踢；下地即蹬地跳起，身体腾空右转，带动左腿做旋风踢；下地后顺势转体，左足向前方侧踢。

（5）后旋腿接下推踢。从自然体开始，身体右转，重心移到左足，转身右足后旋踢，下地顺势再转体，左足向前下方推踢腿，拦截对方出腿。

（6）旋风踢接侧踢。从自然体开始，左足蹬地，身体向右旋转，右足向右摆，左腿跟随右腿向右旋踢。下地再次顺势转体，右足向正前方侧踢。

（7）侧踢接空中侧踢。从自然体开始，提右足向前做侧踢，下地后立即蹬地腾空跳起，空中转体，将左足向正前方侧踢出去。

（8）上推踢接双飞踢。自然体开始，左足高抬向前方推踢，下地后立即起跳，身体腾空左足向上踢，右足紧接左足向前方踢出。

（9）双飞踢接后踢。从自然体开始，右足蹬地，身体跳起，先踢左腿，后右腿做双飞踢动作；下地即收右足屈膝，重心移到左足，右足向前上方后踢出去。

（10）前踢、转身双飞踢。从自然体开始，右足做前踢动作，下地后立即蹬地，向左转体腾空跳跃，腾空左足向上踢，右足紧随，向前方踢出。

二、防守

（一）躲闪

（1）侧身躲闪法。对方攻击时，左或右稍稍转体，避开攻击。侧身转动前要冷静，待对方的拳脚将接触身体时转动。

（2）仰身躲闪法。对方向头部或胸部攻击时，身体稍后仰，拉开距离，避开攻击。躲闪时，眼睛应注视对方的变化，还要配合步法移动。

（3）俯身躲闪法。当对方向头部攻击时，身体向下俯倾，避开攻击。俯身时不能偏离重心垂直线，应尽可能保持身体的自由反击能力。

（二）格挡

（1）双手格挡。两拳同时向上，在肩膀处分开格挡。

以左前屈立为例：当对方向两手夹击，双手握拳，屈肘由下往上分别格挡。

（2）上段格挡。屈肘向头上方横挡，左右均可防守。

以左前屈立的右上段防守为例：当对方右拳向头部打击，用左手握拳，屈肘向上方格挡。

（3）下段格挡。屈肘由上向下截挡，左右手均可防守。以左前屈立为例：当对方向腹部前踢腿，用左手握拳，屈肘向下方格挡，截挡对方的右足攻击。

（4）中段格挡。小臂屈肘由外向内或由内向外格挡。以左前屈立为例：当对方右拳打来，用左手握拳，屈肘向内、向外格挡。

（5）手刀格挡。用手掌劈打对方的攻击。劈挡的同时可以进攻对方。

（6）十字格挡。双拳交叉，向头上方或向腹部下方格挡。

知识链接

跆拳道护具

进行跆拳道练习时，实战是非常重要的过程。如果在没有穿护具的情况下进行实战是很容易受伤的，因此，进行跆拳道练习时穿戴护具是较好的自我保护措施。主要的跆拳道护具包括护胸、护腿、护裆、护头等。

第四节　跆拳道竞赛规则

一、奥运会体重级别

（1）少年组重量级别。

（2）跆拳道比赛体重级别。

（3）奥运会跆拳道比赛体重级别。

（4）世界青年跆拳道锦标赛体重级别。

竞赛规则

二、比赛时间

每场比赛为 3 局，每局比赛 2 分钟，局间休息 1 分钟。

三、比赛称重

按级别于比赛日的前 1 天进行称重。

称重必须在 2 小时内完成。如果称重不合格，在 1 小时内有 1 次补称机会。

四、比赛程序

（1）每场比赛开始前，主裁判员给出“青（Chung）”，“红（Hong）”的口令，示意双方运动员进入比赛区。

（2）双方运动员相向站立，听到主裁判员发出“立正”（Cha-ryeot）和“敬礼”（Kyeong-rye）的口令时互相敬礼。敬礼时自然站立，左臂紧夹头盔，腰部前屈不小于 30°，头部前屈不小于 45°。敬礼完毕后，运动员戴上头盔。

（3）主裁判员发出“准备”（Joon-bi）和“开始”（Shi-jak）口令开始比赛。

（4）每局比赛由主裁判员发出“开始”（Shi-jak）口令开始，发出“停”（Keu-man）口令结束。

（5）最后 1 局比赛结束后，运动员相向站在各自指定位置，脱下头盔并用左臂夹紧。

（6）主裁判员宣判比赛结果后，运动员退场。

五、比赛允许使用的技术

拳的技术：紧握拳并使用正拳进行正面攻击的技术。

脚的技术：使用踝关节以下脚的部位进行攻击的技术。

六、比赛允许攻击的部位

躯干：允许使用拳和脚的技术击打被护具包裹的躯干部位，但禁止攻击后背脊柱。

头部：允许使用脚的技术击打锁骨以上的部位。

七、比赛分值

脚的技术由电子感应护具或电子头盔中的感应器自动计分；拳的技术则由边裁判员计分。

（1）正面击中躯干计 1 分。

（2）旋转踢技术击中躯干计 3 分。

（3）击中头部计 3 分（主裁判员读秒不追加分）。

（4）旋转踢技术击中头部计 4 分。

（5）一方运动员每被判 2 次“警告”或 1 次“扣分”，另一方运动员得 1 分。运动员被判“警告”和“扣分”累计达 5 分时，主裁判员判其“犯规败”。

（6）比分和扣分为 3 局比赛的总和。

八、比赛“警告”犯规行为

（1）双脚越出边界线。

（2）回避或拖延比赛。

（3）倒地。

（4）抓、搂抱或推对方运动员。

（5）提膝阻碍或妨碍对方运动员进攻，或提膝超过 3 秒并无任何进攻技术以阻碍对方运动员进攻。

（6）踢击对方运动员腰部以下。

（7）“分开”口令后的进攻。

（8）用手击打对方运动员头部。

（9）提膝进攻对方运动员。

（10）进攻倒地的运动员。

（11）运动员和教练员的不良言行。

如果重复出现或存在明显故意或程度较重的，主裁判员可直接给予扣分判罚。

九、加时赛和优势判定

（一）加时赛

如 3 局比赛结束后比分相同，加赛 1 局，任何一方运动员先得分，则比赛结束。

（二）优势判定

（1）如果加时赛双方均未得分，由电子系统自动统计加时赛双方未达到得分力度值的有效踢击次数，次数多者获胜；

（2）如果有效踢击次数相同，则 4 局比赛中警告少者获胜；

（3）如果警告次数仍相同，则由 4 名临场裁判员依据加时赛中运动员的表现进行优势判定。

优势判定的确定原则：

A. 主动进攻次数多；

B. 使用的技术数量多；

C. 使用高难度、复杂的技术；

D. 表现出良好的比赛态度、礼仪。

十、比赛录像审议

比赛中教练员对裁判员的判罚或计分系统有异议，可以申请录像审议，审议委员根据录像画面作出裁决，审议结果为最终判罚，不接受仲裁申诉。

十一、比赛场地

比赛区应为直径 8 米 ×8 米、水平、无障碍物的八角形场地，有效面积为 52.48 平方米。

思考题

一、填空题

1. 跆拳道的基本姿势主要有（　　）、（　　）两种。
2. 跆拳道的基本站位主要有（　　）、（　　）两种。
3. 跆拳道的步伐有（　　）、（　　）、（　　）、（　　）、（　　）、（　　）、（　　）、（　　）。

二、简答题

1. 跆拳道的健身作用有哪些？
2. 怎样提高跆拳道的技术？

三、论述题

试论跆拳道运动的起源与发展。

参考文献

[1] 林志超 . 高职大学体育与健康教程 [M] . 北京：北京体育大学出版社，2005.

[2] 林志超 . 高职体育与健康规划教程 [M] . 北京：北京体育大学出版社，2011.

[3] 秦虎，等 . 大学体育教育教程 [M] . 北京：中国书籍出版社，2009.

[4]《国家学生体质健康标准解读》编委会 . 国家学生体质健康标准解读 [M] . 北京：人民体育出版社，2007.

[5] 翁惠根，毛军平，张宾 . 高职体育 [M] . 北京：北京体育大学出版社，2009.

[6] 谢斌 . 高职体育与健康教程 [M] . 苏州：江苏大学出版社，2010.

[7] 吴泽萍 . 新编高职体育与健康规划教程 [M] . 苏州：苏州大学出版社，2009.

[8] 冯国敏 . 高职高专体育与健康教程 [M] . 北京：人民体育出版社，2010.

[9] 翁仁良 . 坐姿职业病运动处方 [J] . 家庭医院，2007（1）.

[10] 刘保新，王力平，徐敏，等 . 论颈椎病的运动锻炼 [J] . 辽宁中医药大学学报，2011（1）.

[11] 易勤 . 高校体育教程新编 [M] . 武汉：武汉大学出版社，2007.

[12] 何志林 . 现代足球 [M] . 北京：人民体育出版社，2000.

[13] 胡震浩，张溪，田翔 . 职业体能训练 [M] . 北京：高等教育出版社，2008.

[14] 胡声宇 . 运动人体解剖学 [M] . 北京：人民体育出版社，2002.

[15] 胡秀林 . 浅谈简易健身操队办公室职业病的防治 [J] . 安全与健康，2008（12）.

[16] 李丹 . 浅析大学生的心肺耐力训练 [J] . 运动，2011（10）.

[17] 郑保军，邓金伟 . 坐姿类职业体能训练探析 [J] . 内江科技，2011（1）.

[18]《中华武术大全》编委会 . 中华武术大全 [M] . 北京：人民体育出版社，2006.

[19] 全国体育院校教材编委会 . 中国武术教程 [M] . 北京：人民体育出版社，2007.

[20] 孟祥立，杜红宇 . 体育与健康 [M] . 天津：南开大学出版社，2010.

[21] 毕春佑，刘大川 . 大学体育 [M] . 北京：北京体育大学出版社，2009.

[22] 商勇，孙岩松 . 普通高校高水平运动员与普通大学生体育运动成就动机和体育活动态度的比较研究 [J] . 中国体育科技，2000（增刊）：9-11.

[23] 卢婵 . 成就动机与学生体育学习积极性的关系 [J]. 上海体育学院学报，2002（2）：88-90.

[24] 龙慧祯 . 我国体育消费现状分析与对策研究 [J]. 商场现代化，2007（下旬刊）：167.

[25] 陈秋丽，翟水保 . 大学生体育消费的现状及发展对策研究 [J]. 中国市场，2007（6）：70-71.

[26] 钟华华 . 大学生消费健康的调查和思考 [J]. 闽西职业技术学院学报，2005（4）：66-68.

[27] 中国田径协会 . 田径竞赛规则（2010—2011）[M]. 北京：人民体育出版社，2010.

[28] 全国体育院校教材委员会 . 田径运动教程 [M]. 北京：人民体育出版社，1999.

[29] 周兆欣 . 体育 [M]. 北京：中国商务出版社，2006.

[30] 齐豹，张明波 . 大学体育 [M]. 北京：北京交通大学出版社，2006.

[31] 孟升，等 . 高职体育新教程 [M]. 北京：原子能出版社，2007.

[32] 陈雁杨，等 . 高职体育理论教程 [M]. 北京：高等教育出版社，2007.

[33] 徐晓斌 . 高职实用体育教程 [M]. 北京：国防工业出版社，2008.

[34] 秦刚，等 . 现代大学体育教程 [M]. 北京：科学出版社，2008.

[35] 熊焰，朱常斌 . 大学生体育指南 [M]. 武汉：武汉理工大学出版社，2007.

[36] 毕春佑 . 健身教育教程 [M]. 北京：科学出版社，2006.

[37] 周兴伟，赵蕾 . 大学体育 [M]. 北京：北京邮电大学出版社，2008.

[38] 叶家宝，等 . 体育学 [M]. 北京：北京体育大学出版社，2007.

[39] 唐健，刘强辉 . 大学体育理论与方法教程 [M]. 南京：东南大学出版社，2008.

[40] 周务农 . 体育与健康实践教程 [M]. 北京：北京交通大学出版社，2007.

[41] 虞重干 . 排球运动 [M]. 北京：人民体育出版社，1999.

[42] 张冰雨 . 新编大学体育 [M]. 大连：大连理工大学出版社，2004.

[43] 殷志栋 . 大学体育与健康 [M]. 大连：大连理工大学出版社，2009.

[44] 中国排球协会 . 排球竞赛规则（2009—2012）[M]. 北京：人民体育出版社，2009.

[45] 王永盛 . 大学体育教育教程 [M]. 北京：中国书籍出版社，2008.

[46] 陈智勇 . 现代大学体育教程 [M]. 北京：北京体育大学出版社，2005.

[47] 宁建华 . 大学体育教程 [M]. 沈阳：辽宁大学出版社，2007.

[48] 张利生 . 职业院校体育与健康教程 [M]. 北京：中国档案出版社，2006.

[49] 计伟忠 . 休闲网球 [M] . 北京：北京体育大学出版社，2008.

[50] 陶志翔 . 网球 [M] . 北京：北京体育大学出版社，1999.

[51] 王耀明 . 休闲网球技法 [M] . 长沙：湖南文艺出版社，1998.

[52] 胡红，夏思永 . 大学体育 [M] . 重庆：重庆大学出版社，2004.

[53] 王希升，王亚乒 . 网球打法与战术 [M] . 北京：人民体育出版社，2001.

[54] 唐小升 . 网球运动教学与训练 [M] . 北京：人民体育出版社，2007.

[55] 郑厚成 . 体育 [M] . 北京：高等教育出版社，2003.

[56] 中国武术散手编写组 . 中国散手 [M] . 北京：人民体育出版社，2000.

[57] 黄鑫，石天敬 . 散打——踢打摔拿的实战组合 [M] . 北京：北京体育大学出版社，2001.

[58] 尚晓峰 . 自由搏击 [M] . 成都：成都时代出版社，2009.

[59] B，K，S，艾扬格 . 光耀生命 [M] . 上海：上海锦绣文章出版社，2008.

[60] 赵栩博 . 健美操套路教与学 [M] . 北京：北京体育大学出版社，2006.

[61] 郑婕 . 健美操 [M] . 北京：高等教育出版社，2005.

[62] 李嘉 . 瑜伽强效减肥 [M] . 重庆：西南师范大学出版社，2009.

[63] 徐雄杰 . 国际体育舞蹈教程 [M] . 上海：上海科学技术出版社，2007.

[64] 曾庆蛟 . 高职院校足球体育课程与思政教育融合探析——以浙江警官职业学院为例 [J] . 专业教学，2019：96–97.

[65] 寇冠 . 高校足球课程的思政功能研究 [J] . 青少年人文素质教育，2020（9）：32–33.

[66] 蒋旻 . 论中国女排精神的新内涵及其时代意义 [J] . 南京体育学院学报，2016（12）：20–26.

[67] 王军伟，张岚，余丁友 . 中国女排精神的内涵、价值及文化效力构建 [J] . 体育学刊，2017（5）：35–39.

[68] 朱秀清 . 高职体育课程思政元素的挖掘与融合——以浙江工贸职业技术学院羽毛球选项课为例 [J] . 运动，2018（20）：130–132.

[69] 陈莉琳，黄妍，杨雪红，等 . 羽毛球课堂教学融合思政元素的研究——以集美大学体育学院羽毛球课程为例 [J] . 体育科学研究，2020（5）：75–77.